콜라 한 병에서 시작하는

마케팅 이야기

콜라 한 병에서 시작하는

마케팅 이야기

인쇄 2023년 2월 23일
발행 2023년 2월 28일

저자 김길성
발행인 정성택
발행처 전남대학교출판문화원

등록 1981. 5. 21. 제53호
주소 61186 광주광역시 북구 용봉로 77
전화 (062) 530-0571~2 **마케팅** 530-0573
팩스 (062) 530-0579
홈페이지 http://www.cnup.co.kr
이메일 cnup0571@hanmail.net

값 15,000원

ISBN 978-89-6849-956-2 (93320)

콜라 한 병에서 시작하는

마케팅 이야기

김길성 저

전남대학교출판문화원

머리말

소정이와 민정이는 할아버지가 쓰는 책 이야기가 늘 궁금했다. 아이들은 지금도 콜라병 그림책을 쓰는 줄 안다. 이 책은 콜라 한 병에 담긴 이야기를 시작으로 다양한 브랜드에 얽힌 흥미로운 이야기들을 마케팅 이론과 함께 풀어가고 있다. 읽다 보면 눈치 채겠지만, 이 책은 이야기책이자 마케팅 교과서다. 그래서 이 책을 다 읽고 나면 대학에서 한 학기 동안 마케팅원론 과목을 수강해서 얻을 수 있는 지식을 덤으로 얻게 된다.

2023년 2월

김길성

차례

KESKGDKFKTDJWSLADJWHT
OMIRPUNPZTA-CYXVBJQ

상자 속 글자들은 무슨 의미일까?

첫 번째 이야기

브랜드 가치

상자 속 글자들은 알파벳을 A부터 Z까지 무작위로 적은 것이니 아무런 의미도 없다. 그래서 가치도 없다. 하지만 글자들이 아래 상자 속 단어들처럼 조합되면 브랜드가 되고, 그 가치는 우리의 상상을 초월한다. 브랜드 컨설팅업체인 인터브랜드(Interbrand)가 발표한 2022년 브랜드 순위를 보면, 1위 애플의 브랜드 가치는 한화 600조 원이 넘는 4,822억 달러나 된다. 결론부터 말하자면, 브랜드 가치는 마케팅이 만들어 간다.

APPLE MICROSOFT AMAZON GOOGLE
TOYOTA SAMSUNG COCA-COLA

이 책의 첫 번째 이야기는 브랜드 가치에 관한 것이다. 그 이야기를 코카-콜라로 열어가고자 한다. 1886년 존 팸버튼(John Pemberton)이 개발했던 코카-콜라는 140 여년이 지난 지금까지도 전 세계인의 사랑을 받고 있다. 웰빙이 최고인 시대에 코카-콜라가 소비자들의 사랑을 여전히 받고 있다는 사실은 신기하다. 그 이유는 콜라가 다이어트코크나 제로슈거를 제외하곤, 내용물의 대부분이 비만과 충치의 주범인 설탕물로 알려져 있기 때문이다.

코카-콜라에 대한 소비자들의 애정은 새로운 밀레니엄을 코앞에 두고 있던 1990년대 말 각종 매체를 통해 발표된 기록이나 통계들을 통해 확인할 수 있다. 1997년 미국의 라이프 잡지는 재미있는 기록 하나를 발표했다. 2000년을 코앞에 두고 과거 1,000년 동안 인류 역사상 가장 영향력이 컸던 100대 사건을 발표한 것이다.[1] 미국의 시각에서 발표된 내용이기 때문에 선정 대상에 대한 논란의 소지가 있을 수 있지만, 그래도 전 세계인의 관심을 끄는 데 성공했던 기사였다. 100대 사건의 순위를 살펴보면, 1위에 구텐베르크 성경 인쇄, 2위 콜럼버스의 신대륙 발견, 3위 마틴 루터의 종교 개혁, 4위 제임스 와트의 증기기관 발명 등 굵직굵직한 역사적 사건들이 소개되고 있다. 여기에 코카-콜라가 82위로 랭크되어 있다. 이 기록은 코카-콜라에 대한 소비자들의 사랑을 그대로 반영하고 있는 것이다. 1950년 타임지 표지 모델에 코카-콜라가 소비재로는 처음 선정되었던 것도 이를 뒷받침한다.

1998년 국내외 신문 등을 통해 소개된 또 다른 기록도 흥미롭다. 코카-콜라가 개발된 1886년부터 1998년까지 약 110년 동안 코카-콜라 소비량에 관한 기사 내용은 다음과 같다. 그 동안 소비된 콜라를 236미리 병에 포장해서 4차선 고속도로에 채운다면 그 길이가 지구를 82번 왕복할 수 있고, 한 줄로 연결하면 달나라를 1,057회 왕복할 수 있으며, 나이아가라 폭포의 물로 비유하면 38시간 46분 정도 쏟아지는 양이다. 만약 수심 180센티미터 풀장에 물대신 소비된 콜라로 대신 채운다면 5억 4,900만 명이 동시에 수영을 즐길 수 있는 양이라는 것이다.

---

1 Life Magazine (1997), Special Issue, The Millennium: 100 Events that Changed the World.

소비자들의 열광과 사랑으로 코카-콜라의 브랜드 가치는 엄청나게 치솟았다. 브랜드 가치를 평가해서 매년 순위를 발표하는 인터브랜드가 1998년 처음으로 발표를 시작했던 글로벌 브랜드 순위를 보면, 코카-콜라의 브랜드 가치가 무려 880억 달러로 1위를 차지했다. 이 금액은 당시 한국의 1년 예산이었던 약 100조 원 정도에 해당하는 금액이었다. Coca-Cola가 영어로 여덟 자이니, 한 자 당 십 조원이 넘는 엄청난 가치였다.

2013년 애플이 브랜드 가치 1위를 차지를 탈환할 때까지 코카-콜라의 독주는 계속되었다.
사진 출처: 인터브랜드 홈페이지.

코카-콜라의 독주는 그 후 2012년까지 계속되었다. 2013년 인터브랜드의 베스트 글로벌 브랜드 순위 발표를 보면, 1998년 당시 2위였던 애플이 983억 1,600만 달러로 1위를 차지하였다. 이어서 구글이 932억 9,100만 달러로 2위, 코카-콜라는 792억 1,300만 달러로 3위로 밀려났다. 비록 순위가 밀려나고 가치도 감소했지만, 요즘 잘 나가는 디지털기업이 아닌 음료업체로서 그 가치는 대단한 것이다. 2022년 코카-콜라 브랜드의 순위를 보면, 7위로 약 575억 달러 정도 된다. 하지만 모두의 사랑을 받고 있는 러브 마크, 벤츠나 나이키 등을 앞지르고 있으니 역시

대단하다.

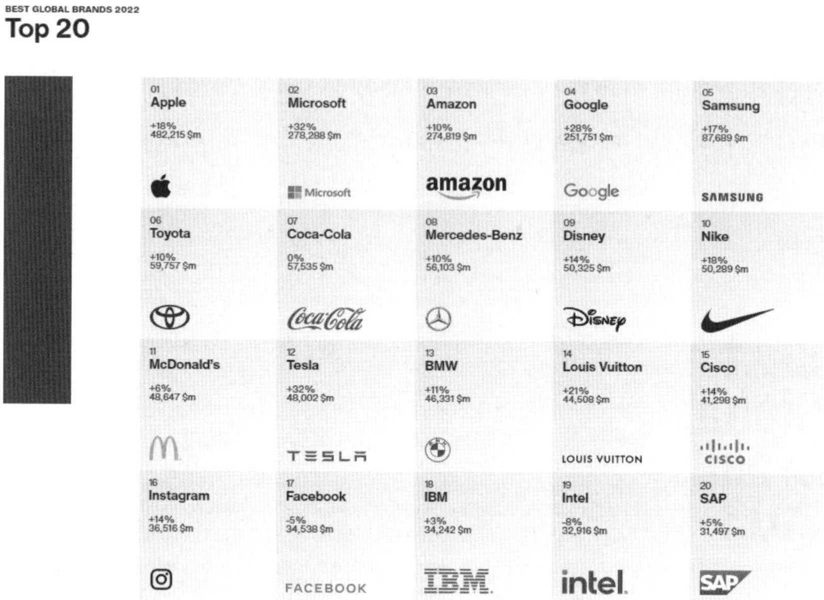

2022년 코카-콜라 브랜드의 순위를 보면, 7위로 약 575억 달러의 가치를 지니고 있다.
사진 출처: 인터브랜드 홈페이지.

마케팅 컨설턴트인 알 리스(Al Ries)와 로라 리스(Laura Ries)는 브랜드란 소비자의 뇌 속에서 자사 상품과 타사 상품을 구분하는 것이라고 말했다. 그들은 우리의 상식과 달리, 경쟁사보다 더 좋은 상품을 만들거나 고품질로 어필해서 브랜드를 구축하려고 하지 말고 카테고리(Category)를 지배하라고 주문한다.[2] 카테고리란 소비자에게 동일한 편익을 제공하는 상품이나 서비스의 집합을 말한다.

---

2 Al Ries & Laura Ries (1998), *The 22 Immutable Laws of BRANDING: How to Build a Product or Service Into a World-Class Brand*, Harper Business.

서브웨이는 서브마린 샌드위치의 패스트푸드점이라는 카테고리를 지배하고 있다.
사진 출처: 서브웨이 광고.

미국의 유명 샌드위치 브랜드인 서브웨이(SUBWAY)는 수많은 샌드위치 종류 가운데 딱딱한 빵 속에 햄이나 살라미를 끼우는 방식의 서브마린 샌드위치를 전문으로 판매한다. 서브마린 샌드위치는 저렴한 가격에 품질이 좋은 샌드위치로 알려져 있으며, 서브웨이는 그러한 샌드위치의 패스트푸드점이라는 카테고리를 지배하고 있다.

코카-콜라는 경쟁 상품보다 특별한 맛을 제공하지 않지만, 콜라라는 카테고리를 지배하고 있다. 사람들은 코카-콜라를 콜라라는 카테고리의 대명사처럼 사용하고 있다. 스타벅스는 스페셜커피 카테고리의 대명사처럼 사용되고 버버리는 트렌치코트의 대명사로 사용되면서 이들 브랜드의 가치가 올라갔다.

두 번째 이야기

마케팅

두 번째 이야기는 마케팅에 관한 것이다. 코카-콜라 미국 본사는 콜라를 생산하지 않는다. 콜라 생산은 전 세계 보틀링 회사들이 코카-콜라 본사로부터 공급받은 원액을 현지에서 물과 혼합하는 방식으로 이루어진다. 물론 전 세계 보틀러 중 코카-콜라가 소유하고 있는 회사들도 있다. 하지만 코카-콜라는 음료라는 유형재보다 브랜드와 광고 등의 무형적 가치를 창조하고 판매하는 마케팅 회사다. 코카-콜라는 탁월한 마케팅 역량으로 원조 콜라의 가치를 유지할 뿐만 아니라 다양한 상품들을 개발하고 가치를 높인다. 브랜드 가치는 저절로 올라가는 것이 아니다. 그 파워를 키워 줄 마케팅이 필요하다. 결론적으로 코카-콜라의 브랜드 파워는 마케팅의 성과물이라고 할 수 있다.

기업의 마케팅 활동은 전략적으로 추진된다. 다시 말해, 마케팅은 특정 프로젝트를 계획·실행·평가하는 관리 프로세스대로 진행된다. 1985년 미국 마케팅 협회는 마케팅을 개인과 조직의 목적을 충족시키는 교환을 창조하기 위해 아이디어·제품·서비스의 개념·가격·촉진·유통을 계획하고 수행하는 프로세스라고 정의하였다. 그 프로세스가 바로 마케팅 전략이다. 그때부터 지금까지 STP와 마케팅 믹스(4P)는 마케팅 전략의 핵심 역할을 하고 있다. 하지만 디지털 시대에서는 전략의 구성요소에 대한 변화의 필요성이 높아지고 있다.

STP

STP는 세분화(Segmentation)·타기팅(Targeting)·포지셔닝(Positioning)의 세 단어 머리글자들로 이루어져 있다. 세분화란 전체 시장을 의미 있는 몇 개의 집단으로 구분하는 것이고, 타기팅은 세분화된 시장들 중 기업이 가장 효율적으로 상대할 수 있는 표적 시장을 선택하는 것을 의미한다. 포지셔닝이란 기업이 자사 상표의 경쟁우위를 확보하기 위해 표적 시장 소비자의 뇌 속에 자사 제품의 특별한 위치를 구축하는 것이다.

세분화

세분화는 전체 소비자들을 특정 제품에 대한 욕구나 구매 행동 등이 유사한 소비자들끼리 동일 집단으로 묶는 군집화 방식을 이용한다. 집단 간에는 소비자들의 기호 등 여러 조건이 상이할 수밖에 없기 때문에 집단별로 마케팅 활동을 차별화하는 것이 효과적이다. 다시 말해, 세분화는 기업이 상이한 시장별로 각각 차별적 마케팅(Differentiated Marketing) 전략을 실행하기 위한 사전 단계라고 할 수 있다.

콜라의 엄청난 소비량만 놓고 보면, 코카-콜라는 세분화나 차별화보다는 시장을 구분하지 않고 남녀노소 모두에게 무차별적으로 마케팅을 하는 것처럼 보인다. 차별적 마케팅과 달리 무차별 마케팅(Undifferentiated Marketing)은 시장들 간의 상이한 욕구나 수요의 차이를 무시하고 한 제품만으로 전체 시장을 공략하는 전략이다. 어쩌면 모든 기업들의 바람일지도 모른다. 한 번의 마케팅으로 모든 시장을 다 커버할 수 있으니, 얼마나 경제적인가. 코카-콜라도 대표 상품인 원조 콜라 하나를 가지고 소비자들 간의 차이보다는 공통점을 찾아 거기에 중점을 두면서 대량 생산과 유통, 표준화된 광고 등으로 규모의 경제 효과를 얻고 있다.

코카-콜라가 지금까지 한 가지 맛만 고집할 수밖에 없었던 데는 사연이 있다. 펩시콜라와의 경쟁이 심해지면서 코카-콜라는 1985년 펩시콜라 맛과 유사한 뉴코크를 출시하였다. 하지만 뉴코크에 불만을 품은 미국 소비자들로부터 항의 전화와 편지가 빗발치기 시작했다. 나의 코크를 돌려달라는 항의는 무려 78일간이나 계속되었다. 사실 미국인들에게 코카-콜라는 단순한 음료수가 아닌, 추억이 담긴 이야기책과 같은 존재였다. 전쟁터에서는 콜라 한 모금이 두려움을 쫓아주고 향수를 달래주는 존재였다. 1930년대 대공황 시대에는 노동에 시달리던 여공들이 오후 4시 잠깐의 휴식 중 콜라 한 잔으로 고단한 몸을 달랠 수 있었다. 코카-콜라에는 그들만의 이야기와 추억이 담겨 있었던 것이다. 결국 코카-콜라는 고객들의 마음을 헤아리고 코카-콜라 클래식을 부활하게 되었다.

그러나 건강과 웰빙 시대를 살아가는 소비자들은 설탕물이 대부분인 콜라에 거부감을 가지기 시작했다. 결국 코카-콜라도 건강을 염려하는 소비자들을 위한 제로 슈거를 출시하면서 콜라의 차별적 마케팅을 도입했다. 차별적 마케팅이란 여러 개의 표적 시장을 선정한 후, 시장별로 적합한 상품들로 마케팅 활동을 하는 것이다. 따라서 제품과 마케팅 믹스의 다양성을 통해 각 세분 시장 안에서 판매를 늘리고 강력한 시장 위치를 구축하는 것이 가능하다. 하지만 각 세분 시장에 맞는 마케팅 전략을 추진하기 위해서는 시장 수만큼 비용이 늘어나기 때문에 경제적 부담이 클 수밖에 없다.

타기팅

차별적 마케팅은 비용 부담이 크기 때문에, 많은 기업들이 세분화 후 하나의 시장만 공략하는 집중 마케팅(Concentrated Marketing)을 선호한다. 이때는 타기팅이 매우 중요하다. 타기팅은 여러 개의 시장 중 기업에게 가장 매력적인 시장을 목표 시장으로 선정하는 일이다. 하나 혹은 소수의 목표 시장에 집중하는 마케팅 전략은 대개는 자원이 충분치 않은 기업들이 큰 시장에서 작은 점유율을 차지하기 보다는 작은 시장에서 높은 시장 점유율을 얻기 위해 사용된다.

집중 마케팅의 좋은 예로 미국의 커피 전문 체인점인 블루보틀 커피를 들 수 있다. 이 업체는 한국 시장 진출 초반 고객의 매장 대기 시간이 몇 시간이나 걸릴 정도로 인기를 끌면서 유명세를 탔다. 스타벅스나 이디야 커피 등이 상당한 시장점유율을 차지하고 있는 성숙기 시장에서 블루보틀 커피의 성공은 매우 인상적이라고 할 수 있다. 블루보틀 커피는 스페셜티 커피 애호가를 주 타깃으로 선정한 후, 커피 맛 하나에 모든 역량을 집중시키는 마케팅 전략을 추진하였다. 마케팅의 성공으로 블루보틀 커피는 경쟁 브랜드보다 더 비싼 가격 프리미엄의 혜택을 누리고 있다.

집중 마케팅은 마케터가 특정 시장에 속한 소비자의 특성을 잘 파악하고 접근하기 때문에 경쟁에서 강력한 위치를 획득할 가능성이 커진다. 하지만 소비자들의 구매 행동이 변하게 되면 그 시장의 시장성도 함께 사라질 위험성도 매우 크다.

포지셔닝

포지셔닝은 소비자들의 뇌 속에 제품이나 서비스의 특별한 위치를 구축하는 작업이기 때문에 마케팅 활동 중 가장 중요한 단계라고 할 수 있다. 일반적으로 소비자들은 구매 의사결정을 단순화하기 위해 관심 있는 제품이나 서비스 또는 기업에 대한 평가를 한 후, 마음속에 특별한 위치를 만들어둔다. 예를 들면, 순한 소주를 즐기는 소비자는 자신의 경험과 정보를 근거로 참이슬을 순한 맛 소주로 마음속에 저장해둔다. 그러면 다음 번 술자리에서 원하는 소주를 쉽게 선택할 수 있다. 피로회복제는 박카스, 일회용 밴드는 대일밴드, 오래 쓰는 건전지는 듀라셀과 같이 포지셔닝에 성공한 브랜드를 가진 기업들은 모두 장수기업들이다. 이를 통해 포지셔닝이 왜 중요한지 실감할 수 있다.

그래서 기업들이 제품이나 서비스의 포지셔닝을 할 때 고객에게 어떤 가치를 제안하느냐가 매우 중요하다. 기업이 제안하는 가치를 가치명제(Value Proposition)라고 한다. 가치명제는 고객의 입장에서 차별적 글이나 그림으로 단순하게 표현하는 것이 좋다. 예를 들면, 참이슬은 광고를 통해 '순한 맛'이나 '100% 천연원료'를 눈에 띄게 강조한다. 경쟁 브랜드와 차별화하기 위해 참이슬은 천연원료로 빚은 순한 맛이라는 가치를 소비자에게 제안한다. 보해 잎새주는 천연암반수를 강조한다. 소주의 80%를 차지하는 물의 깨끗함을 가치로 제안하는 것이다.

기업이 제안하는 가치는 상품의 특성에 따라 다양하다. 보통은 후라보노 치약처럼 입 냄새 제거라는 제품 편익이나 기능을 포지셔닝 하거나, 맥도날드처럼 저가 햄버거라는 제품 속성을 포지셔닝한다. 약간 특이하게 게토레이는 스포츠음료라는 사용 상황을, 또는 비즈니스맨을 위한 숙취음료 컨디션처럼 사용자 집단을 포지셔닝하기도 한다. 심지어 초코파이는

'정(情)'이라는 휴머니즘으로 포지셔닝에 성공했다. 코카-콜라 역시 '행복'이라는 휴머니즘을 오랫동안 포지셔닝에 사용했다.

참이슬은 '100% 천연원료', 잎새주는 '천연암반수'를 강조하는 포지셔닝을 구축하였다.
사진 출처: 참이슬, 잎새주 광고.

포지셔닝은 체계적으로 치밀하게 추진되어야 한다. 그래야 마케팅 믹스가 성공적으로 조화를 이룰 수 있기 때문이다. 먼저 경쟁사와 비교해서 자사의 강점을 파악하는 것이 중요하다. 다시 말해 소비자들을 대상으로 니즈와 구매 과정 등을 꼼꼼하게 분석한 후, 그들에게 경쟁자보다 더 차별적으로 제공할 수 있는 가치가 무엇인가를 찾아내야 한다. 똑같은 항공사여도 항공기의 성능, 승무원의 서비스, 저렴한 가격, 마일리지 혜택 등 고객에게 제공할 수 있는 가치는 다양하다.

기업이 고객에게 제공하는 가치의 차별화는 성공적인 마케팅을 위해 반드시 필요한 조건이다. 차별화는 크게 제품 차별화, 서비스 차별화, 인적 자원의 차별화, 이미지 차별화 등으로 구분해볼 수 있다. 제품 차별화의 성공 사례는 애플의 아이폰을 비롯해 많은 브랜드에서 찾아볼 수 있다. 또 도미노피자처럼 배달과 같은 서비스에 더 차별화를 시도하는 기업들도 많다. 싱가포르항공은 승무원을 차별화하고, 할리데이비슨은 미국적 자유라는 이미지로 경쟁 브랜드와의 차별화를 시도한다.

할리데이비슨은 미국적 자유라는 이미지로 경쟁 브랜드와 차별화를 시도한다.
사진 출처: 할리데이비슨 홈페이지.

차별화를 추진하면서 기업이 할 수 있는 고민 중 하나가 강점, 즉 경쟁우위의 선택에 관한 것이다. 특히 포지셔닝에 사용할 차별점의 수, 즉 몇 개의 경쟁우위를 가지고 포지셔닝을 할 것인가를 결정해야 한다. 차별점이 많으면 좋을 것 같지만, 소비자가 제품 구매 시 가장 중요하게 생각하는 것들 중 자사가 확실하게 포지셔닝 할 수 있는 한 두 개가 적당하다. 다양한 차별점을 사용하게 되면 비용 측면에서 불리할 뿐만 아니라 고객으로부터 신뢰를 얻지 못하게 될 가능성도 크기 때문이다. 볼보자동차는 지금까지 안전성과 내구성 두 가지 차별점으로 고객의 신뢰를 얻어냈다.

포지셔닝을 효과적으로 개발하기 위해 포지셔닝맵(Positioning Map)이란 도구를 활용한다. 이것은 특정 제품의 평가에 중요한 차별점을 이용해 자사와 경쟁사 간의 제품 또는 상표의 위치를 나타내는 그림을 말한다. 포지셔닝맵을 그릴 때 중요한 것은, 먼저 소비자가 제품 평가에 사용하는 기본적인 속성이 무엇인가를 파악하는 것이다. 그런 후 2,3차원 상에서 기존 제품과 잠재적 제품의 상대적 위치를 파악한다.

볼보자동차는 정숙성과 환경보호 등 전기차가 가진 차별점에 대한 포지셔닝을 광고를 통해 집중적으로 알리고 있다. 사진 출처: 볼보자동차 광고.

잘 그려진 포지셔닝맵일지라도 선택한 차별점을 제대로 전달하지 못한다면 의미가 없는 일이다. 차별점이 선택되면 표적 소비자들에게 잘 포지셔닝될 수 있도록 전달하는 일이 중요하다. 이를 위해 기업은 적절한 마케팅 믹스 전략을 수립하고, 여기에 맞는 실질적 마케팅 활동을 하게 된다.

포지셔닝 후 지속적인 경쟁우위를 유지하기 위해 성능을 주기적으로 검사하는 것도 필요하다. 또 경쟁사의 전략 변화나 소비자의 욕구 변화에 대한 지속적인 관찰도 필요하다. 볼보의 최근 광고를 보면 전기차로의 포지셔닝 변화를 느낄 수 있다. 볼보자동차는 정숙성과 환경보호 등 전기차가 가진 차별점에 대한 포지셔닝을 광고를 통해 집중적으로 알리고 있다.

지금까지 성공적인 포지셔닝을 위해 다양한 방법들을 설명했지만, 처음으로 포지셔닝을 소개했넌 알 리스(Al Ries)와 잭 트라우드(Jack Trout)는 최초 선점이 가장 좋은 포지셔닝이라고 말한다. 최초는 사람들이 쉽게 기억하지만 두 번째는 그렇지 않다는 것이다.[3] 어떤 가치를 제공하든 소비자의 뇌 속을 최초 선점하는 것이 포지셔닝 성공의 열쇠라는 것은 불변의 법칙인 듯하다.

마케팅조사

마케터는 포지셔닝이 소비자에 잘 전달될 수 있도록 적절한 마케팅 믹스 전략을 수립하게 된다. 마케팅 믹스로 넘어가기 전에, 마케팅조사에 관한 이야기를 잠깐 하고자 한다. 그 이유는 STP의 모든 과정이 기업 혼자 직관으로 결정할 수 있는 분야가 아니기 때문이다. 시장을 어떻게 나누고, 나누어진 시장들의 매력도를 무엇으로 판단하며, 타깃 고객이 원하는 가치가 무엇인가를 이해하기 위해서는 시장이나 고객을 상대로 한 마케팅조사가 선행되어야 한다. 만약 마케팅조사가 잘못되면, 이어지는 마케팅 믹스 전략이 엉뚱한 방향으로 가게 된다. 시작이 잘못되면, 성공을 기대하기 어렵다. 그만큼 마케팅조사는 중요하고, 전문적인 지식이 요구된다. 그래서 대학에서는 마케팅조사를 보통 한 학기 동안 따로 강의한다. 여기에서는 마케팅조사에 대한 내용을 개략적으로 살펴보고자 한다.

마케팅조사는 분석 과정을 거쳐 마케팅 인사이트(Insight) 창출로 이이지기 때문에 과학적인 분석기법의 활용이 필수적이다. 참고로, 마케팅 인사이트란 시장과 고객을 창의적이고 논리적으로 이해할 수 있는 통찰력을 말한다. 마케팅조사가 과학적이라고 해서 반드시 정량적인 방법만 필요하다는 이야기는 아니다. 사례를 하나 들어보자. 가전제품 가운데, 국내 시장에서 유독 활성화가 더딘 제품이 식기세척기였다. 가전업체에서 식기세척기의 활성화를 위해 마케팅조사를 해보니, 소비자들이 중요하게 생각하

3 Al Ries & Jack Trout (2001), *Positioning: The Battle for Your Mind*, McGraw Hill.

는 부분은 예상대로 세척력·절수·절전 등으로 분석되었다. 분석 결과를 바탕으로 개선된 제품을 출시하였지만, 여전히 식기세척기 시장은 활성화되지 못했다. 생산자 입장에서 식기세척기의 주요 기능을 중심으로 조사했으니 당연한 결과였을 것이다. 소비자 입장에서 원인을 다시 찾아보니 다른 요인들이 발견되었다. 예를 들면, 국내에서는 아직 식기세척기가 사치품이고 게으른 주부들이 주로 사용하는 제품으로 인식되며, 부모보다 먼저 구매할 경우 도덕적 부담감까지 느낀다는 것이었다. 이러한 문제들은 일반적인 마케팅조사 방법, 예를 들면 제품 관련 주요 속성들을 5점 리커트(Likert) 척도를 이용해 측정한 후, 평균값 등을 근거로 순위를 분석해서 원인을 찾는 방법으로는 찾아내기 어렵다.

사실 마케팅조사로 파악할 수 없는 것들이 의외로 많다. 대표적으로 세상에 존재하지 않는 제품에 대한 욕구(Wants)를 들 수 있다. 욕구를 파악하는 능력이야말로 마케터가 지녀야 할 마케팅 인사이트다. 그래서 마케팅조사에서는 고객들의 행동을 정성적인 방법까지 동원해 심층적으로 관찰하는 에스노그라피(Ethnography) 등 다양한 방법들이 동원되기도 한다. 하지만 통찰력을 갖추기 위해서는 기본적으로 정량적이고 과학적인 분석기법에 대한 지식을 습득해야 한다. 높이뛰기를 잘하기 위해서 먼저 달리기를 잘해야 하는 것과 같은 이치다.

참고로, 국내 식기세척기 시장 규모는 2018년 9만대 정도였다. 그 후 코로나19로 위생가전에 대한 관심이 커지면서 2020년 30만 대, 2021년 50만 대 정도로 판매가 늘었다. 하지만 아직도 국내 식기세척기 보급률은 15% 수준에 그치고 있다.[4]

---

4 2022년도 NCSI 식기세척기 제조업 주요 조사결과 분석 (2022.07.25.), https://www.ncsi.or.kr/insite.

마케팅조사 단계

마케팅조사에서 첫 번째 단계는 문제를 정의하는 단계다. 마케팅 조사자는 마케팅 관리자와의 긴밀한 의사소통을 통해 조사 문제를 명확하게 정의한 후, 조사 목적을 결정해야 한다. 조사 목적에 따라 조사는 크게 탐색조사와 인과조사로 구분할 수 있다. 탐색조사는 문헌조사나 사례조사 등을 말하고, 인과조사는 마케팅 변수 간의 인과관계를 조사하는 것이다.

두 번째 단계는 조사계획 설계 단계다. 이 단계에서는 가장 먼저 수집 자료의 유형을 결정한다. 1차 자료(Primary Data)는 조사자가 직접 수집한 자료를 말하고, 2차 자료(Secondary Data)는 다른 목적을 위해 이미 수집된 자료를 말한다. 보통 비용과 시간 절감을 위해 사내 자료나 외부 간행물 자료와 같은 2차 자료를 먼저 활용하고, 부족할 경우 1차 자료를 수집한다. 1차 자료 수집 방법은 조사 대상을 관찰하는 방법과 그들에게 물어보는 방법이 있다. 관찰법에는 미스터리쇼퍼(Mystery Shoppers)·에스노그라피·투사법 등이 있다. 투사법은 응답자에게 구매행위와 같은 상황을 그림이나 문자로 보여주면서 반응을 관찰하는 방법이다. 설문지로 물어보는 방법은 서베이(Survey)가 전형적인 방법이다. 서베이로 자료 수집이 어려운 경우, 표적집단면접(FGI: Focus Group Interview)이나 심층면접 등을 이용해 수집한다.

세 번째 단계는 자료수집 단계다. 설문조사를 통해 자료를 수집하는 경우에는 자료의 동질성을 확보하기 위해 설문지 작성과 샘플링(Sampling), 즉 표본 추출에 유의해야 한다. 샘플링은 보통 표본의 대표성을 높이기 위해 표본의 단위·크기·추출절차 등 표본 계획을 사전에 결정해야 한다. 서베이는 대인·온라인·우편·전화 등을 이용해 실시된다. 사실, 마케팅조사에서 가장 힘든 과정 중 하나가 서베이다. 조사 목적에 맞는 설문지 작성과 정확한 조사를 위한 전문 조사요원 교육 그리고 설문지 회수까지 모든 일이 쉽지 않다.

하지만 최근에는 많은 소비자들이 SNS를 이용하고, 또 주요 플랫폼들이 서베이 폼과 서비스를 제공하기 때문에 온라인을 통해 보다 쉽게 설문조사를 할 수 있게 되었다. 따라서 전문성이 강한 설문조사가 아니면, 온라인을 통한 서베이가 시간과 비용 측면에서 훨씬 효율적이라고 할 수 있다.

네이버나 구글 등 주요 플랫폼들이 서베이 양식과 서비스를 제공하기 때문에 온라인을 통해 보다 쉽게 설문조사를 할 수 있다. 사진 출처: Google Forms, 네이버 폼.

네 번째는 자료 분석 단계다. 자료 수집을 마치면, 일반적으로 자료 분류·신뢰도 검토·통계분석·해석 순으로 분석이 진행된다. 특히 통계분석을 수행할 때는 조사의 목적과 수집된 자료의 특성에 따라 적합한 분석기법을 사용해야 한다. 마케팅에서는 분산분석(ANOVA: Analysis of Variance)이나 회귀분석(Regression)과 같은 분석기법들이 자주 사용된다. 분산분석은, 예를 들면, 소매상의 유형별 매출액의 차이를 분석하는 것과 같이 여러 집단 간의 평균 차이를 검증할 때 사용된다. 회귀분석은 특정 제품의 색상과 가격이 매출에 미치는 영향력을 분석하는 것과 같이 변수 간의 인과관계를 검증할 때 사용된다. 분석기법의 선택은 수집된 자료의 척도와 변수의 수 등에 따라 달라진다.

마지막 단계는 보고서 작성 단계다. 분석이 완료되면 여기에서 생성된 정보를 이용해 보고서를 작성하고, 이를 향후 마케팅 의사결정에 활용할 수 있도록 정보시스템으로 구축해야 한다. 마케팅정보시스템(Marketing Iinformation System)이란 기업 내·외부에서 수집되고 분석된 정보를 특정 마케팅 의사결정에 효율적으로 사용할 수 있도록 설계된 인력·장비·절차 등이 상호 작용하는 복합체를 의미한다.

마케팅 믹스: 4P

마케팅은 구체적으로 마케팅 믹스 전략을 말한다. 마케팅 믹스란 마케터가 시장의 세분화와 타기팅을 한 후, 표적 고객을 위한 포지셔닝을 위해 제품(Product)·가격(Price)·유통(Place)·촉진(Promotion)을 조화롭게 구성하는 것을 의미한다. 마케팅 믹스를 구성하는 요소들이 모두 P로 시작하기 때문에 이들을 4P라고 함축해서 표현하기도 한다. 4P는 1960년 마케팅 교수였던 제롬 맥카시(Jerome McCarthy)의 저서 'Basic Marketing: A Managerial Approach'에서 처음 소개되었다. 1985년 미국 마케팅 협회가 4P 개념이 들어간 마케팅 정의를 공식적으로 채택하면서, 마케팅 믹스는 지금까지 4P를 의미하고 있다.

4P 가운데 제품은 제품 개념화를 비롯해 브랜드·포장·디자인·신제품 등에 관한 계획과 의사결정을 하는 것이다. 가격은 상품 가격의 책정·조정·변경에 관한 의사결정으로, 가격 결정 방법과 기준 등의 결정과 관련되어 있다. 유통은 유통경로의 설계, 도·소매상 관리, 물류 관리에 관한 내용으로 구성되어 있다. 물류에는 운송·보관·하역·포장·정보 등이 포함

된다. 촉진은 기업이 소비자에게 정보 제공을 통해 구매를 설득하는 과정으로, 주요 촉진 수단인 광고·인적판매·PR·판매촉진 등에 관한 활동을 의미한다.

마케팅 믹스: 7P

1981년 마케팅 교수인 버나드 붐스(Bernard Booms)와 마케팅 컨설턴트인 메리 비트너(Mary Bitner)는 서비스 산업을 위해 기존 4P에 3P를 추가한 7P를 제시했다. 3P는 사람(Person)·프로세스(Process)·물리적 증거(Physical Evidence)을 말한다. 첫째, 사람은 서비스 산업에서 가장 중요한 요소 중 하나다.[5] 그 이유는 사람, 즉 직원이 고객에게 가치를 직접 제공하기 때문이다. 직원에 따라서 또는 동일한 직원이라도 그의 상태에 따라서 서비스의 품질 수준은 달라질 수 있다. 따라서 직원들이 높은 수준의 서비스를 지속적으로 유지할 수 있도록 동기 부여가 필요하다. 이와 함께 효과적인 훈련이나 교육과 같은 인력 양성 프로그램을 마련하는 것도 필요하다.

둘째, 프로세스도 서비스의 성공을 좌우하는 중요한 요소다. 그 이유는 서비스에 대한 만족도가 공정 전반에 대한 고객의 경험에 의해 좌우되기 때문이다. 따라서 처음부터 마지막까지 공정의 원활한 흐름을 위해 서비스 프로세스를 잘 설계할 필요가 있다. 쉬운 예로 헤어숍을 들어보자. 만약 파마(Permanent)를 목적으로 숍에 방문한다면, 대기부터 커트·파마·샴

5 Bernard H. Booms and Mary J. Bitner (1981), Marketing Strategies and Organization Structures for Service Firms, In James H. Donnelly and William R. George, eds., *Marketing of services*, American Marketing Association, pp. 47-51.

푸·드라이 등 일련의 과정을 거친다. 만약 고객이 그 가운데 하나라도 불편을 느끼게 되면 만족도는 떨어질 수밖에 없다.

서비스업체가 받은 상장이나 세련된 인테리어는 서비스의 무형성을 극복하는 데 도움을 준다.
사진 출처: 박승철헤어스투디오.

마지막, 물리적 증거는 서비스의 주요 특징 중 하나인 무형성을 보완해주는 역할을 한다. 서비스는 물리적 형태가 없기 때문에 고객들이 서비스를 이용해보기 전까지는 품질을 사전에 평가하기가 어렵다. 예를 들어, 처음 방문한 헤어숍에서 헤어디자이너의 솜씨는 서비스를 받아 보기 전까지는 알 수 없다. 그런데 만약 숍 입구에 각종 상장들이 걸려있거나 인테리어가 세련되게 장식되어 있다면, 고객은 그것만으로도 구매를 위한 판단을 쉽게 하게 된다. 병원 벽에 원장의 학위증명서와 각종 학회 이력들이 적혀있는 것도 같은 이유다. 이처럼 서비스업체들은 무형성을 보완하고 더나가 브랜드 인지도를 높이기 위해 내부 인테리어, 아웃테리어, 상징적 인공물, 로고 등 유형성을 강조할 수 있는 각종 요소들을 적극 활용한다.

서비스 마케팅 전문가인 크리스토퍼 러브락(Christopher Lovelock)과 요컨 버츠(Jochen Wirtz)는 제조업의 4P에 4P를 추가했다. 앞에서 설명한 7P와 내용은 유사하고, 서비스의 생산성과 품질(Productivity & Quality)

이 하나 더 추가됐다.[6] 이들은 생산성과 품질이 양립하기 어렵지만, 두 가지에 동시에 집중해서 상승효과를 얻어야 한다고 주장했다. 서비스 품질에 대한 고객 불만은 매출 저하로 이어지고, 매출을 회복시키기 위해 가격을 인하하면 수익이 악화되어 생산성도 떨어지기 때문이다.

무형성을 포함한 다양한 서비스 특징에 대해서는 제품 이야기 편에서 다시 설명하고자 한다.

마케팅 믹스: 4C와 4E

소비 트렌드나 마케팅 환경이 지속적으로 변하면서 마케팅 정의나 전략도 진화를 거듭하고 있다. 미국 마케팅협회는 마케팅에 대한 정의를 몇 차례 수정하였다. 2013년에는 마케팅을 소비자·고객·파트너·사회 전반에 걸쳐 가치 있는 제품을 만들고, 소통하고, 전달하고, 교환하기 위한 활동, 일련의 제도, 그리고 프로세스라고 다시 정의했다. 기업보다는 소비자와 고객 지향적이고 사회적 책임을 강조하는 마케팅에 대한 정의라고 할 수 있다. 그래서 오늘날의 마케팅은 기업을 둘러싼 경영 환경의 다양성과 경영 활동의 복잡성을 아우를 수 있도록 관계 마케팅, 통합 마케팅, 내부 마케팅, 사회적 책임 마케팅 등의 개념을 동시에 추구하는 접근이 요구된다.

관계 마케팅이란 기업이 수익 창출 등의 목표를 달성하기 위해 고객·직원·파트너·주주 등과 상호 장기적 관계를 구축하는 데 목적이 있다. 그래서 관계 마케팅은 고객 관계 관리(CRM)나 주요 파트너 관계 관리(PRM)

---

6 Christopher Lovelock & Jochen Wirtz (2011), *Services Marketing: People, Technology, Strategy(7th)*, Pearson Education.

등과 관련되어 있다. 통합 마케팅이란 마케팅 목표를 효과적으로 달성하기 위해 전략 수립 시 4P를 모두 균형 있게 통합하는 개념이다. 내부 마케팅은 조직 내 모든 구성원들이 각자에게 적합한 고객 지향적 마케팅 마인드를 가지도록 하는 데 목적이 있다. 사회적 책임 마케팅은 기업이 경영활동을 통해 얻은 수익을 사회적 약자나 최소 수혜자에게 돌려주고, 더나가 기업과 사회 모든 구성원들이 공유할 수 있는 가치를 창출하기 위한 마케팅 활동을 의미한다.

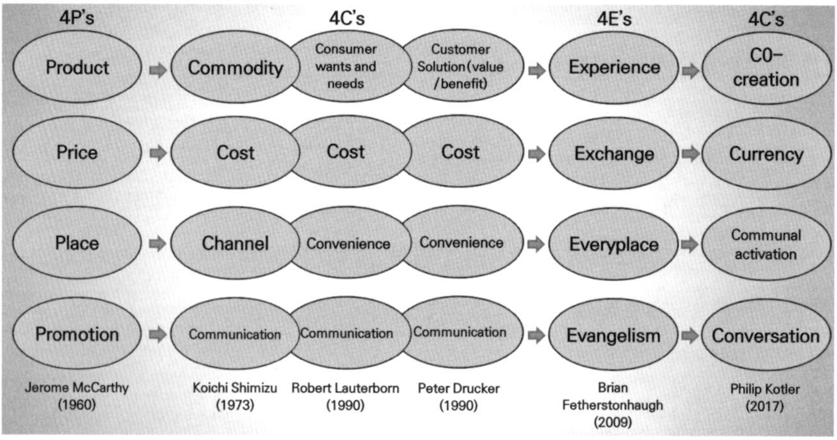

마케팅 환경의 변화에 따라 마케팅 믹스의 구성 요소도 4P에서 4E와 4C 등으로 변해야 한다는 주장들이 계속되고 있다.

마케팅 환경과 개념의 변화에 따라 마케팅 믹스도 4P에서 다른 형태로 변해야 한다는 주장들이 등장하였다. 경영학의 아버지라고 불리는 피터 드럭커(Peter Drucker)는 마케팅 믹스를 생산자 관점의 4P 대신 소비자 관점의 4C, 즉 고객 가치(Customer Value)·비용(Cost)·편의성(Convenience)·소통(Communication)으로 재정의해야 한다고 주장했다.

그는 4P에서의 제품이 기업 중심의 활동이기 때문에 고객의 시각에서 그들이 얻는 가치나 혜택, 즉 고객 가치로 바꾸어야 한다고 주장했다. 가격도 기업 주도적이기 때문에 소비자가 구매의 대가로 지급하는 비용으로 변경할 것을 제안했다. 유통은 기업 중심의 유통경로 구축과 전달에서 소비자나 고객이 편리하게 접근할 수 있는 편의성으로 바꾸고, 기업의 일방적 정보 전달 수단인 촉진은 기업과 고객 간의 쌍방향 소통으로 바꿀 것을 제안했다.

아모레 성수점은 고객이 제품을 체험할 수 있도록 공간을 만들었고, 할리데이비슨은 고객이 열광할 수 있는 브랜드 가치를 만들기 위해 매년 호크랠리 이벤트를 개최한다.
사진 출처: 아모레 성수(https://www.amoremall.com/kr/ko/store), 할리데이비슨 코리아 홈페이지.

마케팅업체, 오길비온 월드와이드(OgilvyOne Worldwide)의 브라이언 페서스톤호프(Brian Fetherstonhaugh) 회장은 4P를 4E로 대체할 것을 주장하기도 했다.[7] 4E는 고객 경험(Experience)·모든 경로(Everyplace)·교환(Exchange)·고객 전도사(Evangelism)를 의미한다. 페서스톤호프 회장은 기업이 마케팅 노력을 제품이나 서비스 자체보다 고객 체험에 더 집중하

7 Fetherstonhaugh, B. (2009), 'The 4 P's are out, the 4 E's are in' Oglivy & Maher website.

고, 고객이 언제 어디서든 제품에 접근 가능하도록 하며, 고객을 브랜드 전도사로 만들 것을 제안하였다. 또 저렴한 가격보다는 고객이 열광할 수 있는 가치가 만들어지면 교환이 이루어진다고 주장했다.

마케팅의 아버지라고 불리는 필립 코틀러(Philip Kotler)는 디지털 시대에 걸맞도록 고객 참여가 가능한 4C를 제안하였다. 4C는 공동 창조(Co-creation)·통화(Currency)·공동체 활성화(Communal Activation)·대화(Conversation)를 의미한다.[8] 디지털 기술의 발달로 소비자의 지위와 구매 경로 등이 바뀌면서 기업의 마케팅 전략의 변화도 필요하게 된 것이다. 코틀러는 기존의 소비자가 과거의 소극적이고 수동적인 소비자가 아니라 연결성의 혁명으로 적극적·사회적인 소비자로 변했고, 이러한 관점에서 4C를 주장하였다.

4C 가운데 공동 창조란 고객이 상품과 서비스 개발에 주도적으로 참여하는 것을 의미한다. 통화란 환율처럼 가격의 가치가 상품의 수요와 공급에 따라 수시로 변하게 하는 개념을 말한다. 공동체 활성화란 소유 개념의 유통보다는 개인 대 개인(P2P) 간 거래, 공유경제 등을 의미한다. 대화는 고객과의 쌍방향, 즉 다원화 소통을 말한다. 마케팅 믹스에 고객 참여가 가능해진 것은 소비자들의 인터넷 접속이 일상화되고, 동시에 다양한 채널을 활용하게 되면서 고객 간의 연결성과 정보의 투명성이 확대되었기 때문이다. 마케팅 믹스를 소비자 관점과 디지털 시대에 맞게 4C로 정의해 성공한 사례로 스타벅스를 들 수 있다.

---

8 Kotler, P., Kartajaya, H., & Setiawan, I. (2017), 필립 코틀러의 마켓 4.0(이진원 옮김), 더 퀘스트.

스타벅스의 4C 전략[9]

2008년 스타벅스의 경영에 복귀한 하워드 슐츠(Howard Schultz) 명예회장은 개방형 혁신을 통해 고객과의 정서적 교감을 활성화시키겠다고 공언하였다. 이를 위해 스타벅스는 2008년 '마이 스타벅스 아이디어'를 발표했고, 2011년에는 '스타벅스 애플리케이션'을 출시하였다. 두 개의 플랫폼은 스타벅스가 4C 전략을 수행하는 데 중대한 역할을 했다.

마이 스타벅스 아이디어는 고객과의 공동 창조를 위해 만들어진 플랫폼이다. 이 플랫폼은 과거 고객 제안함이나 설문조사와는 다른 방식이었다. 고객이 자신의 프로파일을 만들고 아이디어를 제안하면, 다른 사용자가 의견을 제시할 수 있도록 만들어졌다. 이 과정에서 고객들은 아이디어를 제안한 고객의 프로필을 볼 수 있었다. 스타벅스는 고객들 간 토론을 관리하고 모니터링하면서 이들과 함께 아이디어를 완성해 나갔다. 이러한 과정을 통해 스타벅스는 회사가 아닌 고객과 고객 간의 관계를 형성하면서 플랫폼을 단순한 고객 참여 사이트가 아닌 고객 커뮤니티 사이트로 발전시켰다.

플랫폼은 크게 공유(Share)·투표(Vote)·토론(Discuss)·검토(See)의 4단계로 구성돼 있다. 1단계인 공유는 고객이 아이디어를 제품·매장·사회공헌 카테고리로 분류한 후 아이디어를 올리는 단계다. 2단계 투표는 공유된 아이디어를 대상으로 찬반 투표를 실시한 후 아이디어를 선별하는 과정이다. 3단계 토론은 개별 아이디어에 대해 고객들 간의 소통이 이루어지는 단계다. 스타벅스는 좋은 아이디어를 뽑는 과정도 중요하지만, 개별

9 매거진 한경 (2017.05.22.), 스타벅스의 성공 비결 4C 전략, https://magazine.hankyung.com/business/article/201705228750b.

아이디어에 대한 고객들 간의 소통도 중요하게 생각했다. 아이디어 채택률은 보통 1% 미만이었다. 비록 아이디어가 채택되지 못하더라도, 고객들은 토론 과정에서 소통을 통해 자신의 아이디어가 존중받고 있다고 느낄 수 있었다. 마지막 4단계는 검토로, 선정된 아이디어와 선정되지 못한 아이디어들을 구체적으로 설명하는 단계다. 여기에서 스타벅스는 고객의 아이디어에 대한 진지한 태도를 보여줌으로써 많은 고객들과 교감할 수 있었다.

마이 스타벅스 아이디어 사이트는 고객과의 공동 제작을 통해 많은 혁신을 가져왔고, 팬 커뮤니티의 역할을 했다.

사진 출처: https://www.braineet.com/blog/ my-starbucks-idea-case-study.

마이 스타벅스 아이디어는 수많은 고객들의 창의성을 이끌어 냈고, 결과적으로 기업에게 큰 도움을 주었다. 운영 초기 5년 동안 이 플랫폼에는 15만 건 이상의 아이디어가 제시되었고, 수백 건의 아이디어가 채택되었다. 커피가 튀는 것을 방지하는 스플래시 스틱, 케이크 팝, 호박 향신료 라떼와 같이 다양한 아이디어들이 상품에 적용되었다. 더나가 다양한 아이디어들은 모바일 결제 시스템의 정교화나 무료 와이파이 제공 등 회사 프로세스의 개선으로 이어졌다.

마이 스타벅스 아이디어 사이트는 고객과의 공동 제작을 통해 수많은 혁신을 가져왔을 뿐만 아니라 팬 커뮤니티의 역할을 하면서 고객 충성도를 높이는 데도 크게 기여하였다. 이 플랫폼은 고객들로부터 정보를 끌어내는 역할뿐만 아니라, 고객들이 상호 작용하고, 공유하고, 토론하고, 투표할 수 있는 거대한 온라인 커뮤니티로 성장할 수 있었다. 비록 2018년 6월, 플랫폼 오남용과 관리 등의 문제로 10년 만에 플랫폼이 폐기되었지만, 스타벅스는 이 경험을 기반으로 고객들이 다양한 아이디어를 제안할 수 있는 공간을 웹사이트와 트위터에서 운영하고 있다.

주문·결제·보상·개인화 서비스를 하나로 통합한 스타벅스 애플리케이션은 고객 중심 마케팅의 성공 사례 중 하나로 손꼽힌다. 사진 출처: 스타벅스 홈페이지.

2011년 출시한 스타벅스 애플리케이션도 고객 중심 마케팅의 성공 사례 중 하나다. 이 앱은 2009년에 출시했던 '마이 스타벅스 리워드' 프로그램을 적용해서, 주문·결제·보상·개인화 서비스를 하나로 통합했다. 고객들은 앱을 통해 어디서든 모바일로 주문하고 충전된 카드를 통해 쉽게 결제할 수 있다. 스타벅스는 앱에서 주문 과정이 순조롭게 진행될 수 있도록 빅데이터와 자동화 등의 디지털 기술을 적용하고 있다. 또 고객들은 구매할 때마다 포인트로 '별'을 받는다. 별이 많아지면 회원 등급이 높아져 가격 할인이나 쿠폰 혜택을 제공받을 수 있다. 구매 이력이 쌓이면 고객들은 개인별로 차별화된 상품과 서비스를 제안받기도 한다.

스타벅스앱의 위력은 대단하다. 데이터 분석 플랫폼인 모바일 인덱스에 따르면, 2022년 스타벅스앱의 월간 활성 이용자 수가 520만 명에서 570만 명대를 유지하고 있다. 앱 결제액은 전체 결제의 30% 정도를 차지하는데, 금액으로 월간 300억 원 이상으로 추정된다. 2014년부터 시작된 비대면 결제시스템 '사이렌오더'의 출근 시간대 주문 비중이 거의 50%에 달한다고 하니, 앱을 통한 주문과 결제의 편리성이 바쁜 현대인의 니즈를 제대로 충족시켰다고 할 수 있다.

스타벅스의 아이디어와 앱을 4C 관점에서 보면, 마이 스타벅스 아이디어는 공동 창조(Co-Creation)와 소통(Communication)에 해당한다. 그리고 스타벅스앱은 주문과 결제의 편의성(Convenience), 등급에 따른 할인이라는 의미에서는 통화(Currency)의 개념이 적용되었다고 할 수 있다. 물론 앱을 통한 개인화된 제안은 대화(Conversation)의 개념으로도 볼 수 있다. 두 플랫폼에서 공동체 활성화(Communal Activation) 사례를 찾아볼 수 없지만, 다른 앱에서는 발견할 수 있다. 스타벅스는 커피 외에도 다양한 상품들을 출시하고 있다. 비록 우버나 에어비앤비처럼 공식적인 공유경제는 아니지만, 앱 공간에서 고객들 간의 스타벅스 상품 거래는 공동체 활성화의 가능성을 보여준다고 할 수 있다.

기업이 디지털 기술을 활용해 운영체계 및 고객 경험을 변화시키는 것을 디지털 트랜스포메이션(Digital Transformation)이라고 한다. 스타벅스의 디지털 트랜스포메이션 사례를 보면, 필립 코틀러가 제안한 4C가 미래 마케팅의 올바른 방향인 것은 분명하다. 하지만 코틀러의 말처럼, 아직까지는 온전한 4C가 아니라 전통적 4P와의 적절한 결합이 필요한 시점이라고 할 수 있다.

세 번째 이야기

마케팅 환경

마케팅 환경이란 기업이 마케팅 활동을 하는 데에 직·간접적으로 영향을 미치는 다양한 요인들을 말한다. 이와 같은 환경 요인들은 대부분 기업이 경영 전략을 수립할 때 먼저 분석된다. 경영 전략은 전사적 수준에서 이루어지는 기업 자원의 배분에 대한 계획이고, 마케팅 전략은 경영 전략에 따라 제품 수준에서 수립되는 구체적 활동 계획이라고 할 수 있다. 다시 말해, 마케팅이 갑자기 하늘에서 뚝 떨어진 것이 아니고, 대부분은 경영 전략 수립 과정에 따라 단계적으로 추진된다는 것이다.

경영 전략은 우리가 쉽게 이해할 수 있는 개념이 아니다. 하지만 이해를 돕기 위해 여기서 잠깐 개략적으로 설명해보겠다. 기업이 새롭게 창업을 하든 새로운 사업에 뛰어들고 신제품을 만들든, 왜 그 일을 하는지 이유(Why)가 있어야 한다. 이것을 미션(Mission)이라고 한다. 미션에는 기업 비전(Vision)과 핵심가치(Core Value)가 따라온다. 비전은 '무엇으로(What)' 하겠다는 뜻이고, 핵심가치는 '어떻게(How)' 하겠다는 의미다. 만약 병원을 개원한다면, 예를 들어 미션은 '국민건강 증진에 기여하기 위해'가 되고, 비전은 '첨단 스마트 병원'이 되며, 핵심가치는 '전문적인 의술과 사회적 책무'로 정할 수 있다.

이렇게 미션과 비전이 정해지고 나면 기업 목표를 결정한다. 목표는 구체적으로 제시되어야 한다. 이어서 사업 또는 제품 포트폴리오를 결정한 후, 사업별로 경쟁우위를 무엇으로 할 것인가를 선택한다. 경쟁우위는 크게 비용 우위와 차별화 우위로 구분할 수 있다. 마케팅 계획은 대부분 이러한 과정을 거치고 마지막에 수립된다. 이 과정을 경영 전략 수립 과정이라고 하며, 기업의 상황에 따라 특정 단계를 생략할 수도 있다.

경영 전략 수립 과정의 첫 단계가 환경을 분석하는 단계다. 만약 환경이 중요하지 않다면 과거처럼 '정책'이라는 말을 사용했을 것이다. 하지만 오늘날의 환경은 너무 복잡하고 변화 속도가 급해서 리스크가 크기 때문에 기업이 전략적으로 대응하지 않으면 안 된다. 이 말은 환경이 변할 때마다 전략도 변해야 한다는 의미다. 미국 최대 DVD 대여점이었던 블록버스터는 넷플릭스보다 매출 규모가 두 배나 더 큰 기업이었다. 하지만 계속 줄어드는 DVD 대여사업에 집착하다 결국 파산했다. 반면 넷플릭스는 디지털 환경의 변화에 맞춰 동영상 스트리밍 서비스로 사업을 전환했고, 오늘날 세계 최대 OTT(Over The Top)업체로 성장했다.

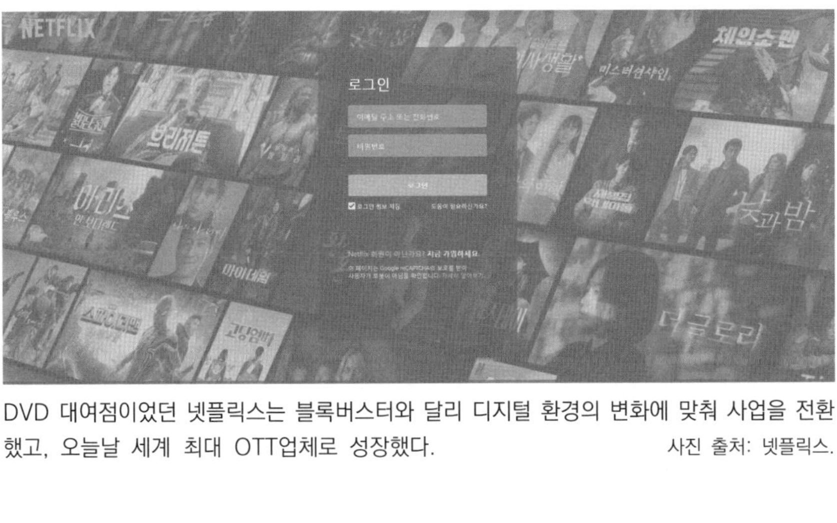

DVD 대여점이었던 넷플릭스는 블록버스터와 달리 디지털 환경의 변화에 맞춰 사업을 전환했고, 오늘날 세계 최대 OTT업체로 성장했다. 사진 출처: 넷플릭스.

한편, 환경을 구성하는 요인은 크게 외부 환경과 내부 역량으로 분류된다. 외부 환경은 다시 거시 환경과 미시 환경으로 구분되는데, 이들은 개별 기업이 통제하기 어렵다는 공통점이 있다. 거시 환경은 모든 산업이나 기업에게 적용되는 일반적인 요인으로, 정치·법적 요인(Political-legal), 경제적 요인(Economic), 사회·문화적 요인(Social-cultural), 기술적 요인(Technological)으로 세분되기 때문에, 거시 환경에 대한 분석을 'PEST 분석'이라고도 부른다.

반면, 미시 환경은 특정 산업에 참여하는 기업들에게만 영향을 주는 환경 요인을 말한다. 기업들은 산업의 매력도를 측정하는 데에 주로 미시 환경 요인을 이용한다. 대표적인 변수로 산업수명주기, 경쟁기업, 고객, 산업의 규모·전망·원가구조·유통구조·성공요인 등을 들 수 있다.

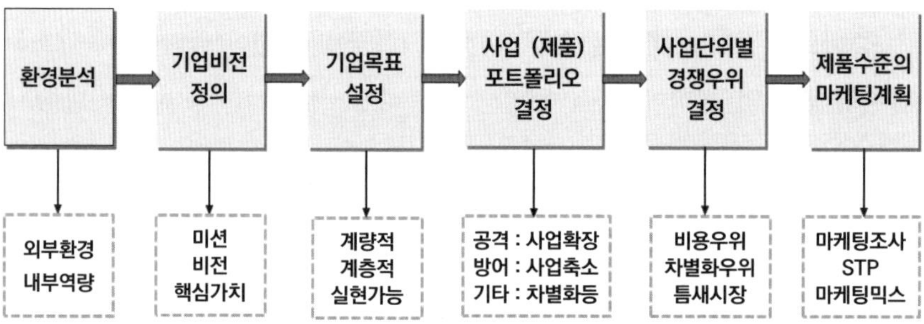

마케팅 전략은 경영 전략 수립 과정에 따라 단계적으로 수립되며, 기업의 상황에 따라 특정 단계를 생략할 수도 있다.

내부 역량은 기업이 통제할 수 있는 환경 요인으로, 기업의 강점과 단점을 의미한다. 예를 들어, 유명 브랜드 보유 여부, 재정 능력과 기술력, 마케팅 능력 등 다양하다. 마케팅의 비중을 높인다면 마케팅 조직과 위상 등 마케팅 관련 요인들을 분석에 추가하면 된다.

이렇게까지 환경 요인을 복잡하게 분류한 이유는 마케팅조사의 효율성을 높이기 위해서다. 이미 경영 전략의 환경 분석을 통해 조사된 내용은 중복 없이 활용하고, 마케팅조사에 꼭 필요한 내용만 선별해서 분석할 필요가 있다. 여기에서는 마케팅이 2.0에서 5.0까지 진화하는 데에 중대한 영향을 미치고 있는 주요 이슈들 중 글로벌라이제이션(Globalization)·글로컬라이제이션(Glocalization)·디지털라이제이션(Digitalization)을 집중적으로 살펴보고자 한다.

글로벌라이제이션

코카-콜라는 글로벌화 전략으로 성공한 대표적인 기업이다. 1998년 11월 26일자 동아일보 기사에 따르면, 전 세계 소비자들이 코카-콜라를 1초에 1만 1,610병, 매일 10억 병을 소비한다니 놀라울 따름이다. 만약 미국 시장에서만 판매를 한다면 그런 기록은 만들어 질 수 없다. 미국을 상징하는 콜라가 해외에서 더 많이 팔리고 있다는 증거다. 개인적인 경험이지만, 미국 내 이태리 레스토랑에서 콜라보다는 와인, 아니면 건강을 위해 미네랄 워터를 마시는 사람들을 많이 봤다. 미국 시장이 이미 포화상태임을 보여주는 단면이다. 코카-콜라에게 더 많은 해외시장 개척은 당연한 선택일 수밖에 없다.

글로벌화는 제2차 세계대전 이후 시작되어 1960년대부터 급속도로 확산되었다. 글로벌화는 경제·사회·문화·기술 등 모든 부문에서 동시에 급속히 진행되었다. 하지만 우리는 글로벌화를 국가 단위의 수많은 시장들이 국경 구분 없이 하나의 세계적인 시장으로 통합되는 과정이라고 경제적 차원에서 정의를 내린다. 이유는 간단하다. 기업이 글로벌화를 주도하였기 때문이다. 글로벌화의 주요 촉진 요인인 통신과 운송 수단도 기업의 작품이다. 세상을 하나로 연결하는 데 결정적 기여를 한 인터넷의 확산과 스마트폰의 발명도 기업에 의한 것이다. 지구상의 수 백 개 국가를 물리적으로 쉽게 이동할 수 있도록 만든 초고속 여객기나 대형 컨테이너선 등 첨단 운송 수단도 기업이 개발해 기업이 운용하고 있다. 글로벌 브랜드를 만들어 소비자의 글로벌화를 촉진시킨 장본인도 기업이다. 1970년대부터 고도의 국제 금융 기법과 상품 등을 이용해 각국 금융 시장을 연계하고 국가 간의 자본 이동을 자유롭게 한 이도 금융기업들이다.

글로벌화란 용어는 1983년 경제학자, 테오도르 레빗(Theodore Levitt)이 하버드 비즈니스 리뷰(Harvard Business Review)에 발표했던 논문을 통해 널리 알려지기 시작했다. 레빗은 글로벌 전략을 추진하는 기업들이 해외시장에서 표준화된 마케팅 활동을 통해 훨씬 더 효율적이고 효과적인 성과를 얻을 수 있다고 주장하였다.[10] 실제로 글로벌화는 전 세계 시장을 대상으로 경쟁하는 초우량 글로벌 기업들의 제품이나 마케팅 활동을 표준화시키면서 규모의 경제(Economies of Scale) 효과를 크게 높이는 데 기여하였다. 규모의 경제란 기업이 일정 기간 생산량을 늘리면서 비용이 절감되거나 효율성이 커지는 효과를 의미한다. 규모의 경제는 생산뿐만 아니라 구매·유통·광고·조달 등 다양한 분야에서 발생한다. 기업들이 해외 진출을 통해 시장 규모를 키우는 주요 원인 중 하나가 바로 글로벌 생산·구매·마케팅 활동 등 다양한 기능에서 규모의 경제를 달성할 수 있기 때문이다.

앞에서도 언급했지만, 코카-콜라는 글로벌화를 통해 규모의 경제로 성공한 대표적 기업이다. 코카-콜라의 글로벌화는 1919년 로버트 우드러

---

10 Levitt, T. (1983), The Globalization of Markets, *Harvard Business Review*, May-June. pp.92-102.

프(Robert Woodruff) 전 회장이 코카-콜라를 인수하면서부터 시작되었다. 우리 귀에 익숙한 '언제 어디서나'라는 광고 메시지가 이 때 등장하였다. 코카-콜라는 '언제 어디서나 손에 넣을 수 있는 코카-콜라' 라는 구호를 경영 비전으로 삼고 해외시장 진출을 본격화하기 시작하였다. 2차 세계대전 중 유럽 전선 곳곳에 64개의 콜라 생산 공장을 설립했다. 연합군의 보급품으로 한 병당 5센트에 50억 병이 판매되었다는 기록도 전해진다. 머리 위로 포탄이 날아다니는 참호 속에서 코카-콜라 한 모금은 단순한 음료가 아니라 군인들의 지친 몸을 달래주는 치료제 역할을 했을 것이다. 전쟁이 끝난 후, 그들을 통해 전 세계로 확산되었을 코카-콜라를 상상해보라. 코카-콜라의 마케팅 전략도 함께 진화하기 시작했다.

글로컬라이제이션

테오도르 레빗의 글로벌화, 즉 표준화에 대한 논쟁이 심해지자, 레빗은 글로벌화가 완전한 표준화를 의미하는 것이 아니고, 경우에 따라 현지화도 필요하다는 주장을 하게 되었다. 즉 'Think global, Act local'의 의미인 글로컬라이제이션이 해외시장에서 적절한 글로벌 전략이 될 수 있다는 것이다. 사실, 세계가 동질화 되고 있지만 국가 간에는 여전히 많은 차이들이 존재한다. 예를 들어, 식습관과 기호의 차이 때문에 똑같은 밀가루 반죽을 가지고도 동양권 국가에서는 국수를 삶아 먹었고, 서양권 국가에서는 화덕에 구워 빵을 만들어 먹었다. 또 종교적인 이유로 소고기를 먹지 않는 국가들도 많다. 그래서 맥도날드는 인도에서 쇠고기나 돼지고기 대신 닭고기나 채소로 만든 햄버거, 마하라자 맥(Mahalajha Mac)을 판매한다. 버거킹은 한국시장에서 김치를 이용한 김치버거, Mr.K를 출시하기도 했다.

코카-콜라도 글로벌 시장에서 표준화된 마케팅 전략을 고집하는 것 같지만, 특정 시장이나 운영 활동에서는 현지 시장에 제품을 적응시키는 현지화 전략을 실행한다. 예를 들면, 소비자들의 입맛 차이로 일본에서는 단맛이 덜한 C2를, 유럽에서는 라임 맛 코카-콜라를 판매한 적이 있다. 중국에서는 세계 최초로 가열 탄산음료인 생강콜라를 개발해 판매하고 있다. 인도와 같이 소비자들이 콜라에 거부감을 가지고 있는 나라에서는 아예 콜라가 아닌 현지 레시피를 활용한 다른 음료를 출시하기도 했다.

코카-콜라는 글로벌 시장에서의 브랜드 표기도 소비자들의 거부감을 조금이라도 줄이기 위해 현지 언어를 함께 사용한다. 광고도 산타클로스부터 북극곰까지 글로벌 모델이 등장하는 표준화를 선호하지만, 필요하다면 어디든 현지 시장에 맞는 차별적 광고를 제작한다. 예를 들면, 중국이나 한국 등에서는 현지 연예인이나 스포츠 스타를 광고 모델로 기용하거나 현지 문화를 광고 소재로 활용하는 경우가 흔하다. 차별화는 제품이나 광고뿐만 아니라 마케팅 믹스의 다른 요소에서도 나타난다. 차별화는 방식에 따라 광역 차별화와 집중 차별화로 구분된다.

글로벌 기업이 현지 연예인을 광고 모델로 기용하고, 현지 문화를 광고 소재로 활용하는 사례들이 늘고 있다.

사진 출처: 코카-콜라 광고, 구글 이미지.

광역 차별화(Broad Scope Differentiation)

광역 차별화란 이질적인 고객들을 대상으로 보편적인 제품 및 서비스로 어필하는 차별화를 의미한다. 맥도날드·혼다·질레트 등과 같은 글로벌 기업들이 여기에 해당된다. 글로컬 전략을 추진하는 맥도날드가 일부 국가에서는 햄버거 재료를 닭고기 등으로 대체하고 있지만, 빅맥과 같은 전통 메뉴는 전 세계 시장에서 동일하게 판매되고 있다.

집중 차별화(Focused Differentiation)

집중 차별화란 세분화를 통해 상이한 고객 집단들을 구분한 후, 목표 집단의 니즈에 맞게 제품 및 서비스를 차별화하는 것을 말한다. 할리데이비슨·랄프 로렌(Ralph Lauren)·MTV 등이 여기에 해당된다. 할리데이비슨은 다양한 장르의 제품을 생산하지만, 그들의 주요 타깃은 일반 오토바이 구매자가 아닌 미국적 자유주의를 표방하는 남성들이다. 랄프 로렌은 폴로 로고가 상징하듯 상류 사회의 라이프 스타일과 접목된 아메리칸 스타일 의류로 고급 브랜드라는 차별화를 시도하고 있다. MTV는 24시간 음악 방송 전문 채널로, 10대에서 20대까지 전 세계 젊은 세대들이 주요 시청자들이다.

디지털라이제이션

디지털라이제이션이란 상품의 개발부터 유통까지 비즈니스 프로세스의 모든 과정에 디지털 기술이 적용되는 것을 의미한다. 디지털과 무관할 것 같은 코카-콜라도 디지털 기술을 마케팅에 적극 활용하고 있다. 특히 소셜미디어를 이용한 촉진 활동에 적극적이다. 코카-콜라의 페이스북 일화는 유명하다. 원래 코카-콜라의 페이스북은 회사가 아닌 몇 명의 팬들에 의해 운영되고 있었다. 우연히 이 사실을 알게 된 코카-콜라는 법적 대응과 인수 등을 고민했지만 페이스북 운영을 그대로 맡기기로 결정했다. 이런 방식의 촉진 활동을 허용하는 것은 코카-콜라로서는 매우 이례적인 일이었다. 그 이유는 브랜드 가치의 중요성을 일찌감치 터득했던 코카-콜라가 상표권을 지키기 위해 브랜드의 무단 사용자들을 대상으로 헤아릴 수 없이 많은 소송을 제기했던 이력 때문이다. 하지만 코카-콜라는 소셜 미디어의 특성과 위력을 이해하고 그것을 받아들인 것이다.

한편, 디지털라이제이션은 기존 산업 구조의 변혁과 새로운 가치 창출에 크게 기여하고 있다. 테슬라는 IT로 자동차의 미래를 개척하면서 기존의 자동차 산업에 큰 변화를 가져왔다. 아마존은 유통의 디지털화로 시장의 판도를 바꾸어 놨다. 최근 디지털 기술의 발전은 메타버스 마케팅과 디지털 마케팅의 진화로 이어지고 있다.

메타버스 마케팅(Metaverse Marketing)

매년 8월 미국 네바다주 블랙록(Black Lock) 사막에서는 버닝맨(Burning Man) 축제가 열린다. 수만 명의 참가자들이 사막에 캠프와 예술 작품을 만들고 공동체 생활을 하다가 행사 마지막 날 버닝맨을 불태우는 행사다. 구글의 공동 창업자인 래리 페이지(Larry Page)와 세르게이 브린(Sergey Brin), 그리고 페이스북 CEO들이 단골로 참여하면서 버닝맨 축제는 유명세를 탔다. 최근 코로나로 인해 버닝맨 축제가 실제 사막 대신 메타버스에서 열리면서, 사람들의 관심이 메타버스로 집중되기 시작했다.

최근 코로나로 실제 사막 대신 메타버스에서 버닝맨 축제가 열리면서 메타버스에 대한 관심이 커졌다. 사진 출처: 버닝맨 페스티벌 공식 웹사이트.

메타버스는 가상을 의미하는 메타(Meta)와 현실 세계를 의미하는 유니버스(Universe)의 합성어로, 1992년 닐 스티븐슨(Neal Stephenson)의 소설, '스노우 크래쉬(Snow Crash)'에 처음 등장했었다. 3D 아바타를 기반으로 하는 메타버스 플랫폼은 인공지능·가상현실·증강현실 기술의 집합체다. 대표적인 메타버스 플랫폼, 제페토 내에서는 유저가 자신의 모습을 3D 애니메이션 아바타로 만들고 다른 아바타와 상호 교류할 수 있다. 제페토 가입자가 2021년 2억 5,000만 명을 돌파했으니, 그 인기를 짐작할 수 있다.

메타버스 안에서 유저들이 게임과 같은 콘텐츠를 즐기는 동안, 기업은 그 안의 모든 공간과 아바타 등을 마케팅 도구로 활용할 수 있다. 더나가 상품 판매로 수익을 창출할 수도 있다. 그래서 많은 기업들이 메타버스 마케팅에 주목하기 시작했다. 구찌는 제페토와의 콜라보레이션을 통해 구찌 빌라(Gucci Villa)를 선보였다. 구찌는 그 안에서 유저들이 자신의 아바타를 꾸밀 수 있는 컬렉션 아이템 60여 종을 판매하고 있다. 여기에는 구찌 외에도 루이비통·나이키·컨버스 등 유명 패션 브랜드들이 입점해 있다.

구찌 빌라에서는 유저들이 아바타를 꾸밀 수 있는 컬렉션 아이템 60여 종을 판매한다.
사진 출처: 구찌 홈페이지.

메타버스 안에서는 고객이 제품을 통해 실감나는 경험을 할 수 있도록 체험 마케팅도 가능하다. 현대자동차는 업계 최초로 메타버스 플랫폼 제페토에 차량을 구현해냈다. 제페토 이용자는 플랫폼 내 인기 맵인 다운타운과 드라이빙 존에서 '소나타 N라인'의 디자인을 살펴보고, 실제로 아바타가 시승하는 체험을 경험하고 그 모습을 영상으로 만들 수도 있다.

현대자동차는 업계 최초로 메타버스 플랫폼 제페토에 차량을 구현해냈다.
사진 출처: HMG 저널.

기아는 메타버스 플랫폼 로블록스에 '니로 EV'를 가상으로 체험할 수 있는 '기아 에코 빌리지'를 구축했다. 이 안에는 마을·해변·에너지센터·캠핑장 등 총 4개의 가상공간이 조성되어 있다. 유저들은 기아 NFT 센터에서 기아 EV NFT 작품을 관람하고, 발리볼 게임 등 다양한 게임을 통해 니로 EV를 체험할 수 있다.

기아는 메타버스 플랫폼 로블록스에 니로 EV를 가상으로 체험할 수 있는 '기아 에코 빌리지'를 구축했다.
사진 출처: HMG 저널.

유명 브랜드들이 메타버스 마케팅에 관심을 가지는 주요 이유 중 하나는 바로 MZ세대 때문이다. 제페토의 진성 유저는 MZ세대다. 이들은 유명 브랜드에게 호의적이다. 또 가격 대비 성능을 뜻하는 가성비보다 가격 대비 심리적 만족을 뜻하는 가심비를 더 중요하게 생각한다. 그래서 가격이 비싸더라도 자신의 가치관과 어울리고 심리적으로 만족할 수 있다면 고가의 상품 구매도 주저하지 않는다. 그들이 메타버스에서 자신의 아바타가 체험한 브랜드에 만족했다면, 현실 세계에서도 브랜드에 대한 만족도와 친근감이 구매로 연결될 가능성이 크다.

디지털 마케팅의 진화

디지털라이제이션은 마케팅에도 큰 변화를 가져왔다. 필립 코틀러는 마케팅의 진화 과정을 마케팅 1.0부터 5.0까지로 설명하였다. 마케팅 1.0은 제품 중심의 마케팅을 의미한다. 증기기관의 발명 등 기계화 혁명에 따라 품질 관리가 중요한 시대의 마케팅 개념이라고 할 수 있다. 마케팅 2.0은 고객 중심의 마케팅을 의미한다. 전기 에너지를 기반으로 한 대량 생산의 혁명으로 마케팅에 STP 개념이 도입되었다. 특히 여기에서는 포지셔닝이 강조되었다. 지금도 많은 제품과 서비스에서 STP가 마케팅의 중요한 영역을 담당하고 있는 걸 보면, 아직도 마케팅 2.0은 진행 중이라고 할 수 있다.

마케팅 3.0은 인간의 영혼(Human Spirit) 중심 마케팅이다. 컴퓨터와 인터넷을 기반으로 지식정보 혁명이 일어나면서, 소비자의 영혼을 움직이는 가치와 스토리가 마케팅에서 중요하게 된 것이다. 몇 년 뒤, 3.0에 이어 4.0이 등장했다. 마케팅 4.0의 가장 큰 특징 중 하나는 인터넷을 통한 사람들 간의 연결성(Connectivity)이다. 인터넷은 인간의 삶에 연결성과 투명성을 더 많이 확보해줌으로써 고객과 기업 간에 힘의 극적인 변화를 가져왔다. 고객은 이제 더 이상 기업이 주도했던 마케팅 활동의 수동적 수용자가 아니다. 과거에는 소비자들이 상품이나 서비스를 선택할 때 광고 등 기업 정보에 의존했지만, 연결성의 시대에는 자기들끼리 주고받는 정보나 평가에 더 많은 신뢰감을 주고 의지한다.[11]

마케팅 5.0의 주요 특징은 휴머니티를 향한 차세대 첨단기술이다. 기술이 예술이 되는 것처럼, 지금은 디지털이 마케팅이 되는 시대가 되었다. 첨

---

11 Kotler, P., Kartajaya, H., & Setiawan, I. (2017), 전게서, pp.47-64.

단 디지털 기술의 발전은 기업의 마케팅 활동뿐만 아니라 소비자의 구매 행동에도 중대한 영향을 미치고 있다. 기업은 인공지능과 IoT 등 첨단 기술을 통해 고객 맞춤형 일대일 마케팅이 가능해졌고, 고객은 증강현실 기술 등을 이용한 다양한 마케팅 체험이 가능해졌다. 여기에서는 필립 코틀러의 저서를 중심으로 마케팅 3.0부터 5.0까지 간단하게 정리해보고자 한다.

마케팅 3.0

2010년 필립 코틀러는 마케팅 개념이 사회적으로 진화함에 따라 마케터가 진정성을 가지고 소비자의 영혼을 움직여야 한다는 내용의 마케팅 3.0을 소개한 적이 있다. 마케팅 3.0의 특징은 다음과 같다. 첫째, 기업과 소비자 간의 관계가 기존의 수직적 관계에서 수평적 관계로 변화하고 있다는 점이다. 과거에는 기업만 독점했던 정보를 소비자들도 가공하고 공유하는 것이 가능해졌기 때문이다. 둘째, 뉴웨이브 기술(New Wave Technology)로 생산자 중심의 4P에서 고객과 함께 하는 공동 창조(Co-creation)가 가능해졌다는 점이다. 뉴웨이브 기술이란 개인이나 집단 간의 연결성(Connectivity)과 상호 작용(Interactivity)이 용이하도록 컴퓨터나 모바일 기기, 인터넷, 오픈 소스 등을 모두 저렴하게 이용할 수 있도록 구성된 기술을 의미한다. 셋째, 브랜드 구축에서 캐릭터 구축으로 가치가 이동했다는 점이다. 넷째, 기업 일방적인 STP의 관점에서 커뮤니티화(Communitization)로 기업과 고객 간 쌍방향 소통이 중요해졌다는 점이다. 다섯째, 기업이 마케팅에 성공하기 위해서는 사회적 문제를 해결하려는 진정성(Authenticity)이 전제되어야 한다는 점이다. 마지막으로, 이윤 추구보다는 고객을 위한 가치를 추구하는 마케팅으로 변화해야 한다는 점을 들 수 있다.

마케팅 3.0을 실현하고 있는 모범사례로 디즈니의 소비재 등을 들 수 있다. 디즈니는 날로 심각해져 가는 소아 비만 문제를 해결하기 위해 저칼로리 기획 상품들을 출시하기 시작했다. 기업이 진정성을 가지고 만든 제품들은 사회적 문제의 해결에 도움을 줄뿐만 아니라 기업에게도 새로운 마케팅에 도전하는 기회가 될 수 있었다.

디즈니는 날로 심각해져 가는 소아 비만 문제를 해결하기 위해 저칼로리 기획 상품들을 출시하기 시작했다.

사진 출처: 구글 이미지.

마케팅 4.0

필립 코틀러와 동료들은 2017년 저서를 통해 마케팅 4.0을 세상에 소개했다. 마케팅 4.0의 특징은 다음과 같다. 첫째, 기업과 고객 간의 관계가 기존의 수직적·배타적·개별적에서 수평적·포용적·사회적으로 바뀌었다는 점이다. 페이스북 이용자가 2019년 초 이미 23억 8,000만 명을 넘으면서 사람들이 모두 연결되는 디지털 세상이 왔기 때문에 가능한 일이다. 필립 코틀러는 이러한 연결성으로 인해 디지털 시대에는 마케팅 믹스도 4P에서 4C로 전환이 필요하다는 점을 제안하였다. 연결성으로 인해 역설 속의 마케팅, 즉 온라인 대 오프라인, 긍정적 옹호 대 부정적 옹호 등이 공존할 수 있게 되었다.

둘째, 시장의 주요 고객이 기존의 연장자·남성·시티즌에서 젊은이·여성·네티즌으로 이동했다는 점이다. 코틀러는 고객 경로도 디지털 시대에 맞게 5A(Aware-Appeal- Ask-Act-Advocate)로 바꾸어야 한다고 주장했다. 기존의 고객 경로는 광고와 영업의 선구자라고 불리는 엘모 루이스(Elmo Lewis)가 제안한 AIDA(Attention-Interest- Desire-Action)와 노스웨스턴 켈로그 경영대학원의 드렉 럭커(Derek Rucker) 교수가 제안한 4A(Aware-Attitude-Act-Act again)가 마케팅에서 활용되었다.

셋째, 진정성이 전제되는 인간 중심의 마케팅이 중요해졌다는 점이다. 코틀러는 브랜드의 인간적 특성을 물리성·지성·사회성·감성·인격성·도덕성으로 제시했다. 물리성의 성공 사례로 애플을 손꼽을 수 있다. 애플은 기능뿐만 아니라 제품의 디자인과 같은 물리적인 측면을 중요하게 생각한다. 그리고 지성의 사례로 테슬라, 사회성은 자포스, 감성은 도브, 인격성은 도미노 피자, 도덕성은 유니레버를 꼽았다. 유니레버는 2010년 '지속가능한 리빙 플랜(Sustainable Living Plan)'을 발표하면서 도덕성의 상징이 되었다.

마케팅 4.0의 기타 특징으로 참여 마케팅·콘텐츠 마케팅·옴니 채널 마케팅 등의 확산을 들 수 있다.

참여 마케팅(Engagement Marketing)

참여 마케팅이란 고객을 마케팅 과정에 직접 참여시키는 기법을 말한다. 고객 참여란 고객의 관심과 관여를 이끌어내는 과정, 상호작용을 통한 고객의 직접적인 경험 과정, 고객과의 관계를 구축하는 과정 등을 포함한다. 이와 같은 고객 참여는 디지털 마케팅 환경에서 브랜드의 친밀감을 제고하는 데에 매우 중요한 역할을 하고 있다. 고객 참여를 증가시키기 위한 수단 또는 기법에는 모바일앱·소셜 CRM·게임화(Gamification) 등이 있다.

포켓몬 고와 이디야커피는 증강현실 기술과 메타버스 플랫폼을 적용한 모바일앱으로 고객 참여를 확대시키는데 성공하였다.

사진 출처: 이디야커피 페이스북, 포켓몬고 사이트.

모바일앱은 스마트폰의 대중화와 함께 고객 참여의 주요 수단이 되었다. 특히 증강현실(AR: Augmented Reality) 기술이 적용된 모바일앱이 개발되면서 고객들의 직접 참여가 더욱 확대되고 있다. 증강현실은 가상의 사물을 현실 세계와 합성해서 원래 사물처럼 보이게 하는 기술이다. 모바일 게임인 '포켓몬 고'를 통해 증강현실 기술의 위력을 실감할 수 있다. 포켓몬 고의 열풍은 디지털과 무관한 포켓몬 빵으로까지 이어지고 있다. 최근 이디야커피는 메타버스 플랫폼을 이용한 모바일앱으로 고객들의 참여를 끌어내는데 성공하였다. 제페토에 오픈한 '이디야 포시즌 카페점'은 최단기간에 매장 방문객 300만 명을 돌파하는 기록을 달성했다. 여기에서는 음료 교환 쿠폰을 제공하는 타임 어택(Time Attack) 이벤트 등을 진행하면서 제품 홍보에 큰 성과를 거두고 있다.

소셜 CRM이란 소셜미디어를 이용해 고객과 브랜드 간의 상호작용을 창출하면서 고객과의 장기적 관계를 구축하고 관리하는 것을 말한다. 기업이 주도하는 전통적 CRM과 달리 고객 주도로 이루어지며, 커뮤니티 안에서 고객 간뿐만 아니라 브랜드와 고객 간의 상호작용을 통해 장기적인 관계가 구축되는 방식이다. 최근 소셜미디어 사용자가 급증하면서 소셜 CRM이 고객 참여의 주요 수단으로 이용되고 있다. 페이스북 등을 통해 특정 브랜드에 대한 긍정적 서비스를 경험한 경우, 우리도 모르게 그 안에서 브랜드 옹호자가 되어 있다는 것을 발견할 수 있다.

마지막으로, 게임화란 게임과 관련된 개념을 이용해 고객 참여를 유도하기 위한 소통 방식으로, 오래 전부터 마케팅에 활용되고 있다. 게이미피케이션 마케팅의 핵심은 퀘스트(Quest)와 보상(Reward)이다. 고객에게 특정 미션을 주고 달성을 하면 보상을 해주는 방식을 말한다. 예를 들면, 항공사의 마일리지나 커피숍의 적립 스탬프, 이벤트 쿠폰 등을 들 수 있다. 농협은행은 모바일앱 '올원뱅크'에서 한시적으로 농작물 재배 등을 체험하는 게임 콘텐츠 '올리네 농장' 이벤트를 진행한다.

스타벅스와 농협은행은 게임화를 마케팅에 적극 활용하고 있다.
사진 출처: 스타벅스 홈페이지, 올원뱅크.

올리네 농장은 이용자가 주어진 미션을 완수하면 농협 계열사에서 현금과 같은 NH포인트를 지급하고, 시즌이 종료되면 당첨자를 추첨해 우리 농산물을 제공하는 게이미피케이션 마케팅 방식으로 운영된다. 게임화의 효과는 생각보다 크다. 파워 브랜드인 스타벅스도 게임화를 마케팅에 적극 활용하는 것을 보면 그 효과를 짐작할 수 있다.

콘텐츠 마케팅

콘텐츠 마케팅이란 기업이 인스타그램이나 페이스북 등 소셜미디어를 이용해 특정 고객 집단에게 유용한 콘텐츠를 일관되게 제공하는 마케팅 기법을 말한다. 이 때 중요한 것은 목표 고객 집단을 명확하게 구분하고, 그들만을 위해 차별화된 콘텐츠를 지속적으로 제작·배포·관리해야 한다는 점이다. 경쟁업체를 모방한 콘텐츠만으로는 마케팅 목표를 달성하기가 쉽지 않기 때문이다.

2021년 마케팅업체인 허브스팟(Hubspot)이 발행한 콘텐츠 마케팅 관련 보고서에 따르면, 상당수 글로벌 마케터들이 콘텐츠 마케팅을 수행하고 있다. 그들이 현재 이용하고 있는 소셜미디어는 인스타그램·페이스북·트위터·유튜브 순이고, 전략은 소셜리스닝·해시태그·라이브 비디오 순으로 나타났다. 소셜리스닝이란 소셜미디어 속 대화를 통해 고객들의 관심사와 니즈를 파악하는 방법을 의미한다.

최근 콘텐츠 마케팅을 적극 추진하고 있는 국내 금융사들을 보면, 자사 상품이나 서비스의 소개와 홍보가 아닌 다양한 읽을거리와 화두를 던지는 방식으로 차별화를 시도하고 있다. 카카오뱅크의 공식 '브런치' 계정에서는 금융 및 재테크 관련 정보와 함께 각계에서 종사하는 일반 소비자들의 삶을 소개하는 인터뷰 형식의 콘텐츠를 제공하고 있다. 토스뱅크의 모회사인 토스는 유튜브 채널 '돈트(Don't)'에서 임직원과 전문가들이 등장해 스타트업 경영과 현업 각 부문에서의 고충을 전하고, 자기 계발에 유용한 동기부여 영상 등을 제공하면서 고객들의 호응을 얻고 있다. 하나은행은 자사 은행앱인 '하나원큐'에 '하나뮤직박스'를 오픈해서, 무료 음악 스트리밍 서비스를 제공하고 있다.

기업이나 고객 가운데 누가 생성하든 우수한 콘텐츠는 고객들을 끌어 모으는 마력이 있다. 거기에서 브랜드에 관한 스토리가 흥미 있게 전해질 때 브랜드의 광고 효과가 나타난다. 예를 들어, 인스타그램의 해시태그는 광고의 슬로건과 같은 역할을 한다. 하지만 여기에는 대중을 위한 슬로건과 달리 고객 자신만의 개인적 목적을 위한 정보가 포함되어 있기 때문에 광고보다 마케팅 효과가 더 커질 수 있다.

요즘 10초에서 1분 정도의 숏폼 콘텐츠(Short Form Contents)가 대세다. 숏폼 콘텐츠는 짧은 시간에 메시지를 함축해서 전달하기 때문에 모바일 기기와 콘텐츠 제작에 익숙한 MZ세대에게 인기가 높다.

숏폼 콘텐츠인 CU의 편의점 고인물과 빙그레의 씻고바유는 높은 마케팅 성과를 달성했다.
사진 출처: CU 홈페이지, 빙그레 홈페이지.

또한 시청자가 숏폼 콘텐츠를 통해 일상을 공유하거나 챌린지에 참여하는 등 콘텐츠를 쉽게 만들 수 있고, 쌍방향 소통으로 빨리 전파할 수 있기 때문에 마케팅 도구로도 인기가 많다.

콘텐츠 마케팅도 트렌드가 중요하다. 2022년 허브스팟이 마케터들을 대상으로 마케팅 수단에 대해 설문조사한 결과를 보면, 1위 숏폼 콘텐츠, 2위 사회적 책임, 이어서 인바운드 마케팅·네이티브 마케팅·라이브 방송·인플루언서 광고 순으로 인기가 높다. 숏폼 콘텐츠를 통해 브랜드 홍보에 성공한 사례도 많다. 대표적인 사례로 편의점 CU를 들 수 있다. 2022년 6월 CU는 아르바이트 9년 차의 에피소드를 담은 시트콤 '편의점 고인물'을 선보였다. 공개 2주 만에 CU의 SNS 플랫폼 노출 기준으로 누적 조회 수가 3,500만 회를 돌파하면서 많은 이들의 공감을 이끌어냈다.

숏폼 콘텐츠의 제작과 공유가 쉬워지는 것은 동영상을 쉽게 제작할 수 있는 도구들 덕분이다. 대표적인 도구로 틱톡(Tik Tok)을 들 수 있다. 틱톡은 2016년 150개 국가에서 서비스가 시작된 글로벌 숏폼 동영상 플랫폼으로, 2021년 7월 글로벌 누적 다운로드 수가 30억 회를 돌파했다. 2020년부터 서비스를 시작한 유튜브의 쇼츠(Shorts)와 인스타그램의 릴스(Reels)도 빠질 수 없다. 이름만 들어도 이들의 기능과 특성을 쉽게 이해할 수 있다. 릴(Reel)이란 원래 필름이나 전선 등을 감는 얼레를 의미한다. 빙그레는 '씻고바유(씻고 바나나맛 우유)'라는 메시지를 소비자에게 각인시키기 위해 인스타그램에서 인기 있는 크리에이터들과 릴스 댄스 챌린지를 진행했다. 그 결과, 빙그레 바나나맛 우유의 호감도가 크게 올라가는 홍보 효과를 얻을 수 있었다.

옴니채널 마케팅(Omni-Channel Marketing)

로스엔젤리스에서 뉴욕까지 미국 주요 공항에 가면 베스트바이(Best Buy)의 키오스크(Kiosk)를 만날 수 있다. 미국 전자제품 유통업체인 베스트바이가 설치한 키오스크는 약 50개 품목을 수납할 수 있는 공간을 가지고 전통적인 자판기 방식으로 판매된다. 이 키오스크는 베스트바이가 추진하는 옴니채널 마케팅 전략의 일환으로 등장했다. 베스트바이는 오프라인과 온라인의 수많은 유통경로들을 융합해서 소비자들이 하나의 구매 경로처럼 접근할 수 있도록 만든 옴니채널을 마케팅 차원에서 지속적으로 실행하고 있다.

베스트바이는 옴니채널 마케팅의 일환으로 미국 주요 공항에 키오스크를 설치하였다.
사진 출처: 베스트바이 홈페이지.

옴니채널 마케팅은 기업이 소비자들의 구매 행태 변화에 대응하는 차원에서 시작되었다. 디지털 시대의 소비자들은 필요에 따라 오프라인과 온라인을 교차하는 방식으로 쇼핑을 한다. 예를 들어 오프라인에서 쇼핑하고 온라인에서 결제하든지, 그 반대로 온라인에서 쇼핑하고 오프라인 매장에서 제품을 구매하는 방식이다. 전자를 쇼루밍(Showrooming)이라고 하고, 후자를 웹루밍(Webrooming)이라고 부른다.

또 오프라인 매장에서는 상품 확인만 하고, 그 자리에서 스마트폰으로 구매하는 경우도 있는데, 이를 쇼루밍에 모바일을 결합해 모루밍(Morooming)이라고 부른다. 그 반대는 리버스 모루밍(Reverse-Morooming)이라고 하는데, 앱루밍(Approoming)도 여기에 포함된다. 앱루밍은 모바일 앱에 현재 위치를 등록하면 주변 매장 정보가 뜨고 여기에서 모바일 할인 쿠폰 등을 다운받아 매장에서 상품이나 서비스를 구매하는 방식이다. 이처럼 소비자의 구매 행태가 다양하게 변화하면서 고민에 빠진 유통업체들이 마련한 해결책이 바로 옴니채널 마케팅이다.

최근 웹루밍과 쇼루밍을 넘나들며 구매하는 이른바 크로스오버 쇼핑(Cross-over Shopping)이 증가하면서 모바일·온라인·오프라인을 결합하는 옴니채널과 O2O(Online to Offline) 서비스가 급증하고 있다. 옴니채널 전략은 고객이 모바일·인터넷 쇼핑몰·백화점·마트 등 어떤 채널을 통해 접근하더라도 동일한 서비스를 제공하는 것이 핵심이다. 이를 위해서는 O2O 플랫폼이 필수다. 또 온오프라인 매장뿐만 아니라 고객서비스 센터와 파트너 업체들의 판매망까지 기업의 모든 판매 채널들이 O2O 플랫폼으로 통합해야 한다.

고객이 O2O 플랫폼을 시간과 장소에 상관없이 이용하려면 클라우드 기반 플랫폼 환경이 구축되어야 한다. 그래야 옴니채널의 세 가지 유형인 소통 채널, 판매 채널, 영향력 채널을 하나로 융합해 서비스할 수 있기 때문이다. 옴니채널은 상품 정보 제공과 추천, 구매, 고객 평가와 의견, 가격 비교, 핀테크(Fintech)를 통한 결제서비스 등 모든 서비스가 포함된다. 대표적인 O2O 서비스의 성공사례로 2014년 5월 스타벅스코리아가 세계 최초로 도입했던 '사이렌 오더(Siren Order)' 서비스를 들 수 있다.

사이렌 오더는 고객에게 근처 매장의 위치 정보를 제공하고, 여기에서 주문과 결제를 마친 후 매장에 도착해서 바로 주문한 제품을 받을 수 있는 서비스다.

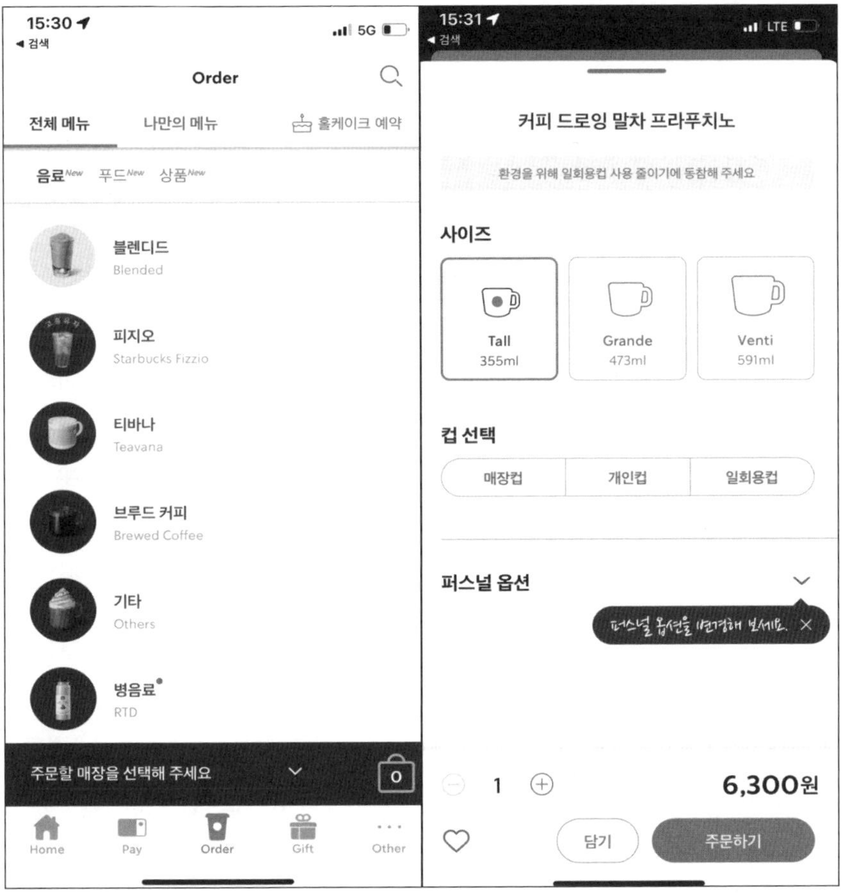

대표적인 O2O 서비스의 성공사례로 스타벅스코리아가 도입했던 사이렌 오더 서비스를 들 수 있다.
사진 출처: 스타벅스 모바일앱.

마케팅 5.0

필립 코틀러는 마케팅의 아버지라는 명성에 걸맞게 마케팅 4.0을 출간한 지 4년 만인 2021년 마케팅 5.0을 발표했다. 마케팅의 패러다임이 급변하고 있다는 증거다. 그리스 철학자인 헤라클레이토스는 '만물은 흐른다'라는 의미의 '판타 레이'로 자신의 철학을 정의했다. 세상에 변하지 않는 것은 없다. 마케팅도 마찬가지다. 현대 비즈니스에서 마케팅 2.0만으로도 충분할 것 같았지만, 마케팅은 쉬지 않고 진화하고 있다. 특히 디지털 시대의 마케팅은 전문가도 따라잡기 힘들 정도로 빨리 흘러가고 있다.

마케팅 5.0의 주요 특징은 미래 휴머니티를 향한 기술 중심 마케팅이라는 것이다. 최근 인공지능(AI: Artificial Intelligence)·자연어 처리(NLP: Natural Language Processing)·로봇공학·센서·증강현실·가상현실·사물인터넷(IoT: Internet of Things)·블록체인 등 차세대 첨단기술의 혁신이 계속 진행되고 있다. 기업은 이러한 기술들을 효율적으로 적용하고, 궁극적으로 인간의 삶의 질을 개선하는 방향으로 마케팅 전략을 모색해야 하며, 휴머니티를 접목한 기술을 통해 소비자들을 더 잘 이해하고 그들이 원하는 소비 경험을 만들어 가치를 제공할 필요가 있다.

마케팅 5.0은 고객의 구매 여정 내에서 가치의 창출·전달·강화를 위해 인간을 모방한 기술을 적용하는 것이다. 예를 들면, 인공지능을 통해 고객 프로필을 분석해 쇼핑 패턴을 파악하고, 온라인 소매업체들이 추천 엔진을 통해 적절한 제품이나 콘텐츠를 추천해 주는 방식이다. 마케팅 5.0에서 마케터는 휴머니티를 중심으로 고객을 위해 원활하고 매력적인 새로운 경험을 창조해야 한다.

마케팅 5.0 시장 상황에 적절한 마케팅 전략 5가지 요소는 데이터 기반 마케팅과 애자일 마케팅이라는 두 가지 원칙을 기반으로 예측 마케팅, 맥략 마케팅, 증강 마케팅 등 세 가지 방법을 적용하는 것이다.

데이터 기반 마케팅

데이터 기반 마케팅이란 기업이 마케팅 의사결정을 주도하고 최적화하기 위해 모든 자료원의 데이터를 통합하는 데이터 생태계를 구축한 후, 여기에서 수집된 다양한 데이터를 수집 및 분석하는 마케팅 활동을 말한다. 이러한 과정에서 마케터는 고객별 페르소나(Persona)를 개발할 수 있다. 페르소나는 연령이나 성별과 같은 인구통계적 특성, 가치와 태도와 같은 심리적 특성, 구매경로 등과 같은 행동적 특성, 거주지 등 지리적 특성이 반영된 고객의 세분시장에 대한 간략하면서도 구체적인 가상적 묘사를 의미한다. 사람들은 보통 다양하게 분리된 멀티 페르소나를 가지고 있다. 예를 들면, 직장에서는 엄한 상사이지만 집에서는 다정한 아빠 모습을 보이는 것과 같다.

만약 기업이 개별 고객의 페르소나를 개발할 수 있다면, 시장 세분화와 타기팅을 통해 제품이나 캠페인 활동을 전개하고, 그에 따른 반응 데이터를 수집하고 분석하여 리타기팅(Retargeting)을 하는 등의 고객별 일대일 마케팅을 전개할 수 있다. 또 고객이 특정 세분시장에서 다른 세분시장으로 이동하는 것을 실시간 추적하여 상황에 맞게 개인화된 마케팅 활동을 수행할 수 있다.

일본 최대 크래프트 맥주회사인 요호 브루잉(YOHO Brewing)은 신제품 '수요일의 고양이'를 만들 때 고객의 페르소나를 먼저 그렸다. '30세 전후의 여성. 독신 또는 기혼. 자녀 없음. 도큐 도요코선 또는 도쿄메트로 히비야선의 역세권 거주. 패션과 소지품에 까다롭고, 책임 있는 위치에서 업무를 척척 처리하며, 집에 돌아오면 술을 마시며 있는 그대로의 자신으로 돌아간다. 그것이 다음날의 활력.' 여기에서 세련되고 능력 있는 여성을 타깃 고객으로 정하고, '능력 있고 세련된 여성이 일을 마치고 오프타임에 자신을 리셋하는 맥주'라는 콘셉트를 만들었다. 실제 그런 여성에게 물어보니 "일주일의 중간인 수요일에 한숨 돌리면서 마시고 싶다."는 대답이 많았고, 그들이 좋아하는 것은 '고양이'였다. 신제품의 브랜드는 그렇게 탄생했고, 출시 이후 지금까지 매출이 성장하고 있다.[12]

일본 맥주회사인 요호 브루잉은 신제품 '수요일의 고양이'를 만들 때 고객의 페르소나를 먼저 그렸다. 사진 출처: 요호 브루잉(https://yohobrewing.com/suiyoubinoneko/pc).

예측 마케팅

예측 마케팅이란 기업이 상품 출시 전 마케팅 활동의 결과를 예측할 목적으로 인공지능의 한 분야인 기계학습(Machine Learning)을 통해 예측 분석 방법을 구축하고 활용하는 것을 말한다. 기계학습이란 컴퓨터에 데이터를 입력한 후 학습하게 함으로써 새로운 지식을 얻어내게 하는 것을

12 나가이 다카히사 (2020), MBA 마케팅 필독서 45(김정환 옮김), 센시오.

말한다. 기계학습의 역사는 오래되었지만 별 진척이 없다가 인공 신경망 기술인 딥러닝(Deep Learning)의 개발로 주목을 받고 있다.

예측 분석은 소비자의 과거 행동을 조사한 후, 이와 유사한 행동을 미래에 보여줄 가능성을 평가하는 것이다. 구체적으로 고객 성향을 파악하고, 유사한 성향을 지닌 고객 클러스터를 구축하며, 고객이 제공할 평생가치를 예측하는 것이다. 따라서 빅데이터가 없으면 거의 불가능하다. 기업은 전통적으로 고객 행동에 관한 누적 데이터를 기술 통계 방식으로 분석한 결과를 바탕으로 예측해왔다. 최근의 예측 마케팅은 사물인터넷 등을 통해 방대한 데이터를 수집한 후 인공지능을 이용해 분석하기 때문에 기존 방법보다 예측 범위가 훨씬 넓고 예측력도 높다.

예측 마케팅에서 예측 모델을 구축하기 위해 사용되는 가장 일반적인 방법에는 세 가지가 있다. 첫째, 회귀분석 모델이다. 이 모델은 독립변수와 종속변수 간의 인과관계를 통계적으로 분석하는 데 목적이 있다. 이 모델은 예측 분석 가운데 가장 기본적인 분석기법이고 역사도 오래됐다.

둘째, 추천 시스템 구축을 위한 협업 필터링이 있다. 예측력을 높이기 위해 고객이 협업해서 평가를 해주는 것이 필요하기 때문에 협업 필터링이라고 한다. 이 방법은 소비 이력 등 고객 정보를 미리 분석해서 선호하는 장르나 취향이 유사한 고객들을 그룹화한 후 이들에게 유사 상품을 추천하는 방식이다. 협업 필터링은 사용자 기반 협업 필터링과 아이템 기반 협업 필터링으로 구분된다. 예를 들면, 넷플릭스가 사용하는 AI 기반 추천 시스템은 협업 필터링과 컨텐츠 기반 필터링을 사용한다. 컨텐츠 기반 필터링은 컨텐츠를 먼저 분석한 후, 확보된 고객 취향 등 정보를 기반으로 아이템을 추천하는 방식이다.

마지막으로, 복잡한 예측을 위한 신경망 모델을 들 수 있다. 이 모델은 인간의 뇌 안에서 생물학적 신경망이 작동하는 방식으로 예측 모델을 구축하는 방식이다. 신경망 모델은 입력층·출력층·은닉층으로 구성되어 있고, 여기에서 다양한 패턴과 관계를 찾아내며, 은닉층에서 나온 모델을 이용해 결과를 예측할 수 있다.

맥락 마케팅(Contextual Marketing)

2019년 미국 잡화 유통업체인 월그린은 카메라·센서·디지털 스크린 도어가 설치된 스마트 냉장고를 매장에 선보였다. 이 냉장고는 얼굴 감지 기술로 고객의 인구통계학적 정보와 감정을 추론할 수 있다. 카메라로 고객의 시선을 추적하고 센서로 움직임을 감지한 후 고객의 관심 사항을 파악한다. 그리고 그 내용을 인공지능이 분석한 후 고객을 위한 특정 제품이나 판촉 방법을 제시해준다. 월그린은 스마트 냉장고 설치를 통해 방문객이 증가하는 등 마케팅 성과를 올릴 수 있었다.

월그린은 카메라·센서·디지털 스크린 도어가 설치된 스마트 냉장고를 를 통해 높은 마케팅 성과를 올릴 수 있었다.

사진 출처: CNN Business.

월그린 사례에서 보듯, 물리적인 공간에서 센서와 디지털 인터페이스를 활용해 고객의 행동 자료를 수집 및 분석한 후, 이를 근거로 고객의 관심사에 부합하는 제품이나 광고를 노출하는 온라인·모바일 마케팅 기법을 맥락 마케팅이라고 한다. 이 기법은 고객과 개인화된 맞춤식 상호작용이 가능하기 때문에 고객이 처한 상황에 따라 실시간으로 일대일 마케팅을 수행할 수 있는 근간이 된다. 맥락 마케팅이 성공하기 위해서는 고객과의 교류를 위한 적절한 고객 페르소나의 개발과 브랜드 페르소나의 정확한 정의가 필요하다. 브랜드 페르소나를 설정할 때는 브랜드의 성격, 표적 집단의 성격, 메시지와 톤 등 다양한 요소를 고려해야 한다.

AI를 기반으로 하는 맥락 마케팅을 수행하기 위해서는 판매 시점(POS: Point of Sales)에 센서와 장치들을 연결한 시스템 구축이 필요하다. 판매 시점에서 기업이 맥락별로 대응할 수 있도록 위치 정보 전달 기기인 비콘(Beacon)을 모든 오프라인 시설에 설치해두면 고객 위치와 움직임을 정확하게 파악할 수 있고, 푸시 알람과 같은 방식으로 개인화된 콘텐츠를 전송할 수 있다.

기업이 AI와 IoT 등 차세대 기술을 통해 인프라를 구축해 놓으면, 3단계의 개인별 맞춤형 맥락 마케팅을 수행할 수 있다. 1단계는 마케터가 위치 기반 시스템을 이용해 소매점이나 쇼핑몰 등 특정 지역에 가상의 경계를 설정해서, 경계 내에 있는 고객에게 촉진 메시지, 제품 선정, 가격 안내 등 개인화된 정보를 제공할 수 있다. 2단계는 쌍방향 인터페이스 채널을 통해 마케터가 고객과 맞춤형 상호작용으로 소통하는 인터랙티브 마케팅을 할 수 있다. 3단계는 마케터가 몰입형 마케팅을 추진할 수 있는 단계다. 고객은 몰입형 마케팅을 통해 감각적 체험이 가능한 경험에 참여할 수 있다.

증강 마케팅

증강 마케팅은 증강현실 기술을 마케팅에 적용한 것을 말한다. 앞에서 설명했던 모바일앱 게임화 외에도 챗봇(Chatbots)이나 가상비서(Virtual Assistant)처럼 인간을 모방한 디지털 기술을 마케팅에 활용함으로써 업종과 무관하게 마케터의 생산성을 높일 수 있다. 증강 마케팅을 통해 생산성을 높일 수 있는 방법은 다양하다.

대표적인 방법은 등급별 인터페이스 시스템을 만들어, 퍼널(Funnel) 모양의 구조 안에 디지털 인터페이스와 인간 인터페이스를 혼합해 놓고, 그 안에서 작업의 가치를 높일 수 있도록 인력을 배치하는 방법이다. 다시 말해, 일반적인 판매 과정을 나타내는 세일 퍼널(Sale Funnel)에서 상단이나 중간 단계의 제한적 대화를 통한 잠재 고객 데이터 확보나 잠재 고객 육성 등에는 챗봇 등 디지털 인터페이스를 활용하고, 하단의 잠재 고객 설득이나 최종 협상 등의 업무는 영업사원 등 인간 인터페이스를 활용하는 것이다. 이를 통해 기업은 고객으로 하여금 디지털 인터페이스의 속도와 편리성을, 인간의 휴머니티적 접점의 따뜻함이나 공감을 경험할 수 있게 할 수 있다.

소매 유통업체는 옴니채널을 등급별로 구분한 판매 인터페이스를 활용할 수도 있다. 예를 들면, 이케아는 고객의 브랜드 인지도를 높이고 관심을 유도해서 제품 시험을 할 수 있도록 증강현실이 적용된 디지털채널을 활용한다. 그리고 고객이 오프라인 매장을 방문했을 때 더 큰 관심을 보이기 때문에 응대하는 매장 점원이 판매하기가 쉬워진다.

애자일 마케팅(Agile Marketing)

애자일 마케팅이란 시장의 기술적 변화와 고객 트렌드의 변화에 기업이 민첩하게 반응하고 유연하게 대처함으로써, 전통적인 마케팅 방식보다 더 빠르게 반응하는 마케팅 전략을 말한다. 급변하는 디지털 환경 하에서 기업이 민첩하고 유연하게 대처하기 위해서는 먼저 조직을 변화에 민감한 조직, 즉 애자일 조직으로 구성할 필요가 있다. 애자일 조직은 부서 간 경계를 허물고, 가능한 소규모로 구성해 업무를 효율적으로 수행하는 조직을 말한다. 이 조직은 실무진이 권한을 가지고 불필요한 보고 없이 시제품에 대한 고객 반응에 민첩하게 대처한 후 최종 상품이 출시되기 때문에 시간을 단축할 수 있다는 장점을 가지고 있다.

애자일 마케팅을 위한 조직의 핵심 구성 요소는 다음과 같다. 첫째, 실시간 분석이 가능하도록 준비가 되어 있어야 한다. 둘째, 분석을 통해 얻은 통찰력을 활용할 수 있도록 다양하게 분산된 애자일 팀을 구성한다. 셋째, 팀들은 유연한 플랫폼을 기반으로 여러 제품이나 캠페인을 구성해야 한다. 넷째, 팀들은 아이디어 구상에서부터 시제품 개발에 이르기까지 병행 프로세스(Concurrent Process)로 신속한 실험 테스트를 하고, 이를 기반으로 시장 수용을 결정해야 한다. 마지막으로, 기업 전체가 애자일 마케팅을 수행할 때 기업은 내·외부 자원을 모두 활용하는 개방형의 혁신적인 사고를 수용해야 한다.

네 번째 이야기

소비자

마케팅은 소비자 니즈로부터 출발한다. 소비자에 대한 철저한 분석이 곧 마케팅 전략의 성공을 보장한다. 롯데백화점 광주점에 입점한 커피숍, 엔제리너스에 관한 이야기다. 백화점 식당가는 지하 1층과 10층에 두 곳에 있다. 지하 1층에는 키오스크를 통해 음식을 주문하는 디지털 느낌 가득한 푸드코트(Food Court)가 있다. 10층 식당가는 상대적으로 아날로그 느낌이 나는 한식·중식·일식당이 모여 있다.

엔제리너스 매장은 원래 10층 식당가 입구 에스컬레이터 쪽에 입점해 있었다. 식사를 마친 고객들이 커피 한 잔 마시기에 좋은 위치였다. 하지만 매출이 기대에 못 미쳤는지 커피숍은 4층 젊은 여성 의류와 패션 매장 가운데로 자리를 옮겼다. 뜬금없는 자리 이동 같았지만, 한가했던 10층보다 지금 자리가 젊은 고객을 포함해 더 많은 손님들로 붐빈다.

카이스트 정재승 교수가 2017년 3월 한겨레신문에 기고했던 글이다. 남녀 간에는 호르몬의 차이나 생물학적 뇌구조 차이 때문에 쇼핑 습관이 다르다는 내용의 글이었다. 남성은 목표를 향해 한 곳만 바라보는 '터널 시야' 또는 수박 겉핥기 식 거시적 내비게이터를 가진 반면, 여성은 여기저기 꼼꼼히 둘러보는 '서클 시야' 또는 세부적인 것에 관심을 기울이는 미시적 내비게이터를 가지고 있다는 이야기다. 기사에 따르면, 백화점에서 남녀 고객 간의 쇼핑 행태는 큰 차이를 보인다. 청바지를 구매하기 위해 백화점을 방문한 남성은 자주 가는 매장으로 직진해서, 직원에게 "36 사이즈 주세요."라고 말한 후 대개는 입어보지 않고 산다. 여성은 다르다. 모든 청바지 매장의 상품 진열대를 지나칠 정도로 꼼꼼하게 관찰하고 자주 눈길을 멈춘다. 심지어 다른 근처 청바지 숍까지 들르는 수고도 마다하지 않다는 것이다. 참으로 공감 가는 글이다.

사실 여성이 청바지를 구입하러 백화점에 갔다면 서너 시간도 부족할 수 있다. 만약 남성이 여성의 쇼핑에 따라나섰다면, 곧바로 후회하게 될 가능성이 크다. 재촉하는 남성을 백화점이 그대로 놔둘 리 없다. 그래서 여성의류 매장이 있는 층에는 십중팔구 공용 소파나 의자들이 놓여 있다. 대부분 여성 고객들과 동반한 남성들 위한 배려라고 보는 것이 맞다.

엔제리너스는 2018년부터 '엔제리너스 스페셜티 소공점'을 시작으로 프리미엄 커피 전문 매장을 롯데백화점 내에 입점시키기 시작했다. 사진 출처: 미디어펜.

소파도 좋지만, 만약 커피 한 잔 하면서 피로를 달랠 수 있는 별도의 공간이 있다면 남성들은 더 좋아할 것이다. 여성들끼리만 쇼핑할 때도 매장 가운데 커피숍은 비싼 커피 값이 아깝지 않은 편안한 대화 공간이 될 수 있다. 고객이 매장에 머무는 시간이 길수록 구매율이 올라간다는 사실은 여러 실험을 통해 검증되었다. 롯데백화점이 엔제리너스 커피숍을 입점시킨 몇 가지 이유 중 하나일 것이다. 그래서 커피숍의 매출 부진은 엔제리너스뿐만 아니라 백화점의 매출에도 영향을 줄 수 있다.

10층에서는 식사를 마친 아날로그 성향의 고객이 주 타깃이었다면, 4층에서는 고령층을 포함해 젊은 층까지 고객층이 훨씬 더 넓어졌다. 만약 매장 이동으로 인해 커피숍 고객이 늘었다면, 그 성과는 고객의 구매 행태에 대한 업체 측의 면밀한 관찰과 분석의 결과였을 것이다. 그래서 마케팅은 인간의 문제를 이해하고 해결하는 과정이라고도 한다.

그러나 소비자 또는 고객은 마케팅 환경 요소 중 가장 다루기 힘든 요소 가운데 하나다. 그 이유는 마케팅 활동의 최종 목표인 자사 상품의 구매를 소비자가 결정하는데, 마케터가 그들을 마음대로 통제할 수 없기 때문이다. 간단한 예를 하나 들어보자. 같은 국밥집인데 한 곳은 욕쟁이 할머니 식당이고, 다른 곳은 마더마케팅을 하는 매우 친절한 식당이다. 어떤 고객은 욕을 얻어먹어도 할머니 국밥을 선호하고, 어떤 고객은 맛보다 친절이 우선이라고 생각한다. 소비자는 개성만큼이나 상품을 고르는 기준도 다양하다. 그래서 최근의 마케팅은 소비자를 더 잘 이해하기 위해 신경과학과 행동경제학까지 동원한다. 마케팅에서 소비자에 대한 분석은 기본적으로 구매행동 유형, 구매의사 결정 과정, 구매의사 결정요인 등을 대상으로 이루어진다.

구매행동 유형

소비자의 구매행동 유형은 사람들의 개성만큼이나 다양하다. 그런 점에서 구매행동 유형을 네 가지로 정리해준 헨리 애슬(Henry Assael)은 마케터들에게 더 없이 고마운 존재다. 그는 소비자의 구매행동 유형을 크게 '고관여 구매행동'과 '저관여 구매행동'으로 구분하였다. 그리고 고객이 구매하고자 하는 상품과 경쟁 상품 간의 차이 정도에 따라 고관여 구매행동을 '복잡한 구매행동'과 '부조화 감소 구매행동'으로 세분하고, 저관여 구매행동은 '습관적 구매행동'과 '다양성 추구 구매행동'으로 세분하였다.

어려운 내용 같지만, 구매하고자 하는 상품이나 서비스에 대한 소비자의 관심도, 구매의 중요성, 구매 상황 등에 따라 소비자의 구매행동이 달라진다는 상식적인 이야기다. 마케터는 이를 마케팅에 활용하고, 때로는 그 논리를 바꾸기 위해 노력한다. 예를 들면, 코카-콜라와 같이 가격이 저렴하고 구매자에게 그다지 중요한 선택도 아닌 음료 제품의 경우, 소비자의 관여도가 낮고 소비자들이 다양한 맛을 보기 위해 구매하는 경우가 많다. 하지만 코카-콜라 팬들은 다른 음료를 잘 선택하지 않는다. 그 답은 코카-콜라의 마케팅에서 찾을 수 있다.

고관여 구매행동(High-involvement Buying Behavior)

고관여 구매행동이란 고객이나 소비자가 구매의사 결정 과정에 관여를 많이 해서 그만큼 신중하게 구매 결정을 하는 것을 말한다. 보통은 고가의 제품이나 서비스를 구매하고 제품의 중요도와 관심도가 클 때 소비자의 고관여 구매행동이 나타난다. 고관여 구매행동은 경쟁 상표들 간의 차이 정도에 따라 다시 복잡한 구매행동과 부조화 감소 구매행동으로 구분된다.

● 복잡한 구매행동(Complex Buying Behavior)

복잡한 구매행동은 아파트 구매나 대학교 선택과 같이 소비자들이 구매에 높은 관여도를 보이면서, 경쟁 상표 간의 차이점이 클 때 주로 나타난다. 복잡한 구매행동은, 말 그대로 소비자가 제품 정보 또는 지식에 근거해 주관적 신념을 형성한 후, 제품을 좋아하거나 싫어하는 태도가 만들어지면서 가장 합리적인 대안을 선택하는 것과 같이 복잡한 학습 과정으로 이어진다.

따라서 복잡한 구매행동을 보이기 쉬운 상품이나 서비스를 취급하는 마케터는 먼저 소비자의 정보 수집 행동과 구매 시 중요하게 생각하는 속성을 잘 파악한 후 이에 대응해야 한다. 신입생 유치 홍보를 하는 대학의 경우, 먼저 학생들이 가장 많이 이용하는 매체를 이용해 그들이 중요하게 생각하는 요소, 예를 들어 장학금이라면 이를 집중적으로 홍보하는 것이 효과적이다.

브랜드의 구분과 차별화를 위해 최적의 광고 매체와 차별적 메시지를 활용할 필요가 있다.
사진 출처: 화순전남대학교병원, 코웨이 광고.

이와 함께 브랜드의 구분과 차별화를 위해 최적의 광고 매체와 차별적 메시지를 활용할 필요가 있다. 화순전남대학교병원은 암 치료 특화 병원이라는 차별적 이미지를 구축하기 위해 비교적 길고 상세한 문구를 활용한 지면광고를 사용하고 있다. 코웨이는 정수기 인쇄광고를 하면서 혁신적인 기술력을 강조하는 메시지로 1이라는 숫자를 강조하면서 차별화를 시도하고 있다.

● 부조화 감소 구매행동(Dissonance-Reducing Buying Behavior)

부조화 감소 구매행동은 이동통신이나 전자제품처럼 소비자의 관여도가 높지만 경쟁 상표 간 차이가 적기 때문에 구매 후 결과에 대한 위험 부담이 있는 경우에 주로 발생한다. 구매 후 위험 부담이란 구매자가 제품이나 서비스를 이용하면서 불만사항을 발견하거나 구입하지 않은 제품에 대한 호의적 정보를 얻게 될 때 경험하게 되는 구매 후 부조화(Postpurchase Dissonance)를 의미한다.

소비자가 부조화에 대한 두려움을 떨쳐낼 수 있도록 브랜드의 자신감을 드러낼 수 있는 강력한 촉진 활동이 필요하다. 사진 출처: KT 홈페이지, LG전자 광고.

구매 후 부조화는 소비자의 입장에서 최악의 선택이기 때문에, 소비자는 사전에 이를 방지하기 위한 선택을 위해 신중해질 수밖에 없다. 따라서 소비자가 구매 전에 부조화에 대한 두려움을 떨쳐내 버릴 수 있도록 자사 브랜드의 자신감을 드러낼 수 있는 강력한 촉진 활동이 필요하다. 대표적 촉진 사례로 LG전자 광고를 들 수 있다. LG전자는 '1등'과 '약속'이라는 단어를 메시지로 사용함으로써 소비자의 불안감을 해소시키는 홍보 효과를 얻을 수 있었다.

KT는 경쟁 브랜드와의 차별화를 위해 '올레' 캠페인을 지속적으로 진행했었다. 업체 간에 품질 면에서 차이가 크지 않은 이동통신의 경우, 강력한 브랜드 파워의 구축은 부조화를 우려하는 소비자를 유인하는 데에 매우 효과적이다. KT는 우리에게 친숙한 단어인 올레를 캠페인에 활용하면서 브랜드 차별화를 추진해 나갔다. 올레는 O(Outstanding Performance: 우수한 성과), L(Leading IT: 정보기술의 선도), L(Liberal Culture: 자유로운 문화), E(Esteemed Company: 존경받는 기업), H(Happy Customer: 고객의 행복)의 앞 글자들로 조합되어 있다. KT는 올레 캠페인을 통해 경영철학이 담긴 자신감을 드러내고자 하였다.

저관여 구매행동(Low-involvement Buying Behavior)

저관여 구매행동은 소비자들이 제품이나 서비스에 대해 관심이 적고, 중요한 구매의사 결정이라 생각하지 않거나, 제품 구매가 긴급 상황이 아닌 경우에 발생한다. 저관여 구매행동은 다시 브랜드 간의 차이에 따라 습관적 구매행동과 다양성 추구 구매행동으로 구분할 수 있다.

습관적 구매행동(Habitual Buying Behavior)

습관적 구매행동은 생수나 주유소와 같이 제품에 대한 관여도가 낮고, 경쟁 브랜드 간의 품질이나 가격 등의 차이가 크지 않는 경우에 주로 발생한다. 이러한 상품들은 대체로 소비자들의 브랜드에 대한 확신이 약하다. 그래서 습관적 구매가 이루어지는 상품이나 서비스는 대부분 소비자의 휴리스틱(Heuristic)에 의한 구매라고 할 수 있다. 휴리스틱이란 정보나 시간 부족으로 합리적 판단이 어렵거나 굳이 합리적 판단을 할 필요가 없을 때 사람들이 신속하게 사용하는 어림짐작을 말한다.

행동경제학자 대니얼 카너먼은 인간이 별 노력 없이 자동으로 신속한 결정을 하게 만드는 심리적 주체를 '시스템1', 고도의 집중을 요구하는 판단을 위한 심리적 주체를 '시스템2'로 분류했다. 그는 사람들이 매 순간, 모든 정보를 활용하여 판단하고 선택해야만 한다면 인지적 부담감이 클 수밖에 없기 때문에 시스템1에 의한 의사결정을 많이 하게 된다고 말한다. 습관적 구매가 이루어지는 저관여 상품에 대한 구매 결정도 바로 시스템1, 즉 휴리스틱에 의한 경우가 대부분이다.

그렇다고 마케터의 입장에서 상품을 고객의 휴리스틱에 맡겨둘 수만은 없다. 가격할인이나 강력한 판촉도 효과가 있지만, 그 효과는 일시적이다. 이에는 이로 대응하듯, 해결 방안을 감정 휴리스틱(Affect Heuristic)에서 찾아 볼 수 있다. 감정 휴리스틱은 사람들의 의사결정이 숙고나 논리와 상관없이 호불호의 감정에 직접 영향을 받는 것을 말한다. 다시 말해, 특정 상품을 대상으로 좋은 감정을 가지고 있을 때에는 리스크보다 메리트가 많고, 싫은 감정을 가지고 있을 때는 메리트가 적고, 리스크가 높다고 판단하는 것이다.

고객들이 습관적으로 구매하고 있는 상품 가운데 감정 휴리스틱으로 성공한 사례로 롯데제과의 자일리톨 껌을 꼽을 수 있다. 자일리톨 껌이 출시될 무렵 기존 껌이 충치를 유발할 수 있다는 문제와 정보들이 언론 매체를 타기 시작했다. 이 때 롯데제과는 자일리톨 껌이 충치 예방에 효과적이라는 차별성을 알리기 위해 '자기 전에 씹는 껌'이라는 짧은 광고 메시지, 즉 캐치프레이즈(Catch Phrase)를 반복적으로 전달하였다. 소비자들은 자연스럽게 자일리톨 껌에 대한 호감을 가지게 되었다. 이 캐치프레이즈는 기존 제품에 대한 고객들의 휴리스틱을 깨뜨리는데 성공하였다. 자일리톨 껌의 사례는 우연이겠지만, 소비자들의 휴리스틱에 의한 구매에 균열을 일으키기 위해 특정 상품에 대한 문제를 제기하는 정보 형태의 언론 보도가 마케팅 차원에서 기획되기도 한다.

우연한 사건으로 인해 경쟁 브랜드에게 발생한 비호감을 감정 휴리스틱 마케팅에 활용하는 경우는 많다. 1991년 구미공업단지 내 두산전자에서 3월과 4월 두 차례에 걸쳐 페놀 30톤과 1.3톤이 낙동강으로 유출된 사건이 발생했다. 이 사건으로 대구광역시를 비롯해 주변 지역에서 두산그룹에 대한 불매운동이 벌어졌다. 당시 두산그룹은 OB맥주를 소유하고 있었다. 수십 년 동안 맥주시장 점유율 1위를 달리던 OB맥주는 이 사건과 함께 크라운맥주의 공격적인 마케팅에 결국 1위 자리를 양보하게 된다.

당시 크라운맥주는 청정을 의미하는 새로운 브랜드 '하이트'를 출시하면서, 암반천연수로 만든 맥주라는 점을 광고를 통해 반복적으로 노출하였다. 낙동강 오염으로 OB맥주에 대한 비호감이 커져가는 상황에서 암반천연수 하이트에 대한 호감도는 상대적으로 높아졌다. 맥주는 곧 OB라는 공식을 깨뜨리는 감정 휴리스틱이 발생하기 시작했다. 결국, 이 사건으로 두산그룹은 주력 사업이었던 맥주사업을 매각하였고, 코카-콜라를 생산하던 두산식품도 포기하였다. 훗날 코카-콜라가 위탁 체제에서 직영 보틀링 체제로 전환하는 데도 이 사건이 한 몫을 했다고 할 수 있다.

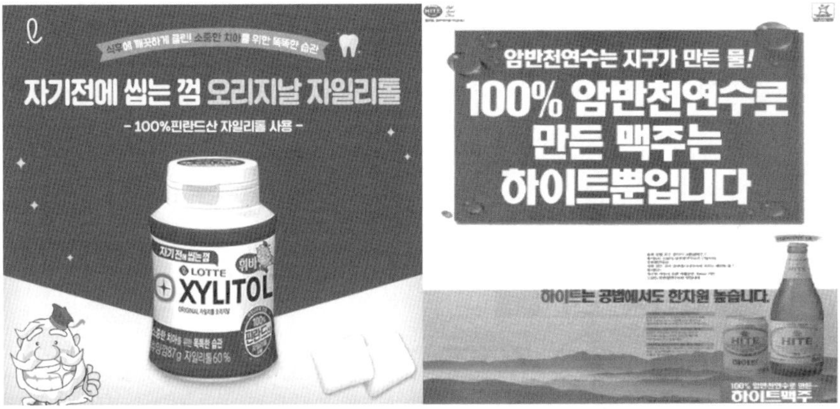

감정 휴리스틱 마케팅에 성공한 롯데제과 자일리톨 껌은 '자기 전에 씹는 껌', 하이트맥주는 '100% 암반천연수'라는 캐치프레이즈를 반복적으로 노출시켰다.

사진 출처: 롯데ON 광고, 동아디지털아카이브.

감정 휴리스틱 마케팅으로 크게 성공한 하이트맥주는 1998년 아예 기업명까지 하이트맥주(주)로 변경하였다. 롯데제과도 자일리톨 껌 광고에 치과의사까지 모델로 기용하면서 고관여 상품으로의 이동과 함께 차별화된 브랜드 구축에 성공하였다. 브랜드가 차별화되면 고객의 입장에서 가치와 품질을 보증 받을 수 있다는 믿음이 생긴다. 그래서 차별화된 브랜드는 고객이 상품 정보를 탐색하고 평가하는 시간을 줄일 수 있게 된다. 다시 말해, 고관여 상품일지라도 차별화가 되면 복잡한 구매의사결정 과정을 생략하거나 크게 단축시킬 수 있다는 장점을 가지게 된다. 구매의사결정 과정에 대해서는 뒤에서 설명하기로 하겠다.

습관적 구매 상품을 대상으로 차별화된 브랜드를 구축하기 위해서는 슬로건(Slogan)이나 태그라인(Tagline)을 활용하는 것이 좋다. 또 브랜드

친숙성과 가시성을 높일 수 있도록 심벌이나 캐릭터를 활용하는 것도 효과적이다. 소비자들은 대체로 주유소 기름의 품질 차이가 없다고 생각한다. 그래서 집이나 직장 가까운 주유소에서 습관적으로 주유를 하는 경향이 있다. GS칼텍스는 브랜드의 친숙성을 높이기 위해 'I am your Energy'라는 슬로건을 활용한다. 슬로건은 기업이나 브랜드가 추구하는 가치를 담고 있기 때문에 소비자의 행동을 유도하는 데 효과적이다. S-OIL은 경쟁 브랜드와의 차별화를 위해 '좋은 기름'이라는 슬로건과 함께 캐릭터 '구도일'을 광고에 활용함으로써 고객들에게 친근한 브랜드 이미지를 주고 있다.

습관적 구매 상품의 경우 브랜드 차별화를 위해 슬로건이나 캐릭터 등을 활용하는 것이 효과적이다.
사진 출처: GS칼텍스, S-OIL 광고.

습관적 구매 상품에서는 타사 제품과의 구분 또는 차별화가 성공의 열쇠다. 차별화의 중요성을 보여주는 사례를 하나 더 살펴보겠다. 최근 앉다(Sit)와 경제(Economy)라는 두 단어가 결합된 싯코노미(Sitconomy)라는 신조어가 등장했다. 이 용어는 코로나19로 재택근무나 재택수업이 크게 증가하면서 소비자들이 의자 등 좌식 가구에 투자하는 소비 트렌드를 의미한다. 과거에는 소비자들이 의자의 사용에 대한 중대성을 크게 인식하지 않았었다. 하지만 코로나19로 건강에 대한 관심이 커지고 재택근무의 효율성을 높이기 위한 소비자 니즈가 나타나기 시작했다. 이러한 상황에서 미국의 사무용 가구 전문업체인 허먼밀러(Herman Miller)가 의자에 대한 소비자 인식을 바꾸는 데에 성공하였다. 그 제품이 바로 '에어론'이다. 에어론은 장시간 앉아 있어도 허리가 편안하도록 철저한 연구를 통해 인체 공학적으로 설계되었다. 지금 이 의자는 200만 원이 넘는 고가의 고관여 제품으로 이동하는 데에 성공하였다.

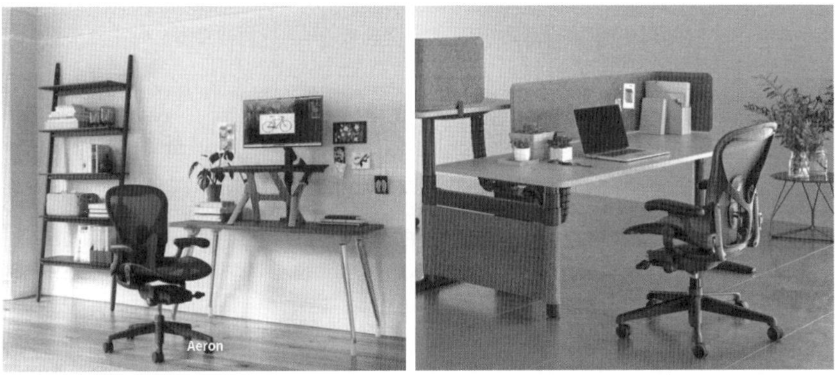

허먼밀러의 의자 에어론은 200만 원이 넘는 고가의 고관여 제품으로 이동하는 데에 성공하였다.

사진 출처: 구글 이미지, 인노바드 홈페이지.

◉ 다양성 추구 구매행동(Variety-Seeking Buying Behavior)

다양성 추구 구매행동은 구매 제품에 대해 비교적 저관여 상태이며 브랜드 간 특성이 뚜렷한 경우에 발생한다. 대표적인 상품으로 라면과 음료를 들 수 있다. 평소 삼양라면을 구매했던 소비자가 이번에 신라면을 선택했다면, 대부분은 제품에 대한 불만족보다는 다양성을 추구할 목적으로 상표 전환을 한 경우로 볼 수 있다. 당연히 다양성 추구 구매행동을 보이는 상품들은 소비자의 브랜드에 대한 충성도가 낮을 수밖에 없다. 따라서 이러한 상품을 생산하는 기업은 일단 브랜드 충성도를 강화하기 위한 방법들을 다양하게 고민해야 한다.

예를 들어, 코카-콜라는 브랜드 간의 치열한 경쟁과 소비 트렌드의 변화 등으로 충성도가 떨어지기 쉬운 상황에서 스토리텔링과 휴머니즘을 소재로 한 일관된 광고 등으로 자사 브랜드를 습관적 구매행동 상품으로 유도하는 데 성공했다.

농심 '앵그리 너구리'도 흥미로운 스토리텔링을 이용해 성공한 경우다. 농심은 자사 제품 '너구리'를 영어 RtA로 거꾸로 읽은 외국인의 이야기에서 아이디어를 얻어 2020년 1월 '앵그리 RtA'를 한정 제품으로 시장에 선보였다. 앵그리 RtA는 SNS에서 시식 후기 등이 화제가 되면서 출시 3개월 만에 누적 매출 100억 원을 돌파하는 기록을 세웠다. 농심은 이 여세를 몰아 소비자들에게 친숙한 너구리라는 브랜드를 확장해 앵그리 너구리 제품을 정식으로 출시했다.

음료나 라면과 같이 다양성 추구 구매행동을 보이는 상품들은 소비자의 브랜드 충성도를 강화할 수 있는 다양한 방법들을 찾아야 한다. 사진 출처: 코카-콜라 광고, 다나와 광고.

구매의사 결정과정

소비자의 구매의사 결정과정은 니즈(Needs) 또는 문제의 인식부터 정보 탐색, 대안 평가, 구매 결정, 그리고 구매 후 행동까지 5단계로 이어진다. 이러한 과정은 주로 복잡한 구매행동을 보이는 고관여 제품을 구매할 때 이루어진다. 소비자의 입장에서는, 상황에 따라 특정 단계를 생략할 수도 있다. 하지만 마케터의 입장에서는 어느 것 하나 중요하지 않는 단계가 없다. 모든 단계가 마케터에게는 기회의 장이기 때문이다.

과정 1: 니즈(문제) 인식

니즈는 소비자가 어떤 상황에서 결핍감을 느끼게 되는 상태를 의미한다. 쉽게 말해, "배가 고프다."처럼 소비자가 자신의 실제 상태와 이상적 상태가 다르다는 것을 감지할 때 니즈를 인식하게 된다. 니즈의 인식(Needs Recognition)은 마케팅의 출발점이라고 할 만큼 중요하다. 그래서 마케터들은 소비자의 니즈를 발견하거나, 아니면 없는 니즈를 만들어내기 위해 안간힘을 쓴다.

무인양품(MUJI)의 상품 개발과 제조 등을 담당하는 일본의 양품계획(良品計画)은 신상품을 개발할 때, 먼저 주제가 정해지면 디자인실에서 제공하는 수많은 사진들을 관찰하면서 니즈를 찾아낸다. 대표적인 성공 사례 중 하나가 벽에 붙이는 가구다. 상품을 기획하는 머천다이저는 일반 가정의 실내를 찍은 사진들 속에서 가구가 놓이지 않고 비어있는 장소는 벽밖에 없다는 사실을 발견하였다. 보통 가정에서는 기둥과 기둥 사이에 가로로 벽에 놓인 나무에 못을 박아 옷을 거는 경우가 많다. 관찰을 통한 니즈의 발견은 결국 새로운 니즈를 만들어 내면서, 이와 관련된 신상품 개발로 이어지게 된다. 그런 이유로 비즈니스 에스노그라피(Business Ethnography)가 여전히 주목받고 있다.

에스노그라피란 마케팅 조사기법들 가운데 가장 질적인 조사 기법으로, 현장조사·관찰조사·참여관찰 등 다양한 명칭으로 불린다. 에스노그라피는 조직 개념으로서의 문화에 기반을 두고 인간 행위를 기록하기 위한 관찰과 면담의 혼합체이다. 특히 에스노그라피는 연구에 참여하는 소비자들의 거주 공간·쇼핑 공간·레저 공간·직장과 같은 일상생활 공간으로의 진입을 중요하게 여긴다. 거기에서 연구자는 소비자가 실제 제품을 사용하는 상황을 관찰하면서 새로운 니즈를 찾아낸다.[13]

스티브 잡스는 "대부분, 사람들은 우리가 그것을 보여주기 전까지는 그들이 무엇을 원하는지 모른다."라는 말로, 니즈 창조의 중요성을 언급했다. 사진 출처: 오마이뉴스.

스티브 잡스(Steve Jobs)가 남긴 많은 명언 가운데, 니즈의 창조에 대한 중요성을 시사해주는 명언이 하나 있다. 잡스는 새로운 제품 개발의 중요성을 강조하기 위해 "대부분, 사람들은 우리가 그것을 보여주기 전까지는

13 하이 매리엄폴스키 (2012), 마케터를 위한 에스노그라피: 질적 조사 시대를 사는 마케팅 담당자의 생존전략, 이용숙(역), 일조각.

그들이 원하는 것이 무엇인지 모른다."라는 명언을 남겼다. 난해하고 철학적인 것처럼 들리지만, 일요일 점심 무렵 대형마트에 가면 잡스의 의도를 곧 이해하게 된다. 마트에 생활용품을 구매하러 갔다가, 시식코너에서 풍기는 고소한 불고기 냄새에 맛을 보고 계획에도 없던 불고기를 사게 된다. 시식코너 직원은 무료 시식보다는 고객의 새로운 니즈를 만들기 위해 고기를 굽고 있는 것이다.

니즈에 대한 이야기를 하다보면 빠지지 않는 이론 중 하나가 애덤 메슬로우(Adam Maslow)의 니즈 계층 이론이다. 이 이론의 골자는 인간의 니즈란 먼저 의식주부터 해결한 후 점점 안전·소속감·존경 등으로 이동한다는 것이다. 사실 경제적인 문제로 월세 집에 사는 사람에게 고급 자동차 광고를 하는 것은 어리석은 일이다. 하지만 이런 일이 벌어지는 세상이다. 요즘 젊은이들에게 플렉스(Flex)라는 말이 유행이다. 이 말은 90년대 힙합 래퍼들이 재력이나 명품 등을 과시하는 모습에서 유래되었다. 무섭게 치솟는 아파트 가격에 좌절한 젊은이들이 집은 못 사도 고급 자동차 한 대 사서 다른 이들의 부러움을 사보겠다는 것이다.

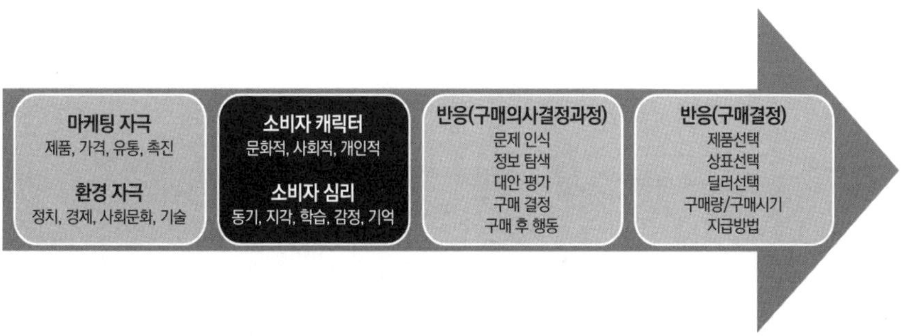

자극-반응 모델은 마케팅에서 소비자행동 모델로 유용하게 활용된다.
사진 출처: Kotler, P & Keller K. L.(2012), Framework for Marketing Management(5th), Pearson Education, Limited.

사실 카푸어(Car Poor) 현상이 어느 날 갑자기 등장한 것이 아니다. 사회적인 문제들이 영향을 미치고 문화적인 변화가 젊은이들의 가치관을 바꾸면서 나타난 현상이라고 할 수 있다. 결국 니즈는 소비자를 둘러싼 다양한 자극들에 의해 만들어지는 하나의 반응인 것이다. 그래서 니즈를 포함한 구매의사 결정 과정을 이야기할 때 빼놓지 않는 것이 자극-반응 모델(Stimulus-Response Model)이다. 인지공학이나 응용심리학 등에서 널리 사용되는 자극-반응 모델은 마케팅에서도 소비자 행동 모델로 활용된다. 그 이유는 소비자의 구체적인 구매행동 대부분이 외부의 다양한 자극과 블랙박스라고 불리는 소비자의 정보처리 과정을 거치면서 결정되기 때문이다.

스타벅스를 예로 들어보면 이 모델을 좀 더 쉽게 이해할 수 있을 것이다. 오랫동안 보리차에 익숙했던 한국인들이 점심 식사 후 스타벅스 커피 컵을 들고 거리를 활보하는 모습은 이제 일상이 되었다. 6하 원칙으로 설명해보면, 한국에서 커피란 나이 지긋한 중·노년 신사들이 아침에 다방에서 달콤함을 음미하기 위해 마셨던 모닝커피로 상징되었다.

영화, 유브 갓 메일에서 매력적인 배우들이 스타벅스 커피 컵을 들고 거리를 활보하고 있다.
사진 출처: https://www.pinterest.co.kr/pin.

그런데 커피라는 상품 빼고는 다 바뀌었다. 노년보다는 청년들이 시간과 장소를 가리지 않고, 심지어 길거리에서도 과시하듯 고급 브랜드 커피를 들고 다니며 커피를 즐긴다. 스타벅스라는 커피 브랜드가 한국시장에 진입하면서 형성된 새로운 문화적 변화다.

1997년 외환위기로 한국의 금융시장이 개방된 이후 많은 글로벌 기업들이 한국시장에 진입했다. 스타벅스는 1999년 1호점인 이대점을 시작으로 23년 만에 1,700개가 넘는 매장을 운영하고 있다. 최상급 아라비카산 원두커피와 고급스러운 공간으로 고객들에게 특별한 경험을 제공한다는 스타벅스는 그 흔한 광고 한번 하지 않았다. 대신 PPL(Product Placement)이라는 기법을 이용해 커피가 등장하는 영화나 드라마를 통해 우리에게 접근했다.

대표적인 PPL 영화로 1998년 12월 31일 개봉되었던 '유브 갓 메일'을 들 수 있다. 영화 속 부유한 뉴요커, 톰 행크스와 매력이 넘치는 맥 라이언은 스타벅스 커피숍에서 커피를 마시고, 또 커피 컵을 들고 거리를 활보한다. 한 편의 영화가 한국의 커피 문화, 더나가 풍습을 바꾸는 계기가 되었다. 새로운 밀레니엄을 눈앞에 둔 젊은이들에게 고급 커피와 세련된 매장은 그들의 자아를 영화 속 주인공, 톰 행크스나 맥 라이언에게 일치시키는 수단이 되었다.

고객들은 스타벅스 브랜드를 프리미엄의 상징으로 인지하기 시작했고, 또 그렇게 기억한다. 그들의 구매 동기는 커피가 가진 기능보다는 상징적 혜택이었고, 반복된 구매와 학습을 통해 미국의 커피 문화에 익숙해지기 시작했다. 결국 스타벅스의 자극에 신세대 젊은이들은 스타벅스에 열광하는 반응을 보일 수밖에 없게 된 것이다.

마케팅 자극은 대부분 외부 환경의 변화에 맞춰 추진된다. 대표적인 사례가 스타벅스의 배달서비스다. 스타벅스는 원래 커피의 맛이나 향 등 품질 문제를 이유로 매장 판매를 고집했다. 하지만 코로나19 확산에 따른 비대면 서비스 트렌드에 맞춰 2020년 11월 스타벅스 딜리버리 전용 매장인 서울 역삼이마트점을 개장하였다. 딜리버리 서비스는 한국의 배달문화에 순응하면서 경쟁사를 견제하는 효과도 있다. 맥도널드는 이미 2007년부터 한국에서 배달서비스인 맥딜리버리(McDelivery)를 운영하고 있다.

스타벅스와 맥도널드의 배달서비스처럼, 마케팅 자극은 대부분 외부환경의 변화에 맞춰 추진된다.

사진 출처: 스타벅스, 나무위키.

과정 2: 정보 탐색

소비자가 문제를 인지하게 되면, 이를 해결하기 위한 대안을 찾기 위해 정보를 탐색하는 단계로 이동한다. 정보 탐색은 크게 내적 탐색과 외적 탐색으로 구분된다. 내적 탐색은 소비자가 자신의 과거 구매 경험이나 기억 속에 욕구를 충족시킬만한 대안이 있는 경우에 이루어진다. 내적 탐색만으로 욕구를 충족시킬 만한 정보를 얻지 못할 경우, 소비자는 외부에서 정보를 찾는 외적 탐색을 하게 된다. 외부 정보의 원천은 가족·친구·이웃과 같은 개인적 원천, 광고나 판촉사원과 같은 상업적 원천, 신문 기사나 방송 뉴스와 같은 공적 원천, 그리고 소비자가 시험적으로 구매나 사용해보는 경험적 원천이 있다.

미국의 마케팅 교수인 이타마르 시몬슨(Itamar Simonson)과 엠마뉴엘 로젠(Emanuel Rosen)은 소셜미디어가 브랜드나 기존 고객의 가치를 강조하는 마케팅의 상식을 바꿔 놓았다고 주장했다. 그들이 주장하는 것 중 하나가 영향력 믹스다. 이것은 소비자가 구매를 판단할 때 의존하는 정보원, POM(Prior·Other·Marketer)을 의미한다. P는 소비자의 취향이나 과거 경험 등, O는 친구 등 다른 사람들의 의견, M은 마케터를 일컫는다. POM에 대한 소비자의 의존 비율은 상황에 따라 달라지는데, 보통 일용품을 제외하곤 O의 의존도가 높다.[14]

사실 요즘에는 SNS 커뮤니티 안에서 친구들끼리 주고받는 이야기나 정보가 상품의 매출을 좌우한다고 해도 지나치지 않는다. 상품에 대한 고객 리뷰 또는 사용후기가 정보 탐색의 주요 경로가 된지는 오래되었다. 그만큼 개인적 원천이나 지인들의 의견이 제품 평가나 구매에 중대한 영향을 미치는 정보원이 되어버렸다. 그래서 요즘 많은 기업들이 소비자들 간에 오고가는 정보를 관리하기 위해 리뷰 마케팅을 진행한다.

리뷰 마케팅이란 온·오프라인 상에서 브랜드나 업체에 대한 일반인 또는 유명인들의 리뷰를 노출시키고, 이를 잠재 고객 유입 수단으로 활용하는 마케팅을 말한다. 고객 리뷰는 고가 또는 고관여 제품일수록 영향력이 커지는 경향이 있다. 리뷰 마케팅의 사례로 뷰티 플랫폼인 파운더룸과 CJ

14 Itamar Simonson & Emanuel Rosen (2014), *Absolute Value: What Really Influences Customers in the Age of (Nearly) Perfect Information*, Harper Business.

올리브영, 여행 정보 앱인 트립어드바이저와 여기어때, 맛집 정보 앱 식신, 오픈 마켓 11번가 등을 꼽을 수 있다. 특히 11번가는 2019년 11월 동영상 리뷰를 통해 구매를 유도하는 V-커머스, '꾹꾹' 탭을 선보였다. 비디오와 커머스(Commerce)가 합쳐진 V-커머스는 텍스트나 사진 대신 영상을 활용해 제품을 판매하는 방식이다. 11번가의 꾹꾹 탭은 등록 리뷰 수와 조회 수의 폭발적 증가 등 고객들로부터 큰 호응을 얻었다.

리뷰가 소비 트렌드로 자리 잡으면서, 많은 기업들이 리뷰 마케팅을 진행하고 있다.
사진 출처: 이뉴스투데이(2017.10.11).

리뷰 마케팅도 결국은 소비자의 구매 결정을 용이하게 해주는 역할을 한다. 소비자 입장에서 구매의사 결정은 새로운 것을 추가하는 것이 아니고 기존의 많은 것들을 포기하는 것이다. 무엇인가를 포기해야 한다는 것은 정신적으로 힘든 일이다. 행동경제학에서 유명한 '딸기잼 실험'이 있다. 마트 진열대에 딸기잼 종류가 10개가 넘어가면 소비자들이 아무 것도 선택하지 못하게 되지만, 그 수가 반 이하로 줄어들면 구매율이 높아진다는 이론이다. 대안 수를 줄임으로써 소비자가 구매 결정을 쉽게 할 수 있도록, 마케터는 제품 정보를 충분히 제공할 필요가 있다.

소비자는 정보가 많을수록 브랜드에 대한 인지도가 증가하면서, 수많은 구매 대안 중 어떤 브랜드를 구매 대안에 포함시키고 제거할 것인지에 대한 지식을 갖게 된다. 그러면 굳이 전체 브랜드 집합을 고려하지 않고, 상대적으로 대안이 적은 선택 집합이나 고려 대안 집합으로 바로 넘어갈 수 있게 된다. 고려 대안 집합에 포함되는 상품들은 소비자의 과거 구매 경험이나 고객 리뷰 등 타인이 제공하는 정보에 근거해 무의식적으로 형성된다. 소비자는 보통 이 중에서 하나를 선택한다.

마케터가 소비자에게 상품 정보를 제공할 수 있는 방법들은 다양하다. 먼저, 광고 등에 캐치프레이즈를 활용하는 방법이 있다. 브랜드가 최소한 고려 상품군에 포함되기 위해서는 인지도의 양뿐만 아니라 질도 중요하다. 다이슨이라는 브랜드만 알고 있는 소비자보다 '흡입력이 최고인 코드 프리 청소기'라는 캐치프레이즈를 알고 있는 소비자가 제품을 구매할 가능성이 더 크다.

또 마케팅에서 SEO(검색 엔진 최적화)는 필수적이다. SEO란 소비자들이 정보 탐색을 위해 검색 엔진에서 특정 단어를 검색하면 자사 웹사이트나 브랜드가 상위에 노출될 수 있도록 하는 것을 말한다. 이때도 전략이 필요하다. 검색량이 많은 메인 숏테일 키워드(Short Tail Keywords)도 좋지만, 롱테일 키워드(Long Tail Keywords)를 사용해 보는 것이다. 예를 들어, '남성용 운동화'라는 키워드에 상위 랭킹하기 위해서는 1년이 이상 많은 리소스와 예산을 투자해야 하지만, '중년 남성용 검정색 운동화'라는 롱테일 키워드는 불과 몇 주만 결과를 만들어 낼 수도 있다. 롱테일 키워드는 메인 키워드에 비해 인기가 적고, 검색량도 적어 경쟁률이 떨어지며, 비용도 덜 소요되기 때문에 경우에 따라 바람직한 SEO 전략이 될 수 있다.

정보를 제공하는 경로의 선택도 중요하다. 마케터는 목표 고객에 따라 가장 효율적인 경로를 통해 브랜드 정보를 제공하는 것이 유리하다. 예를 들어, 신제품을 출시하면 페이스북과 같은 SNS를 통해 충분한 상품 정보를 제공하거나, 아니면 기존 팬들의 입소문을 통해 정보가 확산될 수 있도록 팬덤 마케팅을 추진하는 것이다. 팬덤 마케팅이란 특정 대상을 열성적으로 좋아하는 집단인 '팬덤'을 자사 브랜드의 강력한 지지자로 만들어서 홍보 효과를 높이고자 하는 마케팅을 말한다.

팬심 마케팅의 일환으로 삼성전자는 '갤럭시 팬 파티'를 개최하고, 레고는 '레고 아이디어스' 사이트를 운영한다.
사진 출처: 구글 이미지, 레고 아이디어스 홈페이지.

삼성전자는 갤럭시 신제품을 출시할 때마다. 홍보 전략의 일환으로 '갤럭시 팬 파티'를 개최한다. 할리데이비슨은 전 세계 가입자가 130만 명이 넘는 '할리 오너 그룹'이라는 팬 그룹을 후원한다. 레고는 고객들이 만든 레고 작품을 공유하고 아이디어를 제품에 반영할 수 있는 '레고 아이디어스' 사이트를 운영하고 있다. 모두다 경로만 다르지 정보 확산을 위한 팬덤 마케팅에 해당된다. 만약 팬덤 마케팅에 부담이 크다면 인플루언서를 마케팅에 활용하는 방법도 있다. 인플루언서 마케팅에 대한 설명은 뒤에서 좀 더 구체적으로 하고자 한다.

과정 3: 대안 평가

대안 평가란 수많은 상품 가운데 특정 브랜드를 선택하기 위해 각 대안에 대한 정보를 분석하고 평가하는 단계를 말한다. 중저가의 저관여 제품이라면 앞에서 설명했던 고객 리뷰 등만으로도 평가가 가능할 수 있다. 하지만 고관여 제품의 경우에는 고객 리뷰 외에 좀 더 복잡한 평가 과정이 필요할 수도 있다.

소비자의 대안 평가를 마케터가 효율적으로 이해하기 위해 소비자의 필요를 만족시켜주는 제품의 속성들을 묶음으로 이해할 필요가 있다. 예를 들면, 자동차의 경우 제품의 주요 속성으로 디자인·안전성·연비·가격 등이 있다면, 이들을 묶음으로 평가하는 것이 효과적이다. 속성을 구분할 때 유의할 점은 소비자들의 의식 속에서 쉽게 떠오르는 현저성(Salience)보다는 소비자가 제품 구매 시 진정으로 중요하게 고려하는 속성을 평가 기준으로 삼아야 한다는 점이다.

소비자들은 볼보자동차에 대해 내구성과 안전성이 우수한 자동차라는 상표 신념을 가지고 있다.
사진 출처: 볼보코리아 광고.

평가 방법에는 크게 보완적 평가 모델과 비보완적 평가 모델이 있다. 보완적 평가 모델은 소비자가 대안을 평가할 때 한 가지 속성에서 낮은 점수를 받아도 다른 속성에서 점수를 만회할 수 있는 방식의 평가 모형이다. 대표적 방법으로 피쉬바인 모델(Fishbein Model)이 있다. 비보완적 평가 모델은 소비자가 생각하는 주요 속성에서 낮은 점수를 받게 되면 대안에서 제외되는 방식으로 평가가 이루어진다.

특정 상표의 경우에는 굳이 평가가 필요하지 않는 경우도 있다. 예를 들면, 볼보자동차의 경우 소비자들은 내구성과 안전성이 우수한 고급 자동차라는 믿음을 가지고 있다. 이것을 상표 신념(Brand Beliefs)이라고 한다. 다시 말해, 상표 신념이란 상품의 주요 속성이 차지하고 위치를 근거로 특정 브랜드가 가진 가치나 지위에 대한 소비자의 주관적 믿음을 말한다.

과정 4: 구매 결정

구매 결정이란 소비자가 가장 선호하는 상표를 구매하는 단계이다. 이 단계에서 유의할 점은 대안 평가에서 우수한 점수를 받은 제품일지라도 선택에서 제외되는 경우가 발생할 수 있다는 점이다. 소비자가 구매를 원하는 제품과 실제 구매하는 제품 간의 차이가 발생할 때는 보통 두 가지 원인이 있다. 먼저 주변 사람의 태도를 들 수 있다. 가족과 같이 구매에 영향력을 행사할 수 있는 사람들의 태도가 간혹 구매의사 결정에 부정적 영향을 미치기도 한다. 또 하나는 소비자의 갑작스런 실직이나 제품의 품절 등 예기치 못한 상황적 변수를 들 수 있다. 마케터가 통제하기 어려운 상황이라면 어쩔 수 없지만, 만약 통제가 가능한 상황이라면 이 과정에 적극 개입할 필요가 있다.

소비자 행동과 관련된 연구에서 해석 수준 이론(Construal Level Theory)이 주목받고 있다. 해석 수준 이론은 '거리감 효과'를 설명한다. 즉, 동일한 대상이라도 심리적인 거리감에 따라 해석 수준이 달라지고 그에 따라 행동 반응과 선택이 달라진다는 것이다. 구체적으로, 동일한 대상도 먼 거리에서는 전체를 추상적으로 보지만, 근거리에서는 부분을 구체적으로 보게 된다. 멀리서는 보이지 않았던 조그만 위험도 눈앞에서는 더 크게 느껴진다. 쉬운 예로 전기 자동차 구매를 들 수 있다. 요즘 전기차 구입이 쉽지 않아 보통 1~2년씩 대기해야 한다. 1년 전에 대안 평가를 거쳐 가장 마음에 드는 브랜드로 구매 계약까지 했다. 정말 기다렸던 자동차 출고였는데, 막상 출고일이 눈앞으로 다가오면, 여러 가지 불안감이 생겨나기 시작한다. 구매 결정에 대한 의구심마저 들게 된다. 결국 구매 결정을 취소하는 일까지 발생하기도 한다.

소비자가 구매를 지연하거나 회피하는 것은 구매 결정의 순간에 소비자가 지각하는 위험성이 더 커지기 때문이다. 따라서 마케터는 소비자가 구매에 따른 위험성을 지각하지 않거나 줄일 수 있는 방안을 제시하는 것이 필요하다. 일반적으로 많이 사용하는 방법이 품질에 대한 보장이나 보증을 해주는 것이다. 할인이나 포인트 적립과 같은 인센티브 제공도 효과적이다.

과정 5: 구매 후 행동

기업의 입장에서 고객이 구매를 최종적으로 결정하면 거래가 끝난 것으로 생각할 수 있다. 하지만 소비자에게는 또 다른 시작이다. 사실 구매의 목적인 제품 사용이나 서비스 이용이 시작되는 것이다. 대부분 사용 과정에서 자신의 선택에 대한 감정적 평가가 이루어진다. 쉬운 말로, 제품이나 서비스에 대한 만족 또는 불만족을 경험하게 된다. 이러한 경험은 재구매나 추천 등 다양한 형태의 행동으로 이어진다. 마케팅에서는 이것을 구매 후 행동이라고 한다.

필립 코틀러가 제안했던 구매 단계 5A에서 마지막 단계는 옹호다. 만약 소비자가 구매에 만족했다면 긍정적 옹호로 이어지고, 그렇지 않다면 부정적 옹호로 이어질 가능성이 크다. 앞에서도 언급했지만, 소비자들은 기업이 주는 정보보다 커뮤니티 안에서 다른 사람들이 전해주는 정보를 더 신뢰한다. 많은 소비자들이 모바일 기기로 무장되어 있는 디지털 시대에 부정적 옹호의 파급력은 과거의 구전보다 범위나 속도 측면에서 훨씬 더 크다. 자칫, 부정적 옹호는 기업에게 치명적인 손실을 입힐 수도 있다.

제품 구매 후 소비자가 느끼는 만족이나 불만족은 소비자의 기대와 제품 성능 간의 차이에 의해 결정된다. 다시 말해, 고객 만족이란 제품에 대한 고객의 사전 기대와 구매 후 지각한 실제 성능을 비교함으로써 나타나는 심리적 상태를 말한다. 구매 후 행동에 영향을 미치는 만족은 고객이 받는 가치와 관련 있다. 가치란 소비자가 수많은 대안들 중 하나를 선택하는 데 영향을 미치는 기준 또는 지침이라고 할 수 있다. 따라서 대안의 가치란 가격을 고려한 대안의 고객 만족 수준이라고 할 수 있다.

가치는 편익(Benefit)을 비용(Cost)으로 나눈 값이다. 소비자의 편익은 기능적 편익, 정서적 편익, 경험적 편익, 사회적 편익으로 구분할 수 있다. 비용은 경제적 비용, 시간적 비용, 신체적 비용, 심리적 비용으로 구분된다. 일반적으로 기대치가 높은 고가품을 구입하는 소비자의 경우, 자기 의사결정에 대한 확신 부족으로 인해 심리적 불편이나 인지부조화(Cognitive Dissonance)를 경험할 확률이 상대적으로 높아진다. 설령 그런 경우가 발생하더라도, 대부분은 불만의 표출보다 먼저 자신의 결정에 대해 자기 합리화를 하려고 한다. 따라서 소비자가 불만족으로 인해 교환이나 환불 등을 요구한다면, 마케터는 이에 대한 심각성을 인지하고 가능한 신속하게 대처해야 한다.

기업들은 자사 제품이나 서비스의 가치를 높이기 위해 가치 명제(Value Proposition)를 구축한다. 이는 기업이 특정 고객에게 제공할 수 있는 가치의 내용을 구체적으로 명시화하는 것을 말한다. 요즘에는 고객 만족을 넘어 고객 감동이 더 중요해졌다. 고객 만족이 이성적 개념이라면, 고객 감동은 감성적 개념이다. 고객 감동은 기술 혁신형 감동 마케팅과 고객 관리형 감동 마케팅을 통해 이루어진다. 일반적으로 소비자의 높은 만족도나 감동은 기업의 마케팅 성과, 특히 브랜드 가치 제고에 중대한 역할을 한다. 그리고 높은 가치를 지닌 브랜드는 소비자들에게 사랑받는 러브마크가 되면서 기업의 주요 경쟁력으로 작용한다.

요약하면, 구매 후 행동은 고객과의 장기적 관계를 구축하고 새로운 고객을 유입하는 데에 매우 중요한 역할을 한다. 구매 후 행동이 평범한 고객을 평생 고객으로 전환시키는 데에 중요한 역할을 담당하기 때문에, 이와 관련된 고객 관계 관리에 대해 잠깐 알아보기로 한다.

CRM(Customer Relationship Management)

CRM, 즉 고객 관계 관리는 '한 번 고객은 평생 고객'을 목표로 고객과의 장기적 관계 구축을 지향하는 영업 관리 기법이다. 1983년 마케팅 교수인 레너드 베리(Leonard Berry)가 처음 소개한 후, 컨설팅 회사인 액센츄어(Accenture)가 1990년대 말부터 고객전략이라는 이름으로 경영전략과 마케팅에 적용하면서 널리 이용되기 시작했다.

CRM은 유망 고객에 대한 정보와 자료를 수집해서 고객 프로필을 구축한 후, 이것을 다양한 마케팅 활동에 활용할 수 있다는 장점을 가지고 있다. 예를 들어, 마케팅 요소가 강한 데이터베이스 마케팅을 잘하기 위해서는 시스템적 요소가 강한 CRM이 반드시 필요하다. 최근에는 인공지능을 활용한 CRM 시스템의 개발로 더 정확하고 효과적인 고객 정보 관리가 가능해졌다.

마케팅 차원에서 고객 관계 관리는 3단계로 구분할 수 있다. 1단계는 관계 형성, 신규 고객 확보, 우수 고객 유지 단계로 고객에게 제공하는 가치와 혜택을 명확히 정의해야 한다. 2단계는 고객의 충성도를 높이기 위한 단계다. 이를 위해서는 기업이 고객에게 제공하는 가치를 최대한 높여 고객 만족도를 충족시켜야 한다. 마지막 단계는 구매를 활성화하는 단계다. 매출을 증대시키기 위해서는 먼저 기존 고객의 구매량과 구매횟수를 늘릴 수 있는 방법들을 모색하는 것이 좋다. 아울러, 고객 확장을 위해 신규 고객을 유치하려는 마케팅 노력이 필요하다. 이러한 과정에서 CRM 시스템의 도움은 필수적이다.

고객 관계 관리에는 데이터베이스와 같은 정보시스템도 필요하지만, 영업과 마케팅이 이루어지는 현장에서 직원의 언행도 관계 구축의 성패에 중대한 영향을 미친다. 그래서 요즘 임파워먼트(Empowerment)가 주목받고 있다. 임파워먼트란 직원이 자발적으로 일을 계획하고 실천할 수 있도록 권한을 부여하는 것을 말한다. 효과적인 임파워먼트를 위해서는 직원에게 다음과 같은 지원들을 먼저 제공하는 것이 필요하다. 첫째, 경영 지원이다. 정보를 직원과 공유하고 적절한 수준의 의사결정권을 위임하는 것이다. 둘째, 지식 지원이다. 직원이 지식이 있어야 상황을 분석하고 적절한 의사결정을 내릴 수 있기 때문이다. 마지막, 기술 지원이다. 직원은 정보시스템 담당자로부터 기술적 지원을 받을 수 있어야 권한을 효과적으로 행사할 수 있다.

자포스는 고객 만족을 통한 관계 구축을 위해서라면 직원들이 재량권을 행사할 수 있도록 권한을 부여한다. 사진 출처: 자포스 홈페이지.

임파워먼트의 대표적 사례로 인터넷 신발 쇼핑몰, 자포스를 들 수 있다. 자포스는 고객 만족을 통한 관계 구축을 위해 직원들에게 재량권을 행사할 수 있는 권한을 주는 기업으로 알려져 있다. 한 직원이 고객과 통화 중 어머니 선물로 구입했던 신발이 어머니의 갑작스런 사망으로 불필요하게 되었지만 반품 기한이 지나 반품을 못했다는 사연을 듣게 되었다. 직원은 즉시 반품 처리와 함께 위로 카드와 꽃을 보냈다. 직원의 행동은 자포스 정책에 따른 것이 아니고, 직원의 자발적 판단에 의한 것이었다. 이 일화는 고객을 통해 확산되면서 SNS를 뜨겁게 달궜다. 고객과의 평생 관계 구축은 물론, 수많은 신규 고객 유입이라는 성과를 우리는 예상할 수 있다. 또 콜센터 기능을 수행하는 자포스 컨택센터 직원의 10시간 상담 기록도 미담으로 전해지고 있다. 아마존은 이러한 자포스의 조직문화를 높게 평가해 2009년 7월 12억 달러에 자포스를 인수했다.

퍼널 모델(Funnel Model)

구매의사 결정과정과 관련하여, 기업이 마케팅과 광고 등에서 기본적으로 활용하는 모델로 퍼널 모델이 있다. 퍼널을 보넬명으로 사용한 이유는 잠재 고객을 자사로 유입시켜, 결제와 재구매로 이어지는 과정에서 고객

수가 점점 줄어드는 모습이 깔때기를 닮았기 때문이다. 이 모델은 보통 인지·고려(탐색)·전환·재구매의 4단계로 구성되어 있다. 인지 단계는 고객이 광고 등을 보고 브랜드를 인지하게 되는 단계를 말한다. 인지가 된 고객이 필요한 정보를 더 많이 얻기 위해 홈페이지나 소셜미디어 등을 검색하면서 구매를 고려하는 단계가 고려(탐색) 단계다. 전환 단계는 고객이 상품을 구매하는 단계를 말한다. 상황에 따라 '장바구니 담기'와 같은 행동도 이 단계에 포함시킬 수 있다. 마지막, 재구매 단계에서는 재구매뿐만 아니라, 필요하다면 구매 후기나 리뷰와 같은 바이럴 과정도 평가 지표에 포함시킬 수 있다.

퍼널의 단계 구성과 단계별 성과 지표의 선정은 산업이나 브랜드 또는 마케팅 목표에 따라 다르게 할 수 있다. 마케터가 분석에 가장 적합한 단계를 생성하고, 단계마다 성과 지표를 측정해서 기록하는 것을 퍼널 분석이라고 한다. 그림을 보고 분석의 예시를 들어보자.

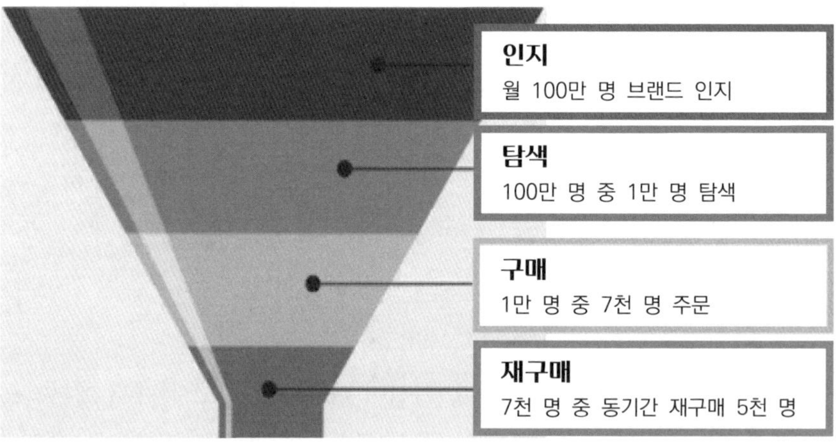

퍼널 분석을 통해 고객 이탈의 원인 파악과 함께 효과적인 대안 도출이 가능하다.

만약 퍼널 분석을 하지 않는다면, 마케터는 100만 명이나 되는 잠재 고객 수에 판매량이 너무 적은 원인을 파악하지 못하고 효과적인 대안을 도출하기도 어려울 것이다. 하지만 퍼널 분석을 하면 어디에서 문제가 있고 원인이 무엇이며 어떤 대안이 필요한가를 찾아낼 수 있다. 그림에서 보여주는 구매 전환율은 70%, 재구매 전환율은 71.4%로 높게 나타난다. 하지만 탐색 단계의 전환율이 1%로 저조하게 나타났기 때문에, 고객이 탐색 단계에서 대부분 이탈된다는 것을 알게 된다. 그러면 이탈 원인이 정보 제공의 부족인지, 아니면 초기 대응 직원의 문제인지 여러 가지 원인을 파악할 수 있고, 이에 따른 효과적인 대안을 도출할 수 있게 된다.

최근 디지털 마케팅이 활성화되면서, 퍼널 모델보다 고객 관계를 더 중시하는 엔진 모델도 등장했다. 엔진 모델은 신청·경험·결정·단골의 4단계로 구성되며, 단골 풀(Pool)이 있어서 다시 순환되는 특성을 가지고 있다. 이 모델의 핵심은 고객 관계를 중요시하고 단골을 형성하는 것에 있다. 팬덤 마케팅이나 커뮤니티 마케팅이 엔진 모델에 해당된다고 할 수 있다.

구매의사 결정요인

특정 상품에 대한 니즈를 느끼는 단계부터 구매 후 행동까지 구매의사 결정과정의 모든 단계들은 다양한 요인들의 영향을 받게 되어 있다. 소비자의 구매의사 결정에 영향을 미치는 요인은 개인적 요인, 심리적 요인, 사회적 요인, 문화적 요인으로 구분할 수 있다. 개인적 요인에는 나이, 가족의 수명주기 단계, 직업과 경제적 상황, 성격, 자아 개념, 라이프 스타일

등이 포함된다. 심리적 요인에는 동기(Motivation), 상황 인지, 경험에 의한 신념과 태도 등을 들 수 있다. 사회적 요인에는 소집단과 가족 등 준거집단을 들 수 있다. 문화적 요인은 크게 문화·하위문화·사회계층으로 구분할 수 있다. 문화는 사람들의 욕구와 행동을 유발하는 가장 기본적인 요인 중 하나다. 하위문화는 국적·종교·인종 등을 말하며, 시장세분화의 중요한 기준이 된다. 사회계층은 주로 직업·소득·교육 수준 등에 따른 구분으로, 동일 계층에 속한 사람들은 구매행동도 유사하게 나타나는 경향을 보인다.

다양한 구매의사 결정요인들이 있지만, 여기에서는 시장세분화에 중대한 영향을 미치는 문화와 라이프 사이클에 대해서 살펴보고자 한다. 문화는 인구통계와 지리적 변수의 영향을 받는 주요 변수로 마케팅 2.0에서 중대한 비중을 차지한다. 반면, 라이프 스타일은 이들 변수를 초월하여 모든 세대나 지역 등에서 나타나기 때문에 특히 디지털 마케팅에서 중대한 역할을 한다.

문화

수많은 결정요인들 가운데, 특히 문화는 개인의 가치관이나 인식, 행동 양식 등에 중대한 영향을 미치는 요소다. 앞에서 살펴본 스타벅스 사례처럼, 기업의 마케팅 활동이 한 지역 또는 국가의 문화에 미치는 영향력도 크지만, 역으로 기업이 시장의 이질적인 문화로 인해 마케팅에 어려움을 겪는 경우도 부지기수다. 문화가 마케팅 활동에 미치는 영향력이 그 어떤 환경 요소보다 강하기 때문이다. 따라서 글로벌 소비자를 대상으로 한 마케팅에서는 그들의 문화에 대한 이해와 적응이 반드시 필요하다.

일반적으로 문화란 인간 집단이 여러 세대를 통해 형성해 온 하나의 생활양식이나 규범 등을 의미한다. 문화가 복잡하고 어려운 것은 문화를 구성하는 요소가 언어·음식·예술·종교·교육·가치관 등 매우 다양할 뿐만 아니라, 지역이나 문화권별로 서로 다르기 때문이다. 그래서 기어트 홉스테드(Geert Hofstede)는 문화를 한 그룹과 다른 그룹을 구별시켜주는 집단적 멘탈 프로그래밍(Mental Programing)이라고 말했다.

예를 들면, 중동지역에는 기독교보다 이슬람교 신자들이 많다. 종교는 멘탈과 깊게 관련되어 있다. 그들은 종교적 이유로 돼지고기를 먹지 않는다. 삼겹살이 국민 식품 중 하나인 한국인들에게는 이해되지 않는 부분이다. 그들은 먹는 음식을 할랄(Halal)과 하람(Haram)으로 명확하게 구분한다. 할랄 푸드(Halal Food)는 이슬람 율법에 따라 가공되어, 무슬림이 먹을 수 있게 허용된 식품을 말한다. 예를 들어, 과일이나 곡물 등 모든 식물성 음식과 어류 등 해산물이 포함된다. 육류 중에는 이슬람식 알라의 이름으로 도살된 염소고기·닭고기·쇠고기 등이 포함된다.

할랄 인증을 받은 삼양식품과 아워홈 제품 등을 통해 문화적 적응과 배려의 필요성을 이해할 수 있다. 사진 출처: 한국일보(2017.10.12), 일요경제(2016.04.25).

할랄 푸드 시장이 전 세계 시장에서 약 16% 정도 차지하기 때문에 관련 기업들이 무시할 수 없는 시장이다. 그래서 네슬레 등 글로벌 기업들을 포함해 국내에서는 신라면·국희땅콩샌드·콘칩·빼빼로 등 유명 상표들이 모두 할랄 인증을 받았다. 반면, 하람에는 술과 마약처럼 정신을 흐리게 만드는 물질과 돼지·개·고양이 등의 고기와 자연사 했거나 잔인하게 도살된 짐승의 고기 등이 포함된다.

지역별 문화적 차이는 다시 국가별로 차이를 보이는 경우가 대부분이다. 예를 들면, 브라질의 삼바나 미국의 힙합은 같은 보사노바(Bossa Nova) 리듬의 음악이었다. 이 리듬은 쿠바의 살사, 자메이카의 레게, 도미니카의 메렝게, 미국에서는 힙합뿐만 아니라 블루스나 록으로 다양화되었다. 하나의 리듬이 국가별로 다양하게 변신하듯, 상품도 국가별 문화에 따라 다양하게 적응해야 한다. 예들 들어, 인도인은 종교적인 이유로 대부분 소고기를 먹지 않는다. 채식주의자도 많다. 그렇다고 맥도날드가 그 큰 시장을 포기할리 만무하다. 소고기나 돼지고기 대신 닭고기나 채소를 이용해 만든 햄버거를 가지고 시장을 개척했다. 일본에서는 패티를 쌀로 만든 라이스버거를 출시하기도 했다.

글로벌화가 확산되면서, 국적과 무관하게 연령 또는 세대 간의 문화적 차이도 커지고 있다. 동일한 니즈라도 이것이 욕구와 구매행동으로 이어지는 과정에서 세대 간 문화적 차이로 인해 상이한 욕구와 구매행동으로 나타난다. 욕구(Wants)란 니즈를 만족시킬 수 있는 구체적인 제품이나 서비스에 대한 바람을 의미한다. 예를 들면, "배고프니까 빵 먹고 싶다."로 이해하면 된다. 만약 동남아 국가 사람이라면 빵 대신 국수가 먹고 싶다고 할 가능성이 크다. 하지만 요즘 동남아 국가의 청소년들은 빵을 먼저 생각하고, 미국식 햄버거를 구매할 가능성이 크다. 니즈와 달리 욕구와 구매행동은 문화적 환경의 영향을 받아 지속적으로 변화하기 때문이다.

앞에서 언급한 구매행동은 수요(Demands)를 말한다. 수요, 즉 구매행동은 특정 상품이나 서비스에 대한 욕구가 구매의사와 구매능력에 의해 뒷받침될 때 구체적으로 발생한다. 예를 들면, 갈증 날 때 커피를 마시고 싶은데, 경제적 여유가 있다면 스타벅스 바닐라 아이스를 주문하는 것처럼 구체적인 브랜드의 선택이 이루어진다. 이와 같이 니즈에 대한 인식이 욕구와 구매행동으로 이어지는 과정에서, 국가든 세대든 문화적 영향을 받아 다른 형태로 나타나기 때문에, 문화는 마케터들이 특히 신경 써야 할 분야라고 할 수 있다.

라이프 스타일

최근 들어 스타일이나 패션과 무관한 브랜드들도 라이프 스타일에 집중하고 있다. 라이프 스타일은 개인이나 집단의 생활 방식 또는 패턴으로서, 그들의 행동·관심·의견으로 표현된다. 라이프 스타일은 동일 문화나 사회계층에 속한 소비자라 하더라도 개인별·성격별로 차이가 크다. 지금은 사람들의 개성이나 취향이 다양해지면서 남이 아닌 나에게 의미가 있는 '가치품'이 중요한 시대가 되었다.

마케터들은 가치품이 중심이 된 라이프 스타일 브랜드를 만들어내기 위해 소비자들의 라이프 스타일을 시장세분화 등에 적극 활용한다. 그리고 광고를 통해 특정 라이프 스타일의 특징을 묘사함으로써 같은 그룹에 속하거나 속하길 원하는 소비자들로 하여금 동질성을 느끼게 하는 방식으로 구매를 유도한다. 더나가 라이프 스타일 브랜드는 자신의 경영 철학에 호응하는 고객들의 취향과 가치관을 근거로 카테고리의 경계를 무너뜨리면서 다양한 상품으로 확장한다. 대표적인 예로 무인양품을 들 수 있다. 무인양품은 간소화와 간략화를 브랜드 철학으로 삼고, 생활용품에서 의류·가구·호텔·식품 등으로 상품을 확장하고 있다.

무인양품은 간소화와 간략화를 브랜드 철학으로 삼고, 생활용품에서 의류·가구·호텔·식품 등으로 라이프 스타일 브랜드를 확장하고 있다.

사진 출처: 브런치(brunch.co.kr), Live Japan.

기업이 소비자들을 대상으로 세분화를 통해 표적시장을 선택할 수는 있지만, 라이프 스타일이 다양해진 오늘날 타깃 고객들의 특성을 통제하는 것은 어렵다. 아직도 많은 마케터들이 연령이나 성별 등 다양한 변수들을 근거로 세분화를 통한 표적 시장을 선정한다. 하지만 이러한 작업이 점점 무의미해지고 있다. 그 이유는 연령·성별·지역·직업 등 주요 세분화 변수들과 무관하게 라이프 스타일 집단이 형성되기 때문이다. 가령 젊은 사람들의 전유물로 생각하기 쉬운 청바지가 전 연령층에서 사용되거나, 부유층만 소유할 수 있다고 생각했던 고급 외제차를 무주택 젊은이들도 소유한다. 따라서 효과적인 마케팅 전략을 수립하고 실행하기 위해서는 소비자들의 라이프 스타일, 즉 개인이나 집단의 행동·관심·의견에 대한 이해가 선행되어야 한다. 마케터들은 소비자들의 라이프 스타일과 소비 행동을 파악하기 위해 주로 AIO분석을 활용한다.

AIO분석은 활동(Activity)·관심(Interest)·의견(Opinion)의 머리글자를 따서 소비자가 어떻게 시간을 보내고, 어떤 일을 중시하며, 어떤 견해를 갖고 있는가를 척도로 나타내어 수치화하는 것을 의미한다. AIO분석이 중요한 것은 시장세분화 과정에서 인구통계나 지리적 변수보다 더 효과적이기 때문이다. 소비자들은 개인별로 상이한 라이프 스타일을 가지고 상이한 소비 행동을 보이지만, 이러한 특성은 연령이나 지역 등과 무관하게 특정 집단이나 세대에서 유사하게 형성된다. 그래서 마케터들은 '~슈머'나 '~세대', '~족'처럼 다양한 이름의 소비자 집단을 주의 깊게 관찰해야 한다.

컨슈머 유형

소비자를 의미하는 컨슈머(Consumer)가 이름 뒤에 붙은 소비자 집단들은 대부분 특정 상품을 선호하거나 자신의 신념과 취향을 소비에 반영하는 미닝아웃(Meaning Out)의 특징을 가지고 있다. 미닝아웃은 신념과 취향을 뜻하는 미닝(Meaning)과 자신의 정체성을 공개하는 커밍아웃(Coming Out)이 합쳐진 신조어로, 그린슈머(Greensumer)와 같이 친환경 제품만 사용하는 소비자들의 구매행동을 예로 들 수 있다.

또 사회적 가치를 내포한 윤리적 제품과 서비스만을 구매하는 소셜슈머(Socialsumer)나 이중 잣대를 가지고 상품을 구매하는 앰비슈머(Ambisumer)도 신념 구매를 하는 소비자 집단에 해당된다. 양면을 뜻하는 'Ambivalent'가 합쳐진 앰비슈머(Ambisumer)는 자신의 가치관에 따라 우선순위가 높은 것에 대해서는 개방적인 소비를 하고, 순위가 낮으면 폐쇄적인 소비를 하는 특징을 가지고 있다. 예를 들면, 식사는 값싼 라면으로 때우고 디저트는 고가의 커피를 구매하는 소비자를 들 수 있다.

자신의 취향에 따라 기존 상품 이상의 다양한 소비를 선호하는 소비자군도 있다. 창조를 의미하는 크리에이티브(Creativc)로 시작하는 크리슈머(Creasumer)는 기존 상품에 만족하지 않고 자신의 취향에 따라 여러 가지 제품을 조합하거나 새롭게 만들어내는 창조적 소비자를 의미한다. 메타슈머(Metasumer)도 이와 유사하다. 수정하다는 의미의 모디파이(Modify)가 합쳐진 모디슈머(Modisumer)는 주로 자신의 입맛에 맞게 요리해 새로운 음식을 만드는 소비자를 뜻한다. 스포슈머(Sposumer)란 스포츠 경기 관람이나 응원을 넘어서 직접 운동하면서 함께 즐기는 소비자를 일컫는다. 소비와 문화적 가치를 동시에 충족하고 싶어 하는 아트슈머(Artsumer)도 있다. 아트슈머를 대상으로 한 아트 마케팅은 품질과 예술적 가치를 통해 브랜드 이미지를 높일 수 있다는 장점이 있다. 커피전문점 탐앤탐스가 프리미엄 매장인 탐앤탐스 블랙 매장 등에서 진행했던 '갤러리탐' 전시회를 아트 마케팅의 사례로 들 수 있다.

커피전문점 탐앤탐스는 아트 마케팅의 일환으로 '갤러리탐' 전시회를 진행하고 있다.
사진 출처: 탐앤탐스 블로그.

실리를 추구하는 적극적인 소비자 집단도 있다. 컨슈머에 공급자(Producer)가 합쳐진 프로슈머(Prosumer)는 소비는 물론 생산 과정 등에 직접 참여하는 생산적 소비자를 의미한다. 트라이슈머(Trysumer)는 새로운 상품과 서비스를 기업 광고보다는 직접 체험을 통해 확인하기를 원하는 모험적 소비자를 말한다. 가짜를 의미하는 페이크(Fake)로 시작하는 페이크슈머(Fakesumer)는 명품과 같은 고가의 상품보다는 이와 유사한 실용적 대체재를 선호하는 소비자를 말한다.

디지털화의 진행과 함께 생겨난 소비자 집단들도 있다. 대표적인 예로 스마슈머(Smasumer)는 스마트폰 등 디지털기기를 활용해 제품정보나 타인의 구매경험 등을 확인하는 방식의 실용적인 소비를 하면서 건강과 문화생활 등 부수적 효과까지 추구하는 똑똑한 소비자를 말한다. 시티슈머(Citysumer)도 이와 유사하다. 인터넷으로 해외직구가 가능해지면서 생겨난 바이슈머(Buysumer)는 바이어 역할까지 동시에 하는 소비자를 뜻한다. 체크슈머(Checksumer)란 상품을 구입하기 전에 다른 소비자들의 고객 리뷰를 포함해 제조 과정이나 성분 등에 대한 정보까지 확인하고 구입하는 소비자를 말한다. 추적하다는 의미의 퍼슈(Pursue)가 합쳐진 퍼슈머(Pursumer)는 주로 가공식품과 농수축산품을 구매할 때 원산지·생산자·원재료 등의 정보를 꼼꼼하게 확인하는 소비자를 의미한다.

전문가 수준의 소비자 집단도 있다. 연구자라는 단어가 붙은 리서슈머(Researsumer)는 제품과 서비스에 대해 연구자 수준으로 깊이 공부하는 소비자를 말하며, 비슷한 용어로 소비자와 엔지니어가 합쳐진 컨슈니어(Consuneer)도 있다. 이들은 정보통신의 발달로 기술 정보나 특정 지식 등에 대한 접근이 가능해지면서 나타난 소비자군이다. 인터넷 블로그나 게시판 등을 통해 전문가 수준의 글을 올리는 소비자들을 리뷰슈머(Reviewsumer)라고 한다. 상품 구입 시 리뷰슈머의 경험과 의견을 중시하는 소비자를 뜻하는 트윈슈머(Twinsumer)도 있다. 이들 또한 사용후기를 남겨 다른 소비자들에 영향을 미치는 경우가 많다. 마담슈머(Madamesumer)는 주부 관점에서 관련 제품을 전문가 수준으로 평가하는 소비자를 말한다.

종족 유형

2007년 통계청이 한국의 블루슈머(Bluesumer)를 발표한 적이 있다. 블루슈머는 경쟁자가 없는 미개척 시장인 블루오션(Blue Ocean)에 존재하는 소비자를 말한다. 이 안에는 '이동족'과 '20대 아침사양족' 등 새로운 유형의 종족이 소개되었다. 이러한 종족의 형태는 인터넷에 소개된 유형만 해도 100개가 훨씬 넘는다. 여기에서는 마케팅에 주로 활용되는 종족의 유형을 몇 개만 소개하고자 한다.

언론에 자주 등장했던 대표적인 종족은 꽃미남을 의미하는 메트로섹슈얼(Metrosexual)이다. 영국의 문화비평가인 마크 심슨(Mark Simpson)이 1994년 인디펜던트(Independent)지에 기고했던 "Here come the mirror men."에 등장했던 용어로, 여성적 취향의 남성을 표현했다. 여기에서 다양한 종족이 파생되었다.

광고회사 JWT의 부사장인 메리언 셀즈먼(Marian Salzman)과 그 동료들은 공동 저서 'The Future Of Men' 통해 위버섹슈얼(Übersexual)을 소개

셀즈먼은 위버섹슈얼을 대표하는 인물로 록밴드 'U2'의 보노(Bono)를 언급하기도 했다.
사진 출처: 위키백과.

했다.[15] 초월하다 등의 뜻을 가진 독일어 'Über'가 합쳐진 위버섹슈얼은 마초(Macho)의 강한 남성성에 멋있고 신사적인 매너까지 갖춘 남성을 말한다. 셀즈먼은 위버섹슈얼을 대표하는 인물로 록밴드 'U2'의 보노(Bono)를 언급하기도 했다. 메트로섹슈얼과 대비되는 레트로섹슈얼(Retrosexual)은 외모보다 일에 더 집중하는 남성을 의미하며, 크로스섹슈얼(Crosssexual)은 여자처럼 예쁘게 꾸미는 것을 좋아하는 남성을 말한다.

도시 라이프를 즐기는 젊은 여성을 모델로 한 현대자동차 투싼 광고는 SUV에 부담을 느끼던 여성층까지 사로잡았다. 사진 출처: 투산 광고.

메트로섹슈얼처럼 미적 감각이 뛰어나고 디지털 기술에 익숙한 남성을 테크노섹슈얼(Technosexual)이라고 한다. 강한 남성성을 상징하는 마초의 특성에 메트로섹슈얼의 특성이 합쳐진 럼버섹슈얼(Lumbersexual)도 있다. 럼버는 나무꾼(Lumberjack)을 뜻한다.

---

15 Marian Salzman, Ira Matathia, and Ann O'Reilly (2006), *The Future of Men: The Rise of the Übersexual and What He Means for Marketing Today*, Palgrave Macmillan.

여성성을 상징하는 종족도 있다. 반대라는 뜻의 라틴어 콘트라(Contra)가 합쳐진 콘트라섹슈얼(Contra Sexual)은 영국의 미래학 연구소에서 만든 신조어로, 결혼과 출산보다는 사회적 성공과 고소득을 중시하는 젊은 여성을 뜻한다. 이와 다르게 소녀의 감성을 추구하는 여성 소비층인 걸리시컨슈머(Girlish-Consumer)도 있다.

이 밖에도 젊은 도시 전문직(Young Urban Professional)을 의미하는 여피(Yuppie)족, 육체와 정신적 건강을 통해 행복하고 아름다운 삶을 추구하는 웰빙(Well Being)족, 정신과 육체적 건강뿐만 아니라 환경까지 생각하는 친환경 소비 집단인 로하스(LOHAS: Lifestyle of Health and Sustainability)족, 경제적으로 풍요로운 노인 세대를 뜻하는 '우피(Woopies: Well of older people)족, 어린이의 감성을 추구하는 성인들을 일컫는 키덜트(Kidult)족, 패션과 미용에 투자하는 남성들을 의미하는 그루밍(Grooming)족, 부르주아(bourgeois)의 물질적 실리와 보헤미안(Bohemian)의 정신적 풍요를 함께 누리는 상류층을 일컫는 보보스(Bobos)족 등 그 종류도 다양하다.

웰빙 바람이 불면서 햄 등 가공식품에 합성첨가물 등을 뺀, 이른바 마이너스 마케팅이 유행하기도 했다. 사진 출처: 서울신문(2013.11.14).

다섯 번째 이야기

제품

제품에 대한 정의는 생산과 마케팅 측면에 따라 달라진다. 생산 측면에서 제품은 유형적 제품 속성들로 구성된 재화로 정의된다. 이것은 기업의 관점에서 본 지극히 생산 지향적인 정의다. 마케팅에서는 제품을 생산자보다 소비자 입장에서 정의해야 한다. 그 이유는 소비자가 제품을 구매할 때 제품뿐만 아니라 자신의 개성 등을 반영한 브랜드 이미지도 함께 구매하는 경우가 많기 때문이다. 예를 들어, 나이키 조던 농구화를 구매하는 소비자는 농구화뿐만 아니라 마이클 조던의 이미지도 같이 구매한다. 스타벅스 고객은 커피라는 제품 외에 고급스러움이라는 상징적 이미지도 함께 구매한다. 따라서 마케팅에서는 제품을 소비자의 다양한 욕구를 충족시키기 위해 시장에 출시되어 소비자의 관심·취득·사용의 대상이 되는 유형재와 무형재, 즉 서비스로 정의한다.

제품의 종류는 다양하다. 먼저 물질적 형태의 유무에 따라 유형재와 서비스로 구분한다. 유형재는 다시 소비재와 산업재로 분류된다. 소비재는 편의품·선매품·전문품으로 세분된다. 편의품은 치약과 같은 필수품, 음료수와 같은 충동품, 소화기와 같은 긴급품으로 다시 세분할 수 있다. 산업재는 크게 자본재·자재(부품)·소모품으로 세분할 수 있다. 여기서 제품을 복잡하게 구분하는 이유는 제품의 종류에 따라 마케팅 전략이 달라지기 때문이다.

제품과 관련된 주요 의사결정 중 하나는 제품믹스에 관한 것이다. 제품믹스는 기업이 제공하는 모든 개별 제품 또는 제품계열들의 집합으로, 넓이·길이·깊이로 구성된다. 제품믹스의 넓이는 기업이 취급하는 제품계열 수를 말한다. 제품믹스의 길이는 각 제품계열의 제품 수, 제품믹스의 깊이는 특정 제품계열 내에서 각 제품이 제공하는 품목 수를 일컫는다.

예를 들어, CJ라이온은 생활용품·헬스케어·뷰티케어 등 3개의 제품계열(넓이)을 가지고 있다. 그리고 생활용품에는 세탁제와 표백제 등 11개의 제품(길이)이 있고, 세탁제에는 '비트' 브랜드를 가진 화이트 플러스·더스트프리·트리플케어 등 14개 품목(깊이)이 있다. 동일 브랜드에서 품목 수가 늘어나는 것은 그만큼 소비자의 욕구가 다양하다는 것을 의미한다.

CJ라이온은 소비자의 다양한 욕구를 반영하여 생활용품 계열인 세탁제에서만 비트 브랜드 품목이 14개나 된다.
사진 출처: CJ라이온 홈페이지.

서비스

서비스는 여행·법률자문·교육·금융서비스·통신·자동차수리 등과 같은 고객의 특정 욕구를 충족시키기 위해 개인이나 조직이 제공하는 무형의 활동을 의미한다. 유형재와 달리 서비스는 무형성·비표준화·소멸성, 그리고 생산과 소비의 동시성과 같은 특성을 가지고 있다. 먼저, 무형성(Intangibility)이란 말 그대로 상품의 물리적 형태가 없다는 것을 의미한다. 그래서 고객이 상품을 이용해보기 전에는 상품 가치를 확인하기가 쉽지 않다. 고객이 상품에 대한 확신을 갖지 못하면 결국 구매로 이어지기 어렵다. 따라서 서비스 업체들은 무형성의 단점을 극복하고, 상품 가치에 대한 고객의 신뢰도를 높이기 위해 유명 광고모델을 활용하거나 심벌과 스토리텔링 제작 등 다양한 방법을 동원한다.

서비스는 직원의 상태에 따라 품질이 달라지기 때문에 서비스의 표준화가 쉽지 않다. 이러한 비표준화(Variability)는 품질의 일관성을 떨어뜨리면서 고객의 신뢰도까지 떨어뜨리는 주요 요인으로 작용한다. 따라서 기업들은 서비스의 표준화를 위해 직원 선발과 교육에 투자를 많이 한다. 또 은행처럼 직원의 업무를 현금인출기와 같은 기계로 대체함으로써 표준화를 달성하기도 한다. 소멸성(Perishability)이란 서비스의 저장이 불가능하다는 것을 의미한다. 서비스업체들은 이러한 단점을 극복하기 위해 다양한 방법을 동원한다. 예를 들어, 항공사와 극장의 가격차별화, 스키장의 비성수기 수요 개발 등을 들 수 있다. 마지막으로, 서비스는 생산과 소비가 동시에 이루어진다는 특성이 있다. 다시 말해, 가치 전달이 동시에 이루어지기 때문에 서비스 제공자뿐만 아니라 고객의 역할도 중요하다.

서비스의 특징에 따른 품질 관리가 중요해지면서, 관련 연구들도 활발하게 진행되고 있다. 대표적으로 파라슈라만(Parasuraman)과 그의 동료들이 발표한 '서브퀄(SERVQUAL)'이라는 연구모형을 들 수 있다. 여기에서는 서비스 품질을 구성하는 요인으로 신뢰성·확신성·유형성·공감성·응답성 등 다섯 가지를 제시하였다. 먼저, 신뢰성은 서비스의 약속 시간 준수나 문제 해결을 위한 업체의 성의 등을 말하고, 확신성은 직원의 전문성과 친절도 등을 포함해 고객에게 확신을 줄 수 있는 행동을 의미한다. 유형성은 현대적 시설이나 로고 등 고객이 눈으로 확인할 수 있는 부문을 의미하고, 공감성은 고객 개인에 대한 관심이나 편의 제공 등을 포함하며, 응답성은 고객 요청에 대해 신속하고 정확하게 대처하는 업체의 반응을 의미한다.[16]

제품 개념화

코카-콜라는 평범한 탄산음료지만, 스토리텔링을 통해 성공한 대표적인 브랜드로 꼽을 수 있다. 다양한 스토리텔링 중 하나가 인터넷을 통해 널리 알려진 '7X'에 관한 것이다. 7X는 코카와 콜라라는 식물에서 추출된 원료들로 만들어진 원액의 암호명이다. 거창한 암호명까지 등장한 배경에는 원액의 비밀스러운 배합 비율이 있다. 7X의 비밀은 무려 135년 동안 잘 지켜져 내려오고 있다. 비밀을 알고 있는 내부 구성원에 대해서는 정확히 알려진 바가 없고, 고작해야 손가락으로 셀 수 있는 몇 명 정도라는 것이다. 7X의 비밀을 유지하기 그들은 비행기도 함께 타지 않는다고 알려

16 Parasuraman A., Valarie A. Zeithaml, and Leonard L. Berry(1988), SERVQUAL : A Multiple Item Scale for Measuring Consumer Perceptions of Service Quality, *Journal of Retailing,* 64(spring), 12-40.

져 있다. 대충, 이런 내용의 스토리텔링은 평범한 음료에 신비감을 더하고 브랜드를 알리는 데에 적지 않은 역할을 했다.

코카-콜라는 제품보다는 스토리텔링이 담긴 슬로건을 통해 브랜드 가치를 유지해 가고 있다.
사진 출처: 코카-콜라 코리아.

2009년 코카-콜라는 새로운 슬로건 'Open Happiness'를 통해 콜라가 아닌 행복을 만든다는 해피 스토리를 전하기 시작했다. 2016년 'Taste the feeling' 슬로건이 등장했지만, 코카-콜라는 여전히 행복한 분위기 메이커로서 콜라를 등장시켰다. 그리고 2021년 '리얼 매직(Real Magic)'이라는 새로운 슬로건을 소개했다. 리얼 매직 캠페인 역시 콜라보다는 '함께'라는 휴머니티가 담긴 매직 스토리를 전한다. 함께 어울렸던 기억 속의 사람과 그 순간을 마법처럼 즐겁고 행복한 시간으로 만드는 데 콜라가 함께 한다는 내용이다. 코카-콜라는 제품으로서 콜라가 아닌 환상과 현실을 연결해 주는 마법으로서 콜라의 스토리텔링을 이어간다.

콜라가 행복이 되고 마법이 되는 것은 제품의 개념화, 즉 콘셉트(Concept)를 정하는 것과 관련 있다. 개념화에 따라 포장·가격·유통·촉진 등 마케팅 믹스의 모든 기능들이 달라지기 때문에 제품 개념화는 마케팅 전략 수립의 기반이 되는 매우 중요한 과정이라고 할 수 있다. 올바른 개념화를 위해 먼저 마케터는 소비자의 다양한 욕구를 반영하여 제품에 대한 정의를 명확히 내릴 필요가 있다.

일반적으로 소비자의 구매 욕구는 기능적·감각적·상징적 욕구로 구분할 수 있다. 기업이 어떤 욕구를 충족시킬 것인가에 따라 제품의 정의와 유형이 달라진다. 동일한 시계라도 시간을 보는 것이 구매 목적이라면 기능적 욕구를 충족시켜주는 기능재가 되고, 위상 강화가 목적이라면 상징재가 된다. 감각적 욕구는 쾌락적 욕구와 유사하다. 만약 고객이 스타벅스 매장의 고급스러운 분위기를 경험하기 위해 커피를 구매한다면, 커피는 감각재가 된다. 매장에 흐르는 세련된 재즈 음악을 감상할 목적이 크다면 쾌락재라고 할 수 있다.

이처럼 소비자에게는 다양한 욕구가 존재하기 때문에, 제품의 개념을 명확하게 설정하는 일이 마케팅에서 매우 중요하다. 시계 콘셉트를 예로 들어보자. 일반적으로 시계는 시간이란 기능을 소비자에게 제공한다. 시간만 잘 맞으면 되기 때문에 굳이 비싼 시계를 구매할 필요가 없다. 하지만 시계를 시간이라는 기능이 아닌 부의 상징으로 개념화 한다면 말이 달라진다.

스위스의 마스터 워치메이커인 파르미지아니(Parmigiani)가 제작한 탁상시계, '고양이와 쥐(The Cat & Mouse)'는 2012년 한국 신세계백화점에서 35억 원에 판매되었다. 이 제품을 구매한 고객은 단순한 시계가 아닌 부의 상징을 구매했을 것이다. 물론 부의 상징이 될 수 있도록 파르미지아니는 다이아몬드와 흑요석 등 17개 보석을 이용해 제품을 수작업으로 직접 제작하였다. 고가의 명품 시계로 알려진 롤렉스도 마찬가지다. 금과 같은 고급 소재의 사용과 디자인의 차별화를 통해 품격의 대명사로 브랜드를 개념화한다.

롤렉스나 파르미지아니와 같은 고가의 명품 시계를 구매한 고객들은 단순한 시계가 아닌 부의 상징 또는 품격을 함께 구매한 것이다. 사진 출처: 구글 이미지, 롤렉스 홈페이지.

제품의 기능과 편익에 대한 구체적 표현도 필요하겠지만, 추상적이고 정서적인 편익을 표현한 개념화도 브랜드 파워 구축에 강점으로 작용할 수 있다는 것을 사례를 통해 실감할 수 있다. 실제로 '시간이 잘 맞는 10만 원대 전자시계'로 개념화된 제품보다 '품격'으로 개념화된 상품이 소비자를 더 유혹하기도 한다. 최근 브랜드 간에 기능 등 품질 수준이 평준화되면서, 상품의 유형이나 가격과 상관없이 정서적 가치가 구매의 중요한 기준이 되고 있다. 정서적 가치란 소비자가 제품 구매와 사용 후 얻을 수 있는 심리적·상징적 편익을 경제적 가치로 평가한 것으로 감성적 가치와 같은 의미로 사용된다.

정서적 가치는 고객이 제품이나 서비스를 통해 고객의 내면적 문제를 해결하는 데 중대한 역할을 한다. 따라서 정서적 가치가 높을수록 브랜드 충성도가 높아지고, 동시에 기업의 강한 경쟁력으로 작용할 수 있다. 대표적인 성공 사례로 할리데이비슨(Harley-Davidson)을 손꼽을 수 있다. 할리데이비슨이 업계 최고의 브랜드로 성장할 수 있었던 비결에는 좋은 품질도 있지만, '자유'라는 브랜드 이미지가 주는 정서적 가치의 역할이 더 크다. "우리는 철학을 판다. 오토바이는 슬쩍 끼워 팔 뿐."이라고 말했던 할리데이비슨의 전 CEO, 리차드 티어링크(Richard Teerrink)의 말을 통해 정서적 가치의 중요성을 실감할 수 있다. 할리데이비슨처럼 소비자들이 제품의 기능보다 자아를 표현하는 수단으로서 정서적 편익을 구매하는 사례를 주변에서 쉽게 찾아볼 수 있는 세상이 되었다.

할리데이비슨이 업계 최고의 브랜드로 성장할 수 있었던 비결에는 품질도 있지만, '자유'라는 브랜드 이미지가 주는 정서적 가치의 역할이 더 크다.

사진 출처: 구글 이미지, https://happist.com.

제품 구성요소

마케터나 제품 기획자는 제품 전략을 잘 수립하기 위해, 먼저 제품의 구성요소를 이해해야 한다. 제품의 구성요소는 크게 세 가지 수준으로 이루어져 있다. 가장 기본적인 수준은 핵심 고객가치(Core Customer Value)로, 소비자가 구매를 통해 얻고자 하는 핵심 편익을 말한다. 핵심 편익은 기능적 편익이 될 수도 있고, 상징적 편익이 될 수도 있다. 두 번째 수준은 핵심 편익을 제공하는 실제제품(Actual Product)으로 전환하는 데 필요한 포장·브랜드·품질·디자인 등의 결합을 의미한다. 세 번째 수준은 핵심 편익과 실제제품을 지원하기 위해 보조서비스와 편익을 추가로 제공하는 확장제품(Augmented Product) 수준을 의미한다.

제품과 서비스 수준은 크게 핵심 고객가치, 실제제품, 확장제품 등 세 가지 수준으로 구성되며, 확장제품에는 A/S나 보증 등 보조서비스 요소들이 포함된다.

사진 출처: SketchBubble.

실제제품이 우수하더라도 경쟁사보다 애프터서비스(A/S)나 보장 등이 미흡해서 소비자의 선택을 받지 못하는 경우들이 많다. 보조서비스 요소에는 A/S와 보장(Warranty)외에도 보증·신용결제·배달·설치 등 다양하다. 보장은 제품에 문제가 발생했을 때 제조업자가 제공해야 할 서비스와 제품으로부터 기대되는 기능을 기술한 공식 보증서를 의미한다. 보증(Guarantee)은 제품 성능이 소비자의 기대에 미치지 못할 경우 환불이나 교환과 같은 보상을 약속한 일종의 보험을 의미한다.

소비자는 제품보다는 제품이 주는 혜택을 소비한다. 예를 들어, 갈증을 해소하기 위해 아이스커피를 구매한다. 갈증 해소라는 기능은 제품의 핵심 가치, 즉 핵심 혜택이다. 수많은 아이스커피들이 갈증 해소 기능을 가지고 있지만, 소비자는 '같은 값이면 다홍치마'라고 더 차별화된 브랜드를 선택하려고 한다. 소비자가 어떤 브랜드를 선택할 것인가는 대부분 실제제품을 구성하는 요소에 따라 구체화된다. 그 이유는 기업들이 주로 품질이나 포장 등 실제제품의 구성요소를 경쟁사와 다르게 결합하는 방식으로 차별화된 제품이나 서비스를 고객에게 제공하기 때문이다.

품질

실제제품을 구성하는 요소 가운데 가장 기본적이고 중대한 요소는 품질이다. 제품의 품질은 품질 수준과 품질의 일관성으로 구성된다. 품질 수준은 제품이 기능을 제대로 수행하는 성능을 말하고, 품질의 일관성은 무결점 또는 목표한 성능 수준의 일관된 전달을 의미한다. 품질은 고객가치와 고객만족을 창출하는 주요 수단이기 때문에, 마케팅에서는 제품 포지셔닝의 주요 차별점으로 이용된다. 그런 이유로 전사적 품질경영(TQM: Total Quality Management)을 도입하는 기업들이 많아지고 있다. TQM은 품질관리 활동을 품질관리 책임자만 하지 말고, 구성원 모두가 실천하도록 하는 기법이다. 같은 품질경영 기법인 6시그마가 통계적이고 정량적이라면, TQM은 정성적이고 지속적인 개선을 중시하는 특징을 가지고 있다.

기업이 마케팅을 효과적으로 추진하기 위해서는 기본적으로 제품이나 서비스에서 완벽한 품질을 완성하고 있어야 한다. 완벽한 품질이란 제품이 가지고 있는 다양한 특성의 완벽한 조화를 의미하며, 내적 완벽과 외적 완벽으로 구성된다.[17] 내적 완벽(Internal Integrity)이란 제품의 기능과 구조의 조화를 의미한다. 대표적인 예로 애플의 아이폰을 들 수 있다. 아이폰은 스마트폰에 필요한 다양한 기능들을 탑재하고 있다. 그리고 이 기능들을 편리하게 이용할 수 있도록 인체공학적인 구조로 디자인되어 있다. 디자인은 내적 완벽에 중요한 요소 중 하나다. 디자인은 제품의 색·크기·모양·성분·무게·유행과 같이 스타일에 포함된다. 하지만 스타일은 보통 스포츠카나 패션 신발과 같이 제품의 외관을 의미하는 반면, 디자인은 외관과 성능을 모두 포함한다.

제품의 기능과 구조의 조화를 의미하는 내적 완벽의 예로 아이폰과 스타벅스를 들 수 있다.
사진 출처: 애플, 네이버 포스트.

17 Grant, R. M. (2018), *Contemporary Strategy Analysis(10th)*, WILEY, pp.175-178.

내적 완벽은 서비스 산업에서도 매우 중요하다. 스타벅스가 성공할 수 있었던 주요 요인은 고객들의 오감을 충족시키는 커피·바리스타·매장의 조화에서 찾아볼 수 있다. 1971년 시애틀의 파이크 플레이스 마켓에서 시작된 스타벅스 가게는 한동안 커피 원두를 판매하던 보통 가게에 불과하였다. 그러다가 1982년 하워드 슐츠가 마케팅 담당 이사로 합류하면서, 스타벅스가 고급 커피숍으로 변모하기 시작했다. 이탈리아 밀라노의 에스프레소 바에 감명 받았던 슐츠는 시애틀에도 고급 커피 문화를 만들 수 있다는 가능성을 내다봤다. 최고급 아라비카산 원두와 숙련된 바리스타의 고객 서비스, 그리고 고급스러운 매장이 조화를 이룬 스타벅스 커피숍은 바로 내적 완벽의 모범이라고 할 수 있다.

외적 완벽(External Integrity)은 제품과 고객의 목적·가치·라이프 스타일 간의 조화를 의미한다. 고객들이 스타벅스를 경쟁 브랜드보다 더 차별적이라고 느끼는 것은 그들이 스타벅스 매장을 이용하면서 얻는 가치가 크기 때문이다. 고객들은 스타벅스 매장의 세련된 아웃테리어와 인테리어, 고급스러운 분위기 등을 통해 자신의 가치나 라이프 스타일을 브랜드와 일치시키고자 한다. 스타벅스는 단순한 커피 판매가 아닌 새로운 문화를 만들어간다는 목적으로 일반 카페와 다른 차별화를 추진했다. 스타벅스는 매장을 제3의 공간이라 불렀다. 매장에서 책을 보는 대학생이나 업무를 처리하는 직장인들을 위해 콘센트와 와이파이를 설치하고, 공기청정 시스템으로 쾌적함을 유지했다. 제3의 공간은 일과 삶의 균형을 찾는 워라밸(Work-Life Balance)이나 나만의 공간을 찾는 케렌시아(Querencia) 등 최근 트렌드와 부합하면서 고객의 목적과 라이프 스타일과의 조화를 이루는 데에 크게 기여하였다.

◉ 블루보틀 커피

품질관리의 성공사례로 블루보틀 커피(Blue Bottle Coffee)를 빼놓을 수 없다. 클라리넷 연주가였던 제임스 프리먼(James Freeman)은 2002년 커피 맛 하나로 승부를 걸겠다는 자신만의 철학을 가지고 블루보틀 커피를 설립했다. 2018년 6월 한국 시장에 진출하자마자 매장 대기 시간이 몇 시간이나 걸릴 정도로 큰 인기를 얻기 시작했고, 곧바로 고품질의 프리미엄급 커피로 등극하였다.

블루보틀 커피는 특별한 커피 맛을 찾던 애호가들을 타깃으로 커피 맛 하나에 모든 역량을 집중시킨다. 자체 스페셜티 등급 기준을 충족시키기 위해 원료 구입부터 핸드드립 추출까지 생산 프로세스를 철저하게 통제한다. 특별한 커피 맛을 내기 위해 드립 포트(Drip Port)를 이용한 푸어 오버(Pour Over)만을 고집하고, 컵 사이즈마저도 360미리(12온스) 한 가지만 제공한다. 제품군은 단순하지만 지역별로 차별화된 음료를 판매하기도 한다. 예를 들어, 제주 카페에서는 제주만의 독창적인 '제주 블렌드'를 출시하였다.

블루보틀은 특별한 커피 맛을 내기 위해 드립 포트를 이용한 푸어 오버만을 고집하고, 고객들이 커피 본연의 맛과 향에 집중할 수 있도록 공간 조성에도 공을 들였다.
사진 출처: 블루보틀커피 인스타그램.

블루보틀 커피는 고객들이 커피 본연의 맛과 향에 집중할 수 있도록 커피의 차별화뿐만 아니라 공간 조성에도 공을 들였다. 바리스타의 커피 제조 과정을 고객들이 쉽게 관찰할 수 있도록 키 낮은 가구를 배치하고 자극적인 색깔을 사용하지 않는 등 매장을 개방형으로 설계하였다. 고객이 커피에 집중할 수 있도록 바리스타 목소리의 높낮이에도 신경을 썼다. 바리스타는 고객의 이름을 불러주고 제품을 자세히 설명하는 등 최상의 서비스로 고객을 환대해준다. 또 고품질 브랜드라는 이미지를 고객들에게 인지시키기 위해 유명 브랜드와의 협력 제휴도 진행하고 있다. 예를 들어, 수제 명품 초콜릿 브랜드로 알려진 딕 테일러 크래프트(Dick Taylor Craft)와의 공동 판매 등을 들 수 있다.

유명인이나 유명 브랜드와의 협력 제휴는 고객들에게 고품질 브랜드라는 이미지를 인지시키는 데 도움이 된다.
사진 출처: 블루보틀 커피 홈페이지.

블루보틀이라는 브랜드는 원래 중유럽 최초의 비엔나 커피하우스 상호였던 'The Blue Bottle'에서 가져왔다. 역사가 짧은 신생기업으로서 원조가 가진 역사와 스토리를 활용할 수 있다는 장점 때문일 수도 있다. 이제 블루보틀 커피는 원조가 가진 스토리에 자신의 스토리를 더해가면서 원조보다 더 완벽한 품질을 갖춘 차별적 브랜드로 성장하였다.

포장

액체 모기약이 담긴 유리병에 빨대처럼 생긴 분무기를 넣고 입으로 불면서 모기를 잡던 시절이 있었다. 지금 만약 그런 모기약만 있다면, 사람들은 차라리 모기에 물리는 편을 택할 지도 모른다. 손가락 하나로 쉽게 약을 뿌릴 수 있도록 디자인 된 포장 제품이 등장하면서 소비자들은 살충제를 마음 놓고 뿌릴 수 있게 되었다. 그만큼 기업은 더 많은 살충제를 판매할 수 있게 되었다. 결국 혁신적인 포장은 기업뿐만 아니라 소비자와 사회 전반에 걸쳐 상당한 편익을 가져다준다.

포장의 혁신은 기업뿐만 아니라 소비자와 사회 전반에 걸쳐 상당한 편익을 가져다준다.
사진 출처: 세상만사(https://hotrunning.tistory.com), 에프킬라 광고.

포장이란 용기를 포함해 제품을 감싸는 모든 물체를 일컫는다. 포장은 제품 보호와 보관, 운반과 저장의 편리성 향상, 이미지 강화, 정보 제공 등의 촉진 기능을 할 뿐만 아니라, 가격을 표시하고 크기에 따라 가격을 차별화하는 가격 기능도 한다. 액체나 분말로 된 제품의 경우, 포장이 제품 구성에 매우 중요한 역할을 한다. 콜라처럼 액체 제품의 경우에는 완성된 제품이 되기 위해 포장이 필수다. 여기에 디자인까지 좋다면 더할 나위 없이 좋은 마케팅 수단이 된다.

영국의 산업 디자이너 스티븐 베일리(Stephen Bayley)는 코카-콜라 병을 산업 디자인 역사상 최고의 걸작이라고 평가했다. 코카-콜라에는 병에 대한 스토리텔링도 있다. 콜라병 디자인은 1915년에 탄생했다. 병만 보고도 코카-콜라임을 알 수 있는 독특한 병을 만들기 위해 아써 캔들러(Asa Candler) 전 회장은 상금 500 달러를 걸고 병 디자인 공모를 했다. 어두운 곳에서 만지기만 해도, 깨진 병 조각만 보고도 코카-콜라 병임을 알 수 있어야 한다는 것이 디자인 공모 조건이었다. 공모전에 뽑힌 루트 유리 회사(The Root Glass Company)의 디자이너, 알렉산더 새뮤얼슨(Alexander Samuelson)과 얼 딘(Earl Dean) 등 직원들이 원료에서 디자인 모티브를 얻기 위해 브리태니커 백과사전을 뒤졌다. 하지만 프랭크 로빈슨이 스펠링을 다르게 적었던 콜라라는 단어는 사전에서 찾을 수 없었다. 디자이너들은 콜라 대신 카카오의 열매 모양을 본떠서 세로로 긴 홈이 파인 컨투어병 디자인을 완성했다.

1916년 코카-콜라 병은 손에 쥐기 쉽도록 아래쪽이 오목하게 개량되었다. 볼록하고 오목한 병의 곡선 모양은 마치 코르셋이 들어간 드레스나 허블 치마처럼 아름다움의 상징이 되기도 했다. 코카-콜라 병은 유명세를 타기 시작했다. 1950년 소비재로는 최초로 TIME지 표지 모델이 되기도 했다. 팝 아티스트 작가인 앤디 워홀이 코카-콜라 병 210개로 만들었던 작품은 1992년 210만 달러에 경매되기도 했다.

산업 디자이너인 스티븐 베일리는 코카-콜라 병을 산업 디자인 역사상 최고의 걸작이라고 평가했고, 앤디 워홀의 1962년 작품은 2013년 뉴욕 크리스티 경매에서 5,730만 달러(약 688억 원)에 팔렸다. 사진 출처: 코카-콜라 코리아.

오목하게 개량된 콜라병은 그만큼 양(量)을 줄일 수 있다는 장점도 있다. 포장의 크기나 양이 마케팅에서 중요한 역할을 하는 경우도 있다. 그것을 '양마케팅'이라고 하는데, 대표적인 성공사례로 '발렌타인 마스터즈'를 꼽을 수 있다. 스카치위스키 브랜드인 발렌타인은 한국인들이 유독 사랑하는 위스키 브랜드다. 국제선 비행기를 타보면, 기내 면세품에 없던 발렌타인이 한국을 경유하는 노선에는 반드시 등장한다는 사실이 이를 증명한다. 발렌타인 마스터즈는 한국인을 위해 새롭게 만들어진 제품으로 알려져 있다. 발렌타인을 포함한 스카치위스키의 크기는 보통 700미리인 반면, 발렌타인 마스터즈는 500미리로 생산된다. 출시 당시 위스키 소비량이 가장 큰 업소들을 상대로 시험 테스트를 한 결과, 적당한 양이라는 긍정적 반응을 얻었다. 700미리 한 병으로 끝날 소비가 500미리 두 병으로 늘어났다는 이야기들이 돌기도 했다. 사실 위스키 애주가들에게 500미리 한 병은 700미리에 비해 큰 부담이 없다. 하지만 한 잔이 아쉬운 취객에게는 다른 이야기가 된다.

제품의 양 못지않게 포장에서 중요한 역할을 하는 것이 포장 소재라고 할 수 있다. 쿠어스가 만든 알루미늄 캔이나 빙그레의 커피 음료, 아카페라 페트 용기는 운반과 저장 기능을 높이면서 제품의 가치를 높이는 데 크게 기여하였다. 혁신적 소재로 만들어진 포장은 장기간 보관뿐만 아니라 제품의 안전한 이동, 심지어 본 제품 사용의 편리성까지 높여준다.

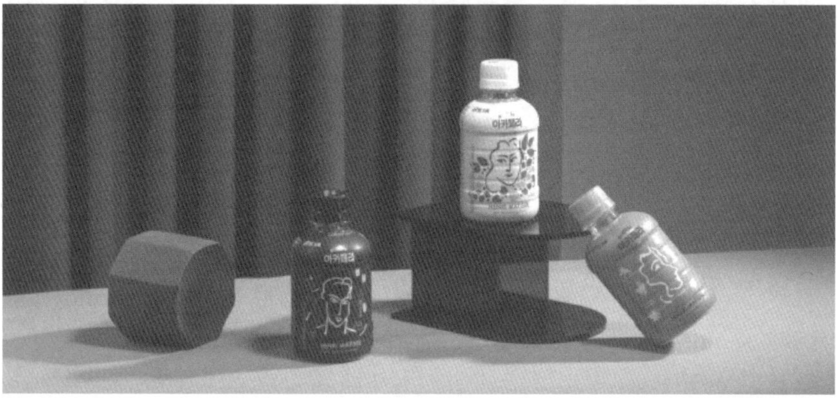

빙그레는 아카페라의 용기를 페트로 만들어 운반과 저장 기능을 높였을 뿐만 아니라 포장 라벨을 친환경 소재인 수축 라벨로 변경하였다. 사진 출처: 빙그레 홈페이지.

혁신적인 소재는 포장의 라벨로도 이어졌다. 빙그레는 2021년 국내 음료 중 최초로 아카페라의 포장 라벨을 친환경 소재인 수축 라벨로 변경하였다. 수축 라벨은 접착제를 사용한 일반 라벨과 달리, 열이 가해져 수축되면서 접착되기 때문에 분리가 용이하다. 또 라벨과 뚜껑의 비중이 낮게 제작되어 있어서, 미처 라벨이 분리되어 있지 않아도 물 위에 바로 뜨기 때문에 분리가 용이하다는 장점이 있다.

요즘 친환경을 위해 라벨 프리 제품들이 등장했지만, 어쩔 수 없이 라벨을 사용해야 하는 경우가 있다. 그 이유는 라벨 안에 제품의 모든 정보들이 담기기 때문이다. 리바이스 청바지의 라벨에는 사이즈 정보 외에도 청바지의 질김을 표현하는 그림이 그려져 있다. 두 마리의 말이 양쪽에서 청바지를 당기는 그림은 그만큼 청바지가 강하다는 정보를 담고 있다. 미국의 골드러시가 한창이던 1853년 금광 광부들을 위해 청바지를 최초로 만들었던 리바이 스트라우스(Levi Strauss)에게는 자신이 만든 청바지의 질김을 알릴 수 있는 라벨이 제품만큼이나 소중했을 것이다.

요즘 친환경을 위해 라벨 프리 제품들이 등장했지만, 어쩔 수 없이 라벨을 사용해야 하는 경우가 있다.
사진 출처: 식품음료신문(2022.05.10), 코스트코.

브랜드

'시치미 뗀다'라는 말이 있다. 옛날에는 매사냥이 인기가 많았다. 하지만 매를 훈련시키는 과정이 쉽지 않아 누구나 매사냥을 할 수 없었다. 만약 어렵게 훈련시킨 매가 사냥 중 다른 곳으로 날아가 찾을 수 없게 된다면 얼마나 안타깝겠는가. 그래서 소유자를 확실히 알 수 있도록 매 발목에 천으로 만든 시치미를 묶어 표시했다. 브랜드는 시치미처럼 혹은 가축 낙인처럼 소유와 구분의 용도로 시작됐다

브랜드란 문자·단어·숫자 등으로 표현된 제품의 이름을 말한다. 브랜드는 경쟁 제품과의 구별과 차별 외에도, 제품 개념을 소비자에게 전달

하는 역할을 한다. 브랜드에 대한 의사결정은 대부분 브랜드를 부착할 것인가 말 것인가, 부착한다면 누구를 소유권자로 할 것인가, 브랜드는 어떤 방식으로 개발하고, 브랜드명은 어떻게 만들 것인가 등등에 관한 것들이다.

브랜드 부착 결정

농산품 등 일부 상품에서 브랜드를 붙이지 않고 저가에 판매되는 경우도 있긴 하지만, 거의 모든 상품에는 브랜드를 부착한다. 심지어 '노브랜드(No Brand)'조차 상표로 등록해 마케팅 차원에서 전략적으로 활용하기도 한다. 일반적으로 무상표(Generic Brand) 상품은 메이커의 유휴설비를 활용해서 생산비 등을 절감하고, 판매 후 상품에 대한 책임을 거의 지지 않기 때문에 저가에 판매할 수 있다는 장점이 있다. 그래서 일부 업체들이 소비자에게 저렴한 상품 이미지를 전달할 목적으로 무상표를 전략적으로 활용하기도 한다.

이마트는 무상표의 장점을 활용하기 위해 '노브랜드'란 상표를 브랜드로 활용하고 있다.
사진 출처: 이마트.

대표적인 사례로 무인양품을 들 수 있다. 일본어의 한자 표기로 '상표 없는 좋은 물건'이라는 뜻이다. 영어권에서는 첫 글자 '무'의 일본어 발음인 '무지(MUJI)'만 따와 영문 브랜드로 사용한다. 다시 말해, 마케팅의 의미가 없는 노브랜드를 브랜드로 마케팅 차원에서 전략적으로 사용하는 것이다. 이마트도 무상표의 장점을 활용하기 위해 '노브랜드'란 상표를 브랜드로 활용하기도 한다.

브랜드 소유권자 결정

브랜드를 부착하는 경우, 대부분은 제조업자가 브랜드 소유권자가 된다. 다시 말해, 제조업자 상표는 제조업자 자신이 상표명을 소유하고 제품의 마케팅 전략을 직접 통제한다. 하지만, 규모가 커진 유통업체의 요구로 중간상 상표를 부착하는 경우도 있다. 중간상 상표란 주로 대형 도소매업자가 생산자에게 하청을 주고, 거기에서 생산된 제품에 자기 상표명을 부착하는 PB(Private Brand)나 PL(Private Label)을 일컫는다.

PB 상품은 장점이 많다. 먼저, 전국 지점의 상품을 균일화 할 수 있고 자사 매장 진열에서 유리한 공간을 차지할 수 있다. 또 유통 마진이 없기 때문에 가격이 저렴하다. 특히 생산자의 브랜드 가치를 그대로 유지하면서 싸게 판매할 수 있기 때문에 가격경쟁력이 올라가는 장점이 있다. 홈플러스·롯데마트·이마트 등 국내 대형 유통업체들은 모두 중간상 상표를 활용한다. 미국에서도 대형 식품유통업체인 퍼블릭스(Publics)의 그린와이즈(GreenWise)나 전자유통업체 베스트바이(Best Buy)의 인잇(Init)과 인시그니아(Insignia) 등이 모두 PB다.

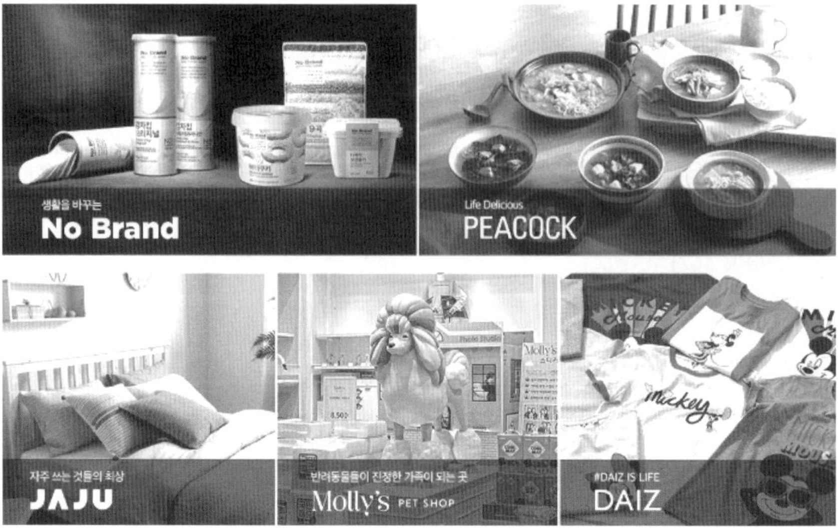

이마트는 중간상 상표를 이용해 생산자의 브랜드 가치를 유지하는 동시에 가격경쟁력까지 갖출 수 있었다. 사진 출처: 비즈니스워치(2019.08.19).

◉ 브랜드 개발방식

브랜드를 개발하는 방식은 크게 네 가지 대안이 있다. 첫 번째 대안은 라인확장으로, 한 제품범주 내에서 다른 형태나 색깔 등으로 출시되는 신제품에 기존 브랜드를 함께 사용하는 방식이다. 예를 들어, 빙그레는 바나나맛 우유에 이어 바나나맛 라이트 우유, 딸기맛 우유, 오디맛 우유 등 라인 확장 방식으로 신제품을 계속 출시하고 있다. 라인확장은 소매점의 진열 공간을 더 많이 차지할 수 있는 장점도 있지만, 자칫 소비자의 혼란과 함께 라인 내 다른 제품의 매출을 잠식할 수 있으니 경계할 필요가 있다. 하지만 기술이나 디자인 등에서 지속적인 업그레이드가 필요한 스마트폰과 자동차 등의 제품들은 라인확장 방식을 선호한다. 그 이유는 새로운 브랜드 개발에 추가 비용을 들이지 않고, 기존 브랜드의 명성을 이어갈 수 있기 때문이다.

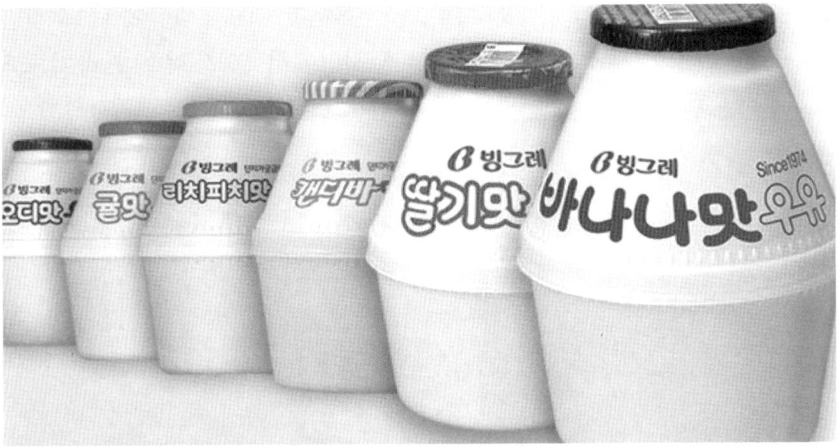

빙그레는 라인확장 방식으로 바나나맛 우유에 이어 바나나맛 라이트 우유, 딸기맛 우유, 오디맛 우유 등으로 신제품을 출시하였다. 사진 출처: 네이버 포스트.

두 번째 대안은 브랜드를 확장하는 방식이다. 이 방식은 현재 사용 중인 브랜드를 새로운 제품범주의 신제품으로 확장하는 것을 말한다. 예를 들어, '오뚜기 옛날 당면'이 성공하자, 오뚜기는 참기름·잡채·미역 등 새로운 제품범주에 '옛날'이라는 브랜드를 활용하였다. 빅토리녹스(Victorinox)도 스위스 아미(Swiss Army) 나이프의 인지도가 높아지자, 스위스 아미 브랜드를 시계와 의류 등 다른 제품범주에 사용하고 있다. 브랜드 확장은 신제품의 인지도를 높이고, 광고비도 절감하는 등 여러 장점이 있지만, 제품범주나 제품 간 이미지가 너무 상이하면, 자칫 실패할 수도 있다. 샘표는 간장의 이미지가 너무 강해서 샘표 꽁치나 샘표 커피타임과 같은 제품에서 성과를 내지 못했다.

세 번째 대안은 기존의 제품범주 내에서 여러 개의 새로운 브랜드를 사용하는 복수 브랜드 방식이다. 이 방식은 생산된 제품에 각각 다른 상표명을 부착하기 때문에 개별 브랜드명 전략이라고 할 수 있다. 그래서 메이커보다 브랜드를 강조하는 특징을 지닌다. P&G는 세탁세제시장에서 5개의 브랜드를 가지고 있고, 유니레버는 비누시장에서 도브·럭스바·라이프보이·렉소나 등 다양한 브랜드를 보유하고 있다. 복수 브랜드는 상이한 구매동기를 가진 소비자별로 각각 어울리는 제품을 제공할 수 있다는 장점이 있다.

기존 브랜드를 새로운 제품범주의 신제품에 활용하는 브랜드확장의 사례로 오뚜기의 옛날과 스위스 아미를 들 수 있다.
사진 출처: 오뚜기 홈페이지, 빅토리녹스 홈페이지.

브랜드 개발방식의 마지막 대안은 새로운 제품범주로 진출해서 신제품을 만들고, 거기에 적합한 새로운 브랜드를 개발하는 것이다. 신규 브랜드에 대한 것은 뒤에서 설명하는 브랜드 네이밍으로 대신하고, 여기에서는 신제품 개발과 관련된 내용을 잠깐 살펴보고자 한다.

신제품 개발

신제품은 마케팅에서 매우 중요한 비중을 차지한다. 일부 기업을 제외하고는 신제품이 기업의 운명을 결정할 수도 있기 때문에 많은 기업들이 여기에 자원을 집중한다. 대표적으로 3M을 꼽을 수 있다. 3M은 혁신을 장려하는 기업문화로 유명하다. 그 문화는 몇 가지 규칙과 인센티브로부터 비롯된다. 첫 번째는 총매출의 30%는 과거 5년 내에 개발된 신제품에서 나와야 한다는 30% 규칙이 있다. 두 번째 규칙은 15% 규칙으로, 기술직 사원은 근무 시간의 15%를 업무와 무관하게 자신이 하고 싶은 일에 사용할 수 있다. 실패해도 책임을 묻지 않고 성공하면 상을 준다.

포스트잇(Post-it)은 그렇게 탄생되었다. 1968년 스펜서 실버(Spencer Silver)가 강력 접착제를 개발하다 실패했는데, 이것이 매년 열리는 글로벌 테크 포럼에서 실패사례로 발표되었고, 1981년 아서 프라이(Arthur Fry)가 실패한 접착제를 활용해 포스트잇을 개발했다. 포스트잇은 오늘날 접착식 메모지의 일반명사가 될 정도로 큰 성공을 거두었다.

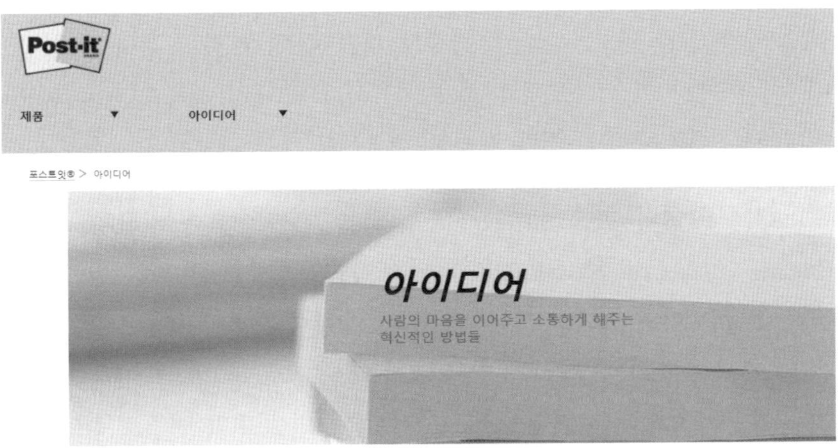

3M은 혁신을 장려하는 기업문화로 유명하다. 사진 출처: 3M 홈페이지.

모든 신제품은 아이디어에서 출발한다. 그래서 기업들은 새로운 좋은 아이디어를 구하기 위해 다양한 방법들을 동원한다. 3M처럼 내부 제도를 이용해 아이디어를 얻을 수도 있고, 아니면 고객들로부터 아이디어를 구할 수도 있다. 고객으로부터 아이디어를 구한 성공사례로 스타벅스가 시행했던 마이 스타벅스 아이디어를 들 수 있다.

일반적으로 기업들은 아이디어 창출을 시작으로 아이디어 선별, 콘셉트 개발과 테스트, 마케팅전략 개발, 사업성 분석, 제품 개발, 테스트 마케팅, 상업화 순으로 신제품 개발을 진행한다. 이런 과정을 통해 혁신제품으로 세상에 나와도 성공을 보장받기 어렵다. 설령, 성공한다 해도 그 순간부터 수많은 경쟁자들이 달려들면서 험난한 과정들을 견뎌내야 한다. 마케팅에서는 이런 과정을 제품수명주기로 설명한다.

제품수명주기(PLC: Product Life Cycle)

제품수명주기는 보통 도입기·성장기·성숙기·쇠퇴기로 이루어진다. 단계에 따라 시장 규모, 수익성, 경쟁과 기술 수준, 타깃 고객이 달라지기 때문에 마케팅 믹스도 모두 다르게 적용된다. 그래서 제품수명주기는 마케팅에서 매우 중요한 전략 도구로 활용된다.

PLC는 1950년 조엘 딘(Joel Dean)의 논문, '신제품을 위한 가격정책(Pricing Policies for New Products)'에 시작되었다. PLC의 발생 원인과 패턴은 수많은 학자들의 연구 대상이었다. 1962년 사회학자인 에버릿 로저스(Everett Rogers)는 '혁신의 확산(Diffusion of innovations)'이란 저서에서 신제품이 보급되는 과정을 다섯 가지 유형의 소비자 범주로 설명했다. 로저스를 통해 PLC가 일어나는 원인이 설명되면서 PLC는 이론으로서 주목을 받게 되었다.

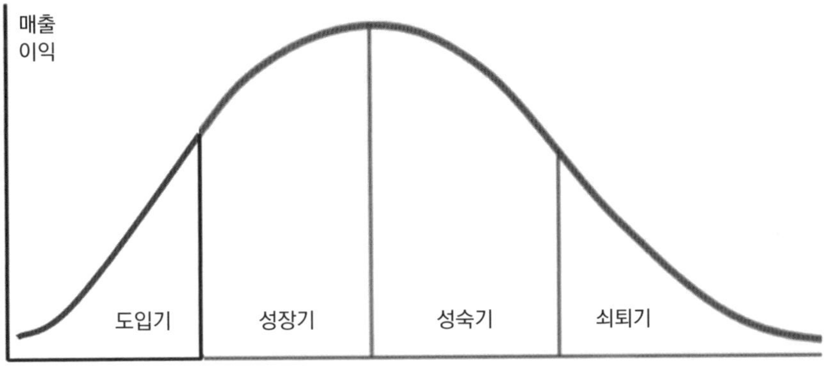

제품수명주기는 단계에 따라 시장 규모, 수익성, 경쟁과 기술 수준, 타깃 고객이 달라지기 때문에 마케팅 믹스도 모두 다르게 적용된다.

미국의 경제학자, 레이몬드 버논(Raymond Vernon)은 1966년 논문에서 PLC를 이용해 기업들의 무역과 해외투자를 설명하면서 유명해졌다. 피터 도일(Peter Doyle)이 정리한 PLC 전략이 1976년 코틀러의 '마케팅 관리론'에 소개되면서, PLC는 새로운 마케팅 전략으로서 선풍을 일으켰다. PLC 전략은 PLC 4단계에 혁신 확산이론의 소비자 범주와 마케팅 믹스가 결합된 마케팅 전략으로, 상품의 단계에 따라 마케팅 전략 수립이 가능하다는 점 때문에 인기가 높았다.

소비자 범주

에버릿 로저스는 개인이 사회시스템의 다른 구성원들보다 새로운 아이디어를 상대적으로 빨리 수용하는 정도를 개인의 혁신성이라고 정의했다. 개인의 혁신성은 같은 시장 안에서도 다르게 나타난다. 그는 소비자 범주를 혁신을 채택하는 시기에 따라 혁신층(Innovators)·조기채택층(Early

Adopters)·조기다수층(Early Majority)·후기다수층(Late Majority)·느림보층(Laggards)의 다섯 카테고리로 구분했다.[18]

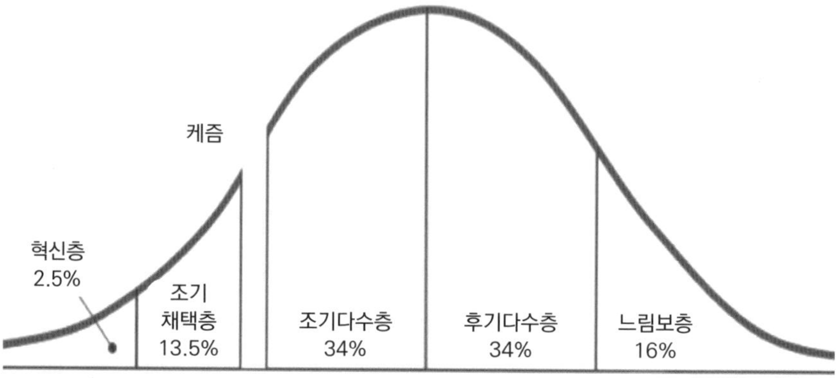

제프리 무어는 조기채택층과 조기다수층 사이에 쉽게 넘을 수 없는 큰 골짜기가 있어서 조기다수층을 위한 마케팅이 필요하다는 케즘이론을 제안했다.

에버릿 로저스는 혁신이 혁신층을 지나 조기채택층까지만 성공적으로 가면, 그다음 단계부터는 알아서 혁신이 확산된다고 말했다. 사실, 마케팅에서 혁신층과 조기채택층은 대단히 중요한 존재다. 이들은 혁신을 추구하고 모험을 즐기는 성향이 강해서 신제품을 일찍 받아들인다. 그리고 디지털 미디어를 활용한 정보 수집과 가공에 능숙하기 때문에 의견을 선도하는 구전 능력도 매우 우수하다. 이들의 말 한마디가 다음 소비층에 미치는 영향력은 클 수밖에 없다.

말콤 글래드웰(Malcolm Gladwell)은 유행이 감염증처럼 단숨에 확대되는 포인트를 티핑 포인트(Tipping Point)라고 했다. 그는 여기에 소수의 법칙, 고착성 요소, 상황의 힘 등 세 가지 원칙이 있다고 했다. 소수

18 Rogers E. M. (1962), *Diffusion of innovations*, Free Press.

의 법칙이란 유행을 확대시키는 세 가지 유형, 즉 영향력이 큰 커넥터(Connector)·메이븐(Maven)·세일즈맨(Salesman)이 관여할 때 유행이 확산된다는 것을 말한다. 커넥터는 교제 범위가 넓고 사교적이며, 메이븐은 박식하며, 세일즈맨은 강한 설득력을 가지고 있다.[19] 혁신층이나 조기채택층이 바로 소수 법칙의 세 인물과 유사한 성향을 가지고 있어서, 유행처럼 신제품 확산에도 중대한 역할을 한다고 볼 수 있다.

그러나 마케팅 컨설턴트인 제프리 무어(Geoffrey Moore)는 하이테크 산업에 대한 분석을 하면서, 조기채택층과 조기다수층 사이에 쉽게 넘을 수 없는 큰 골짜기가 있어서, 시장 확대를 위해 조기다수층을 대상으로 마케팅을 해야 한다는 케즘(Chasm)이론을 제안했다.[20] 혁신층과 조기채택층은 중요한 존재지만 시장의 규모는 크지 않다. 그래서 기업들은 나머지 큰 시장을 확보하기 위해 할인 등의 판매촉진이나 인플루언서 마케팅 등 다양한 마케팅 기법들을 활용한다.

브랜드 네이밍(Brand Naming)

신제품을 개발하면, 여기에 어울리는 브랜드를 만들고 가꾸는 과정, 브랜딩이 뒤따른다. 브랜딩은 소비자들이 제품을 빨리 인지하고 좋은 이미지만 기억할 수 있도록 브랜드를 만들어가는 과정이다. 이를 위해서는 먼저 브랜드 네이밍, 즉 상품의 이름을 짓는 것부터 신중해야 한다. 브랜드 네이밍에는 많은 요소들이 영향을 미치지만, 무엇보다 의미·외관·음성의

19 Malcolm Gladwell (2000), *The Tipping Point: How Little Things Can Make a Big Difference*, Little, Brown and Company.

20 Geoffrey Moore (2014), *Crossing the Chasm, 3rd Edition: Marketing and Selling Disruptive Products to Mainstream Customers*, Harper Business.

세 가지 요소를 먼저 고려해야 한다.

의미란 소비자가 브랜드만 보거나 듣고도 상품의 내용·편익·특성·품질 등을 쉽게 짐작할 수 있도록, 브랜드에 차별적 의미가 담겨 있어야 한다는 말이다. 예를 들어, 듀라셀이란 브랜드는 이름만으로도 오래 사용할 수 있는 성능 좋은 전지를 상상할 수 있다. 테슬라를 접한 고객은 그 이름만으로도 뛰어난 전기자동차라는 것을 상기하게 된다. 세르비아계 미국인 과학자였던 니콜라 테슬라(Nikola Tesla)는 교류전기 시스템과 무선 통신 등을 발명한 인물로, 발명왕 토마스 에디슨에 버금갈 정도로 유명하다.

브랜드 의미의 중요성을 엿볼 수 있는 재밌는 사례 중 하나가 삼성전자의 지펠이다. 삼성전자는 국내 최초로 프리미엄 양문형 냉장고를 출시하면서, 브랜드 명으로 첨단이라는 의미의 독일어 지펠(Zipfel)을 선택했다. 이 브랜드를 알리는 광고들이 제품 출시 전부터 공격적으로 진행되었다. 제품 출시를 눈앞에 두고, 삼성전자는 이 단어에 독일 속어로 남성 성기라는 뜻도 있다는 사실을 알게 되었다. 어쩔 수 없이 지펠이라는 발음은 그대로 사용하되, 영문 표기만 'Zipel'로 변경했다. 그러다 보니 브랜드가 의미 없는 상표가 되어버렸다. 하지만 이 브랜드를 이니셜로 만들고, 그 안에 차별적 이야기를 담는 지혜를 보여주었다. 'Zero Defect Intelligent Prestige Elegant Lifestyle', 완벽한 품질로 지성과 명예를 중시하는 고객에게 품격 있는 라이프 스타일을 만들어주겠다는 의미다. 지펠은 1997년 4월 출시 3개월 만에 월간 판매량 2,000대로 시장점유율 50%를 달성했고, 6개월 후에는 판매량이 6,000대로 급상승하였다.

지펠의 성공에 자극을 받았던 LG전자도 1998년 프리미엄 양문형 냉장고, 디오스(DIOS)를 출시하게 된다. 디오스는 그리스신화에 등장하는 왕의 이름이지만, 'Deluxe Intelligent Optimum Silent', 즉 고급스럽고 지적이며 조용한 최적의 제품이라는 뜻으로 더 알려져 있다.

지펠의 사례를 보면서, 무의미한 브랜드라도 그 안에 이야기와 의미를 담아내는 스토리텔링의 위력을 실감할 수 있다. 코닥(Kodak)이라는 브랜드도 그 안에 아무런 의미가 없지만, 스토리텔링을 통해 차별적 의미가 담긴 브랜드로 유명하다. 코닥의 창업자, 조지 이스트먼(George Eastman)은 기업명을 지을 때 어떤 이름이든 상관없지만, 대신 이름의 시작과 끝에 반드시 K를 넣도록 담당자에게 요구했다. 이스트먼은 K가 가진 예리한 모양새를 통해 제품의 정교함과 정확함을 소비자에게 전달하고 싶었던 것이다. 코닥의 스토리텔링은 브랜드와 로고만 보고도 코닥의 정체성을 떠올릴 수 있게 만들었다.

지펠 사례와는 반대로, 속된 의미가 담긴 브랜드를 그대로 사용하는 사례도 있다. 200년 역사를 자랑하는 세계적인 치약 브랜드 콜게이트가 바로 대표적인 예다. 콜게이트란 단어에는 스페인 속어로 "가서 너의 목을 매라."라는 의미가 담겨 있다. 200년 동안 사용된 유명 브랜드를 하루아침에 바꾸는 것이 쉽지 않아서인지 지금도 사용하고 있다. 대신 이 속어를 역으로 활용한 것으로 짐작되는 역발상 광고가 하나 있다. 1996년 개봉됐던 데이라잇(Daylight)이라는 영화에 콜게이트란 단어가 딱 한 번 PPL로 등장한다. 뉴저지와 맨해튼을 연결하는 해저터널 재난사고 영화로, 실베스터 스탤론이 출연했던 유명한 영화다. 터널 사고로 교통체증을 우려한 관료와 도시엔지니어들이 터널에 갇힌 조난자들의 생명을 위협하는 공사를 강행하자, 여기에 분노한 터널 관리자와 직원이 사무실을 걸어 나오는 장면에서 커다란 네온사인을 꽉 채운 콜게이트란 단어가 유난히 크게 등장한다. 재난 현장에서 뜬금없는 치약 광고라니. 생뚱맞기 짝이 없다. 하지만 이 장면은 터널 관리자와 직원이 도시엔지니어와 관료들에게 퍼붓고 싶었던 욕을 콜게이트가 대신해주는 것 같은 통쾌한 느낌을 주는 장면으로 받아들여진다. 만약 이것이 사실이라면, 콜게이트의 PPL에 경의를 보낼 수밖에 없다. 아무튼 콜게이트는 지금도 세계 1위의 치약 브랜드로 명성을 떨치고 있다.

콜게이트란 단어에는 스페인 속어로 "가서 너의 목을 매라."라는 의미가 담겨 있지만, 세계 1위 치약 브랜드로 명성을 떨치고 있다. 사진 출처: FACTSLIDES.COM.

두 번째는 외관이다. 외관은 로고와 관련된다. 코카-콜라의 브랜드 외관은 마케팅에서 성공 사례 중 하나로 꼽는다. 사실 별 의미가 없는 코카-콜라 브랜드에서 외관은 브랜드 가치를 높이는 중요한 역할을 하고 있다. 코카-콜라는 원액의 주요 성분인 코카와 콜라가 합쳐져 있다. 재밌는 사실 하나는 콜라의 스펠링이 'Cola'가 아닌 'Kola'라는 것이다. 브랜드 네이밍을 했던 인물로 알려진 프랭크 로빈슨(Frank Robinson)은 콜라의 스펠링 앞 자 K를 C로 바꿔 썼는데, 이 결정은 훗날 신의 한 수가 되었다. 바로 C가 가진 느낌 때문이다. 음료수 이름에 K보다는 C가 보여주는 곡선의 모양새가 훨씬 부드러운 목넘김을 느끼게 해준다. 고의든 실수든 프랭크 로빈슨이 지어낸 이름, Coca-Cola는 오늘날 엄청난 가치를 지닌 브랜드가 되었다.

한편, K라는 글자는 시각적으로 예리한 느낌을 준다. 코닥은 이러한 K를 사용해 시각적 임팩트를 만드는데 성공했다. 앞에서 설명했던 것처럼, K는 정교함과 정확함을 느끼게 해준다. 사진과 관련된 제품은 실수를 용납할 수 없다. 만약 결혼식에서 필름이나 사진기로 인해 사진을 망쳤다고 상상해보자. 코닥은 브랜드를 통해 자기 제품에 대한 자신감을 보여주는데 성공했다.

페덱스는 대문자 E와 소문자 x 사이의 빈 공간을 오른쪽 방향 화살표 모양으로 부각시켜 빠른 배달 서비스를 직관적으로 표현했다. 사진 출처: 페덱스 홈페이지.

페덱스 로고도 흥미로운 외관을 가지고 있다. 페덱스는 대문자 E와 소문자 x 사이의 빈 공간을 오른쪽 방향의 화살표 모양으로 부각시켜 빠른 배달 서비스를 내세우는 기업 속성을 직관적으로 표현했다. 아울러 'Fed'와 'Ex'를 서로 다른 색으로 배치함으로써 시각적 효과도 높였다. 앞 단어는 기본적으로 보라색을 사용하고, 뒤 단어는 배달 업무에 따라 다른 색을 사용했다. 예를 들면, 항공기로 배달하는 페덱스 익스프레스는 주황색, 자동차로 배달하는 페덱스 그라운드는 녹색, 회사 전체를 나타내는 로고는 회색을 사용했다. 페덱스 로고는 잡지사 롤링 스톤(Rolling Stones)이 선정한 '과거 35년 내 최고의 로고 8개 중 하나'로 선정되는 등 40개 이상의 디자인상을 수상했다.

외관적인 측면에서 브랜드의 길이도 중요하다. 페덱스의 원래 브랜드명은 페더럴 익스프레스였다. 페덱스는 기존 브랜드가 속도를 지향하는 기업에 어울리지 않게 너무 길다고 생각했고, 1994년 길이와 발음에서 신속성이 느껴지는 현재 브랜드 명으로 변경했다. 하이트도 유사한 사례에 속한다. 1995년 조선맥주(현 하이트맥주)는 크라운맥주 대신 새로운 제품을 출시하면서 브랜드도 변경하였다. 원래는 'WHITE'로 네이밍을 하려고 했다. 하지만 동그란 병에 알파벳 다섯 자를 적는 것이 부담이 되었다. 결국 '하이트'로 순백의 청정이라는 의미는 살리면서, 영문 브랜드는 W를 삭제한 하이트(HITE)로 결정하였다.

음료나 주류 제품의 브랜드는 길이가 길면 병에 표기가 쉽지 않아서 브랜드 라벨을 기울이는 방법을 사용하기도 한다. 사진 출처: 디아지오코리아, 하이트맥주.

어쩔 수 없이 긴 브랜드를 그대로 사용해야 하는 경우, 기업이 나름대로 해결 방안을 마련하기도 한다. 조니워커(JOHNNIE WALKER)는 주류 제품으로서는 지나치게 긴 이름을 가지고 있다. 조니워커는 오랫동안 사용했던 창업자의 이름을 그대로 살리기 위해 사각 병의 브랜드 라벨을

21°도 기울이는 방법을 사용하고 있다. 하이트도 초기에는 브랜드가 눈에 잘 띄도록 글자를 크게 하는 대신 기울기 방법을 사용했다.

마지막 요인으로 음성을 들 수 있다. 코카-콜라와 펩시를 음성 측면에서 비교해보면, 펩시가 더 유리하다. 그 이유는 펩시라는 발음이 뚜껑을 열었을 때 콜라 탄산이 새는 소리처럼 제품과 묘하게 매치가 됨을 느낄 수 있기 때문이다. 그래서 코카-콜라가 Coke라는 애칭을 더 즐겨 사용하는 지도 모른다. 미국에서는 코카-콜라를 주문할 때 Coke로 주문하지 않으면 콜라 마시기가 쉽지 않을 정도로 Coke의 사용이 보편화되어 있다. 사실 코카-콜라의 브랜드 길이도 음료수 브랜드치고는 긴 편에 속한다. 발음과 길이를 보완한다는 측면에서 Coke라는 별칭의 사용은 마케팅 차원에서 좋은 선택이라고 할 수 있다. 하지만 Coke를 발음할 때 주의해야 한다. 만약 수탉이나 음경 등을 의미하는 Cock로 발음하면 웃음거리가 될 수 있기 때문이다.

오래 전 국내 자동차 업계에서 음성과 관련된 재밌는 에피소드가 하나 있었다. 바로 현대자동차와 대우자동차 간의 브랜드명 공방이었다. 1997년 출시된 대우자동차의 '누비라'는 세계를 누비라는 의미의 브랜드명처럼 전국 방방곡곡을 누비고 다닐 정도로 잘 나가던 시절이 있었다. 그러자 현대자동차 직원들 사이에서 누비라는 누벼진 차라고 빗대는 말들이 나오기 시작했다. 대우자동차 역시 가만히 있지 않았다. 당시 베스트셀러카였던 소나타를 소리 나는 대로 '소나 타는 차'로 풍자했고, 스페인어로 바람처럼 시원하게 달린다는 의미의 아반떼는 '아, 반대로 가는 차'로 풍자했다. 다행히 두 업체 간의 공방은 신사협정을 통해 해프닝으로 끝났다. 제품의 의미에만 너무 집중해서 브랜드 네이밍을 하다보면, 자칫 다른 요소에서 놀림거리가 될 수도 있다. 그래서 네이밍에는 모든 요소들을 다 고려해야 한다.

브랜드 자산과 관리

"내가 그의 이름을 불러주기 전에는 그는 다만 하나의 몸짓에 지나지 않았다. 내가 그의 이름을 불러주었을 때 그는 나에게로 와서 꽃이 되었다…" 김춘수 작가의 '꽃'이란 시의 일부다. 제품이나 서비스도 마찬가지다. 좋은 이름이라고 만들어 놓았지만, 사람들이 불러주지 않으면 가치가 생길 수 없다. 소비자들이 호감을 가지고 그의 이름을 불러주었을 때, 브랜드는 값진 가치를 지닌 자산이 된다.

브랜드 자산이란 제품이나 서비스가 브랜드를 가졌기 때문에 발생하는 긍정적 마케팅 효과와 이로 인한 경제적 가치를 말한다. 예를 들어, 코카-콜라처럼 브랜드 자산의 가치가 높게 형성되면 상표 충성도나 시장 점유율이 올라가면서 높은 수익까지 기대할 수 있다. 브랜드의 자산 가치는 이미 코카-콜라 사례를 통해 확인했다. 자산은 관리가 필요하다. 브랜드 자산은 브랜드 인지도와 브랜드 이미지가 합쳐져서 만들어진다. 따라서 인지도를 높이고 이미지를 강화하기 위한 관리가 필요하다.

브랜드 인지도

브랜드 인지도란 소비자가 한 제품범주에 속한 특정 브랜드를 인식하거나 회상할 수 있는 능력을 말한다. 브랜드 재인이라고도 불리는 인식은 브랜드 회상보다는 강도가 약하다. 인식은 소비자에게 한 제품범주 내의 여러 브랜드들을 제시하고 각 브랜드 명을 과거에 보거나 들어본 적이 있는지 조사를 통해 측정할 수 있다.

브랜드 회상은 브랜드 인식보다 강도가 강하다. 이것은 소비자의 기억 속에 저장된 특정 브랜드의 정보를 인출할 수 있는 능력을 말한다. 회상은 특정 제품범주 내에서 소비자가 생각해낼 수 있는 브랜드로 확인할 수 있다.

브랜드 이미지

브랜드 이미지란 소비자가 브랜드에 대해 갖는 전체적인 인상을 의미한다. 브랜드 이미지는 브랜드와 관련된 여러 연상들이 결합되어 형성된다. 좋은 이미지는 브랜드와 관련해서 호의적이고 강력하며 독특한 연상이 형성될 때 만들어진다. 호의적 연상은 꼭 고가이거나 고급스럽지 않아도 형성될 수 있다. 폭스바겐의 딱정벌레, 비틀(Beetle)이 좋은 예다. 폭스바겐은 제2차 세계대전 직후 비틀을 미국 시장에 진출시켰다. 당시 미국인들은 전쟁으로 인해 독일에 대한 반감이 큰데다, 전통적으로 크고 화려한 차를 좋아했다. 그런 미국 시장에서 'Think Small(작아서 좋다)'라는 광고 카피 하나로 미국인들의 호감을 사기 시작했다. 당시 광고를 제작했던 DDB는 광고 카피 아래 차가 작아서 좋은 점들을 깨알같이 열거했다. 비틀이 히틀러의 지시에 따라 만들어진 독일의 국민차였지만, 1970년대 후반 생산이 중단될 때까지 미국 최고의 베스트셀러카가 되어 있었다.

동화약품은 활명수의 국민 소화제 이미지를 부각시키기 위해 125년의 만찬이라는 캠페인을 전개하였다. 사진 출처: 동화약품 홈페이지.

강력한 브랜드 연상이란 특정 브랜드를 접했을 때 브랜드와 관련된 좋은 연상들이 즉각 떠오르는 것을 말한다. 예를 들면, 활명수는 국민 소화제라는 강력한 이미지를 떠올린다. 독특한 브랜드 연상이란 경쟁 브랜드와 차별화되는 것을 의미한다. 같은 고추장이라도 소비자들은 순창고추장이 품질이나 맛에서 차별화되어 있다고 믿는다.

브랜드 연상의 유형

브랜드 연상의 유형은 크게 제품 속성과 직접 관련된 연상과 그렇지 않은 연상으로 구분할 수 있다. 제품 속성과 관련해서, 먼저 제품범주에 대한 연상을 들 수 있다. 이것은 제품범주가 주어질 때 특정 브랜드가 즉각 떠오르는 연상이다. 예를 들면, 면도기는 질레트, 진통제는 타이레놀, 간장은 샘표 등을 들 수 있다. 두 번째는 제품 속성에 대한 연상이다. 이것은 자사 브랜드를 제품의 구체적 또는 추상적 속성과 연계시키는 경우다. 예를 들면, 컨디션은 숙취 해소처럼 구체적 속성이 연상되는 반면, 풀무원은 '자연주의'라는 추상적 속성이 연상된다.

컨디션은 숙취 해소처럼 제품의 구체적 속성을 연상시키고, 풀무원은 자연주의라는 추상적 속성을 연상시킨다. 사진 출처: HK이노엔 홈페이지, 롯데마트.

제품 속성과 관련이 없는 연상은 브랜드 아이덴티티(Identity)를 더욱 강하게 구축하는 데 효과가 있다. 먼저, 브랜드 개성을 들 수 있다. 이것은 브랜드에 라이프 스타일·연령·성격과 같은 인간의 특성을 주입하는 것을 말한다. 예를 들면, 현대자동차는 모델에 어울리는 인간적 특성을 광고 카피로 표현했다. 뉴그랜저XG 광고에서는 "품격으로 세상을 리드하는 당신이 그랜저입니다.", 뉴EF쏘나타 엘레강스 스페셜에서는 "세상 누구보다 더 그녀를 아끼겠습니다.", 뉴아반떼XD에서는 "그 눈빛만큼이나 심장도 뜨겁다.", 클릭에서는 "차가 젊어졌다.", 투싼 광고에서는 "움직이는 것 중 가장 섹시하다."는 카피를 사용했다.

현대자동차는 모델에 어울리는 인간적 특성을 광고 카피로 표현했다.
사진 출처: 현대자동차 광고.

브랜드의 인간적 개성이 중요한 이유는 브랜드와 소비자 간에 인간적 관계가 형성되면서, 소비자들이 브랜드에 대한 느낌을 더 쉽게 이해할 수 있기 때문이다. 콜라 구매자들이 코카-콜라는 전통적이고 신중한 캐릭터인 반면, 펩시는 독립성이 강한 젊은 세대의 캐릭터라고 생각하는 것도 마찬가지다. 소비자는 브랜드를 통해 자신의 개성이나 이미지를 표현하려고

하기 때문에 인간적 속성이 브랜드 자산 구축에 중요한 역할을 한다고 할 수 있다. 그래서 필립 코틀러도 마케팅 4.0에서 감성이나 지성 등 브랜드의 인간적 특성에 대한 중요성을 강조했다.

제품 속성과 관련 없는 두 번째 연상은 제품의 사용자에 대한 연상을 들 수 있다. 이것은 브랜드의 신뢰성과 연계된다. 나이키 농구화를 구매하는 소비자가 미국의 농구 스타 마이클 조던을 연상하면서 상품을 선택하는 것과 같다. 세 번째 연상은 사용 용도와 관련된 연상이다. 대표적인 사례로 게토레이는 구매자들에게 스포츠 음료로 각인되어 있고, 투유초콜렛이나 빼빼로는 선물 용도로 각인되어 있다.

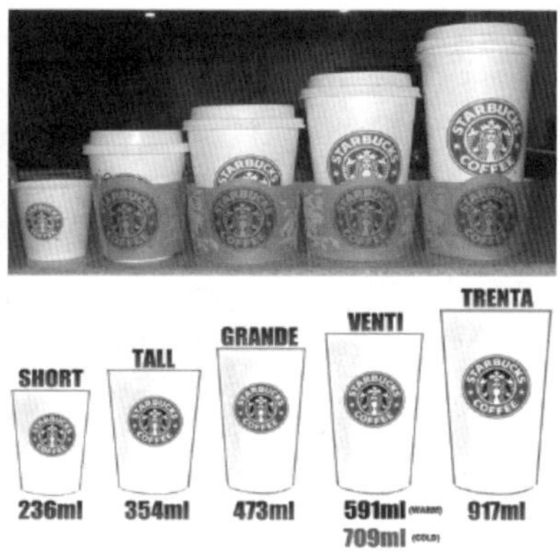

원산지와 관련된 연상은 브랜드 이미지를 구축하는 데에 중대한 영향을 미치기도 한다.
사진 출처: 디아지오 홈페이지, 한국 스타벅스 이용자모임 페이스북.

제품 속성과 관련 없는 세 번째 연상은 원산지와 관련된 연상이다. 예를 들면, 맥주는 독일, 보드카는 러시아라는 원산지 효과가 마케팅에도 그대로 적용된다. 대표적으로 미국의 유명 보드카인 스미노프(Smirnoff)도 원산지 효과 때문에 러시아어로 된 브랜드를 사용한다. 스타벅스는 음료 사이즈를 스몰이나 라지가 아니라 숏·톨·그란데·벤티·트렌타로 사용한다. 숏이나 톨을 제외한 나머지는 이탈리아어다. 미국인들에게도 낯선 용어를 사용하는 이유는 스타벅스가 미국식 패스트푸드가 아닌 이탈리아의 고급 에스프레소바의 스페셜커피라는 느낌을 주기 위한 마케팅 차원의 결정이라고 할 수 있다.

한편 기업과 관련된 연상, 예를 들어 기업 문화, 기업 구성원의 특성, 최고 경영자의 가치관 등을 기반으로 브랜드 아이덴티티를 구축하는 경우도 많다. 3M·유한양행·테슬라·스타벅스·애플 등 많은 브랜드들이 여기에 해당된다. 애플의 경우에는 기업 관련 연상으로 혁신과 창의적 기업 문화, 최신 유행, 스티브 잡스의 철학 등 다양한 연상들이 떠오른다. 강력한 브랜드들의 공통점은 다양한 긍정적 연상들을 가지고 있다는 점이다.

마케팅 교수인 제니 로마니우크(Jenni Romaniuk)와 바이런 샤프(Byron Sharp)는 강력한 브랜드일수록 많은 CEP(Category Entry Point)와 연결되어 있다고 주장했다. CEP는 소비자가 구매의 필요를 느껴서 구매 대상 상품을 압축시켜 나가는 이유나 상황을 의미한다.[21] 목이 말라 차가운 음료수가 생각날 때, 소비자가 콜라를 떠올린다면 콜라를 구매할 확률이 높아진다. 만약 더 많은 CEP로 콜라를 떠올린다면 콜라는 더 많이 팔릴 것이다. 그래서 코카-콜라는 '행복할 때', '친구와 함께 할 때' '운동할 때' 등 다양한 CEP를 만들어 간다.

차가운 음료가 생각날 때 콜라를 떠올리는 상황을 바이런 샤프(Byron Sharp)는 정신적 가용성(Mental Availability)이라고 했다. 정신적 가용성이란 구매할 때 브랜드가 머릿속에 떠오르기 쉬운 정도를 의미한다. 샤프 교수는 강력한 포지셔닝을 구축하는 것보다 제품을 구매하는 다양한 상황

21 Jenni Romaniuk & Byron Sharp (2015), *How Brands Grow: Part 2: Emerging Markets, Services, Durables, New and Luxury Brands*, Oxford University Press.

인 CEP 순간에 소비자가 브랜드를 떠올릴 수 있도록 정신적 가용성을 강력하게 구축하는 것이 더 필요하다고 주장했다. 이와 함께 물리적 가용성(Physical Availability)의 필요성도 언급했다. 물리적 가용성이란 소비자가 브랜드를 발견해 구매하기 쉬운 정도를 의미한다.[22] 코카-콜라는 탄산음료를 마시고 싶은 생각이 들 때 어디서든 즉시 구매할 수 있도록 자판기부터 백화점까지 모든 소매상에 진열되어 있다.

---

22 Byron Sharp (2010), *How Brands Grow: What Marketers Don't Know*, Oxford University Press.

여섯 번째 이야기

가격

코난 도일(Conan Doyle)의 추리소설 속 주인공, 셜록 홈즈는 사건의 의뢰인에 따라 보수를 다르게 책정한다. '보헤미안 왕국의 스캔들'에서는 스칸디나비아 공주와 결혼을 앞둔 오름슈타인 보헤미아 대공이 과거 연인이었던 오페라 가수, 아이린과 찍은 사진을 찾아주라고 의뢰하는데, 홈즈는 착수금으로만 1,000파운드를 받는다. '프라이어리 스쿨'에서는 납치된 아들 사건을 해결한 대가로 홀더니스 공작으로부터 6,000파운드를 받는다. 소설의 배경이 1901년 5월이고, 당시 은행원의 주급이 3파운드였다고 하니, 금액의 크기를 짐작할 수 있다.

홈즈는 왕족이나 귀족에게 거액의 보수를 요구하지만, 서민들에게는 무보수 아니면 소액만 받았다. '얼룩 띠의 비밀'에서 쌍둥이 언니 줄리아 스토너의 의문사를 밝혀 달라고 찾아온 희끗희끗한 머리의 30대 여인 헬렌 스토너에게 약간의 비용만 요구한다. 하숙집에서 거주했던 홈즈가 나중에 거액의 하숙비를 지급했을 정도로 넉넉한 생활을 했던 것을 보면, 사건의 보수, 즉 가격을 개인별로 차별화하는 것이 가장 좋은 가격 전략인 것 같다. 실제로, 기업이 고객 개인의 형편에 따라 가격을 차별화할 수 있다면 가장 효과적인 가격 전략이 될 것이다. 하지만 대부분의 경우 기업이 개인별로 가격을 다르게 책정하는 것은 쉬운 일이 아니다. 자칫, 고객의 불신만

키울 수 있다.

가격은 제품 또는 서비스의 사용에 대한 대가, 즉 상품과의 교환 비율을 의미한다. 따라서 고객 입장에서는 가격이 상품 가치에 대한 평가 기준이 되고, 기업 입장에서는 이익과 직결된다. 기업에게 가격은 이익을 증가시키는데 있어서 고정비와 같은 비용 인하보다 더 강력한 수단이다. 특히 가격 관리는 다른 마케팅 믹스 요소들과 달리 비용 발생이 없고, 즉각 대응 가능하며, 환율이나 경쟁과 같은 시장 환경의 변화에 따라 지속적 관리가 필요한 연속적 과정이라는 특징을 가지고 있다. 그만큼 가격은 기업이든 고객이든 전략적으로 중요하다.

가격 전략은 주로 가격의 책정·조정·변경과 관련된 의사결정을 하는 것이다. 가격 책정은 기업이 시장 진입 시 제품이나 서비스의 최초 가격을 결정하는 것을 의미한다. 가격 조정은 지역·시간·고객 등에 따라 가격을 수정하는 것으로, 해도 되고 안 해도 되는 임의적 성격을 띤다. 반면 가격 변경이란 환율 변화나 경쟁자의 가격 변경 등으로 인해 기업이 기존 가격을 불가피하게 수정하는 것으로, 변경할 수밖에 없는 의무적 성격을 띤다.

가격 책정

기업이 제품이나 서비스의 최초 가격을 책정할 때 고려해야 할 주요 요인은 수요·비용·경쟁이다. 이 외에도 유통업체나 정부 규제도 가격 결정에 영향을 미친다. 이들 가운데 수요는 가격의 상한선을 결정하는 기준이 된다. 수요가 많으면 많을수록 가격을 올릴 수 있기 때문이다.

수요와 관련해서, 수요의 가격탄력성(Price Elasticity of Demand)에 대한 이해가 필요하다. 가격에 따라 수요가 영향을 받기 때문이다. 만약 가격탄력성의 절대값이 1보다 커서 탄력적이라면 가격이 조금만 떨어져도 수요가 크게 늘고, 반대로 가격이 조금만 올라도 상품 수요가 크게 줄어든다. 탄력성이 크다는 것은 그만큼 가격에 민감하다는 의미로, 자동차로 비유하면 경차가 여기에 해당된다. 기업들은 전략적으로 시장침투가격(Market Penetration Pricing)을 활용하기도 한다. 이 전략은 기업이 신제품 도입 초기에 낮은 가격으로 시장에 신속히 침투한 후, 인지도가 높아지고 수요가 늘기 시작하면 가격을 높게 설정하는 가격 전략이다.

경차보다 탄력성이 떨어지는 고급 대형차의 경우, 보통은 구매자들이 부유한 편이라고 할 수 있다. 물론 할인받는 것을 싫어할 사람은 없겠지만, 조금 싸다고 특별히 수요가 늘어나는 것도 아니다. 오히려 가격이 상승할수록 상품 수요가 증가하는 경우도 있다. 이것을 베블런 효과(Veblen Effect)라고 한다. 경제학에서는 수요와 가격이 반비례한다고 설명하지만, 미국의 경제학자 소스타인 베블런(Thorstein Veblen)은 1899년 발간된 '유한계급론'에서 가격이 오르는 상품에 대해 높은 수요가 발생할 수도 있다는 주장을 했다. 주로 명품과 같은 고가 상품이 여기에 해당된다.

산업 현장에서는 가격에 민감한 고객과 그렇지 않은 고객의 수요를 모두 고려해 저가와 고가 전략이 상호 보완적으로 동시에 추진되는 경우가 있다.[23] 예를 들면 나이키는 수백만 원에서 수천만 원까지 거래되는 에어조던4 시리즈와 몇 만 원짜리 보급용 런닝화 에어맥스를 동시에

[23] Grant, R. M. (2018), *Contemporary Strategy Analysis(10th)*, WILEY, p.184.

판매한다. 기아자동차는 K9과 같은 고가의 고급 승용차와 모닝 등 저가 승용차를 동시에 생산하고 판매한다. 중저가 캐주얼과 명품 브랜드 모두 취급하는 아르마니와 같은 패션의류에서 고급 사천요리와 짜장면을 동시에 판매하는 중국음식점까지 현실에서는 두 전략이 동시에 추진되는 경우들이 의외로 많다.

비용과 같은 원가는 가격 하한선의 기준이 된다. 기업은 생존과 성장을 위한 최저 가격을 원가를 근거로 결정한다. 그래서 가격 결정의 가장 기본적인 방법은 원가 중심적 가격결정이다. 이 방식은 제품의 생산과 판매에 소요되는 원가를 충당하고 목표이익을 실현할 수 있는 수준에서 가격을 결정하는 방식이다.

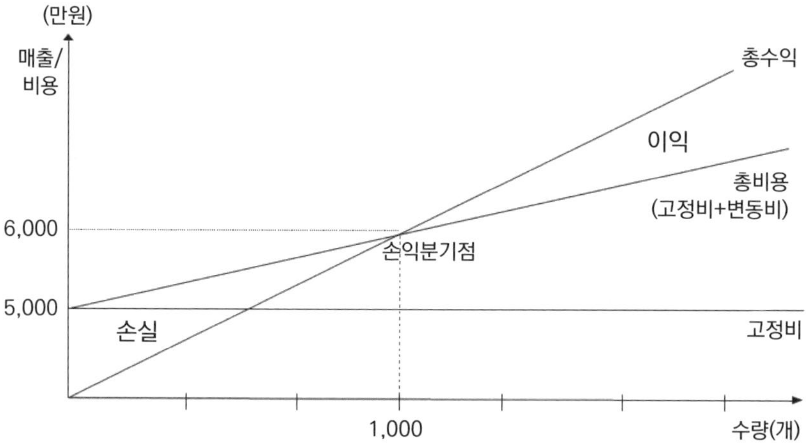

손익분기점은 주어진 가격 하에서 총수익과 총비용이 같아지는 매출 수량을 산출하거나, 기대 매출량 또는 생산량을 근거로 가격을 결정하는 데에 도움을 준다.

비용과 관련한 가격 책정에서는 손익분기점(Break-Even Point)에 대한 이해가 필요하다. 손익분기점은 주어진 가격 하에서 총수익(가격×매출수량)이 총비용(고정비+변동비)과 같아지는 매출 수량을 산출하거나, 아니면 기대 매출량 또는 생산량을 근거로 가격을 결정하는 데에 도움을 준다. 예를 들어, 생산 장비 구입으로 고정비 5,000만 원을 투자했고, 단위 당 생산비가 1만원이 드는 상황에서, 목표 기간 동안 생산량이 1,000개라면, 비용을 회수하고 이익을 실현하는 손익분기점에 도달하기 위해 단위당 가격을 6만원으로 책정해야 한다.

경쟁은 적정 가격 결정에 영향을 미친다. 기업이 가격을 논리적으로 책정했다 하더라도, 결국 경쟁기업의 가격을 따라가지 않을 수 없다. 사실 시장에서 치열한 경쟁을 벌이고 있는 상황에서 개별 회사의 가격 결정은 시장 가격 결정에 큰 영향을 못 미친다. 대부분은 경쟁 기업들에 의해 형성된 시장 가격을 수용하게 된다.

유통경로 역시 가격 결정에 영향을 미친다. 유통경로 구성원들의 매출 확대와 적정 이윤 확보를 위한 노력이 제조업자의 가격 결정에 영향을 주기 때문이다. 만약 기업이 가격을 통해 충분한 이윤을 확보해주지 않는다면 유통업체는 재고 반품, 저수익 제품에 대한 납품 거절, 진열에서의 불이익을 통해 제조업자에게 가격 압박을 행사할 것이다.

정부의 규제는 법적 효과가 있기 때문에 다른 요소들과 무관하게 가격 결정에 영향을 준다. 예를 들면, 공공생활 안정이라는 정부의 목표에 의한 생필품 가격 인하나 비사회적 제품의 수요 억제를 위한 최저 가격 설정 등을 들 수 있다.

가격 목표

기업이 가격을 결정할 때 고가 이니면 저가와 같은 가격 방향은 기본적으로 가격 목표에 따라 결정된다. 가격 목표는 크게 매출 증가, 이윤 증가, 현상 유지 등 세 가지로 구분할 수 있다. 첫째, 매출 중심적 가격 목표는 매출액 증가나 시장점유율 확대와 같은 매출 중심적 목표를 추구하는 경우이다. 기업은 제품 단위당 마진을 낮추고 판매량을 늘림으로써 총이익을 증가시킬 수 있다. 보통은 시장침투가격이 여기에 해당된다. 맥도날드는 프리미엄 커피 시장에 진출하면서, 시장점유율이 낮은 후발주자로서의 위치를 유리하게 활용하기 위해 저가 전략을 추진하였다. 선발주자인 스타벅스가 가격을 내린다면 거의 50%나 내려야 하는데, 이익 감소뿐만 아니라 기존에 구축한 고급 브랜드 이미지가 훼손될 수 있기 때문에 기존 가격을 유지할 수밖에 없었다. 따라서 맥도날드의 맥카페는 시장 진입 초기 저가 전략으로 경쟁이 치열한 커피 시장에 비교적 쉽게 진입할 수 있었다.

둘째, 이윤 중심적 가격 목표는 이윤 극대화를 기업 목표로 설정하는 경우이다. 제품의 품질이 우수하거나 독특할 때, 사회적 지위 등을 중시하는 소비자들을 표적으로 고가격 전략을 추구할 때 적합하다. 이런 전략은 주로 초기고가전략(Skimming Pricing) 등에서 발견된다.

맥카페는 커피 시장에 진입하면서 저가 전략을 선택했고, 오데마피게는 로얄오크2의 가격을 초고가로 결정했다. 사진 출처: 맥카페 페이스북, 머니투데이(2007.11.28).

럭셔리 스포츠 시계의 대명사인 오데마피게(Audemars Piguet)가 2006년 로얄오크2 모델을 출시하면서 2,000만 원이 넘는 고가 전략을 선택했다. 수천만 원을 호가하는 가격에도 불구하고 오데마피게의 럭셔리 스포츠 시계 시장점유율이 70%나 되는 것으로 알려져 있다.

마지막으로, 현상 유지 가격 목표는 기업이 현재 시장에서 좋은 위치를 차지하고 있고, 더 이상 변화를 원하지 않을 때 가격 수준을 현행대로 유지하는 경우를 말한다. 다시 말해, 현재의 시장점유율을 유지하면서 경쟁 제품과의 가격 균형을 유지하는 것을 목표를 하는 가격 결정이다.

PWYW

가격 결정은 거의 모두 기업 중심으로 이루어지지만, 가격 책정을 소비자에게 맡기는 경우도 있다. 인터넷 보급과 디지털 기술의 발달로 소비자의 마케팅 활동에 대한 참여도가 높아지고 관련 정보 습득이 용이해지면서, 소비자들이 제품 평가를 근거로 스스로 가격을 책정하는 것이 가능해지고 있기 때문이다. 고객이 원하는 만큼 돈을 내게 하는 가격 전략을 PWYW(Pay What You Want) 또는 PAYW(Pay As You Wise)라고 한다.

2007년 9월 영국의 록밴드인 라디오헤드(Radiohead)는 자신의 7집 앨범을 팬들이 원하는 가격에 다운받도록 하는 판매 방식으로 팬들을 놀라게 했다. 약 180만 명 이상이 앨범을 다운받았는데, 예상대로 62%는 대가를 지급하지 않았다. 유료 구입자의 평균 지급 가격이 2.26달러였지만, 워낙 많은 수가 구입했고 중간 유통을 거치지 않았기 때문에 수익률이 가장 높았던 앨범으로 기록되었다. 무엇보다 180만 명이나 되는 많은 팬들의 확보와 바이럴 마케팅(Viral Marketing)까지 유발하는 긍정 효과를 얻게 되었다.[24] 자발적 지급과 같은 파격적인 가격 전략도 상황이나 상품에 따라 성공할 수 있음을 증명한 셈이다. 국내에서는 현대백화점 천호점이 2017년 1월 '신성통상 패밀리 세일'을 진행하면서 백화점 업계 최초로 PWYW를 추진하기도 했다. 수익금을 기부하는 이벤트 차원에서 진행되었기 때문에 홍보 효과가 컸던 것으로 평가되었다.

가격 조정

기업이 다양한 요인들을 고려해 가격을 책정했다고 하더라도, 시장에서 실행되는 최종 가격은 고객이나 시간 등에 따라 수정되는 경우가 대부분이다. 가격 조정은 크게 심리적 조정, 지리적 조정, 판매촉진 조정으로 구분할 수 있다.

심리적 조정은 소비자의 지각을 반영한 심리적 가격의 책정으로, 소비자의 심적 부담을 덜어주는 효과가 크다. 예를 들면, 1만 원을 9,990원으로 표기하는 것처럼 홀수로 표기하는 단수가격(Odd Pricing)을 들 수 있다. 실제 가격 차이가 단 10원이나 100원밖에 나지 않아도, 소비자들이 심리적으로 느끼는 가격 단위의 차이, 즉 만 원대가 아닌 천 원대로 인식함으로써 판매량이 증가하는 효과를 볼 수 있다. 반대로, 명성가격(Prestige Pricing)은 최고급 상품이라는 이미지를 구축하기 위해 시장에서 가장 높은 가격으로 조정하는 것을 말한다. 이러한 가격 조정은 가격이 비싸면 품질이 좋고 자신의 권위가 올라갈 것이라고 믿는 소비자 심리를 이용한 것이다.

---

24 https://medium.com/@nidhi.titus/radiohead-adopting-pay-what-you-want-pricing-fdee508 7172a

단수가격은 가격에 대한 소비자의 심리적 부담을 줄임으로써 판매량이 증가하는 효과가 있다.
사진 출처: 헤럴드경제(2012.7.16).

지리적 조정은 지역별 상황을 고려해 가격을 조정하는 것을 의미한다. 경제 상황에 따라 지역별로 가격 차이를 두거나 운송비의 차이를 반영해 가격을 다르게 할 수도 있다. 예를 들면, 국내에서도 제주도에서 상품을 구입하는 경우 운송비 등의 부담을 소비자에게 전가해 가격을 올리는 경우를 들 수 있다. 지리적 조정은 다양한 환경의 국가들을 대상으로 하는 글로벌 마케팅에서 특히 중요하다고 할 수 있다.

판매촉진 조정은 기업이 매출을 증가시키기 위해 상황에 따라 소비자나 중간상에게 현금할인·수량할인·계절할인과 같이 할인 또는 공제를 해주는 것을 말한다. 공제(Allowances)란 소비자가 기존 제품을 신형 제품과 교환할 때 기존 제품 가격을 적절하게 책정하여 신제품의 가격에서 빼주는 것을 말한다.

판매촉진 효과를 높이기 위해 기업은 고객별로 가격을 차별화를 하는 가격 조정을 활용하기도 한다. 하얏트호텔은 호텔 투숙객의 식사비는 정상 가격대로 받고 가격에 민감한 지역 주민에게는 식사비를 할인해주는 가격차별을 통해 음식 재고를 줄이는 동시에 매출도 올리는 효과를 볼 수 있었다. 가격차별이란 기업이 동일한 상품의 가격을 상이한 고객 또는 세분시장별로 상이하게 조정하는 것으로, 마케팅에서는 매출을 올리기 위한 주요 수단으로 활용된다.

가격차별

영국의 경제학자 아서 피구(Arthur Pigou)는 가격차별을 1급부터 3급까지 구분했다. 1급 가격차별은 기업이 수요자의 소비 패턴을 완벽히 파악하고 있어, 상품을 한 단위씩 나누어 개인별로 다른 가격을 부과하는 가격책정 방식이다. 셜록 홈즈가 의뢰인의 형편에 따라 보수를 각각 다르게 요구했던 것과 같다. 기업이 수요자의 소비 패턴을 완벽하게 파악하는 것이 쉽지 않아 개인별 가격차별이 불가능할 것 같지만, 반드시 그런 것만도 아니다. 인도의 베스킨라빈스 매장에서는 아이스크림을 맛에 따라 각각 상이한 가격으로 판매한다. 판매 경험을 통해 아이스크림 맛에 대한 선호도 등 소비 패턴을 정확히 파악했기 때문에 개인을 맛으로 구분한 후 가격차별을 할 수 있는 것이다.

디지털 기술의 발달로 개인별 가격차별이 가변적 가격이라는 형태로도 등장했다. 가변적 가격이란 기업이 정가를 설정하지 않고 소비자의 빅데이터를 활용해 가격을 유동성 있게 조정하는 방식이다. 예를 들면, 인터넷 예매 사이트에서 항공권을 구매하는 경우, 표를 저렴하게 사려는 소비자와 비싼 가격으로 자리를 채워 이윤을 더 확보하려는 기업 간의 거래에서 개인별 가격차별이 발생하게 된다. 비행기 예매 사이트는 쿠키를 써서 이용자의 검색 기록을 수집하고, 그 기록을 토대로 이용자가 원하는 항공권을 파악한다. 예매 시스템은 이용자가 항공권을 검색할 때마다 가격이 자동으로 올라가도록 되어 있다. 항공권이 다 판매되지 않으면, 항공사 입장에서는 빈 좌석을 다음에 다시 판매할 수 없기 때문에 출발 전 소위 '땡처리'라도 해서 판매를 하고자 한다. 그래서 "비행기 좌석이 100개면 100개의 가격이 존재한다."는 말도 있다.

2급 가격차별은 구입량 또는 소비량을 기준으로 단위당 가격을 서로 다르게 책정하는 것이다. 예를 들면, 전기요금이나 통신비처럼 사용량이 많아질수록 점점 높거나 낮은 요금을 부과하는 방식이다.

3급 가격차별은 가격탄력성에 따라 고객 집단별로 가격을 차별화하는 것을 의미한다. 일반적으로 수요의 가격탄력성에 따라 소비자를 분류한 후, 가격 변화에 비탄력적인 세분 시장에 대해서는 고가격을 책정하고, 탄력적인 시장에 대해서는 저가격을 제시하는 방식이다. 같은 영화관에서도 일반 요금과 달리, 청소년이나 조조는 할인 요금이 적용된다. 또 좌석 위치별로 가격을 다르게 조정하는 것도 수요의 가격탄력성이 적용된 사례라고 볼 수 있다.

가격 변경

가격 변경은 조정과 달리 강제적 성격이 강하다. 갑자기 원자재 가격이 인상하거나 환율이 변하는 경우 가격 변경으로 인해 최종 가격이 달라질 수 있다. 가격 인하는 경쟁이 심화되는 경우에 발생하고, 인상은 환율이나 원자재 가격 인상 등의 영향을 받는다. 예를 들어, 환율이 1달러 1,000원에서 1,500원으로 인상되었다면, 수입 원료를 사용해서 제품을 생산하는 기업은 가격을 50% 인상하지 않으면 손해를 볼 수밖에 없다. 원가가 상승해도 마찬가지다.

앞에서 가격 전략은 추진비용이 발생하지 않고 즉각 대응이 가능하다고 설명했지만, 실제로 가격 인상 요인의 발생에도 불구하고 가격을 즉각 인상하는 것은 쉽지 않다. 특히 가격이 인상되면 소비자들이 강하게 가격 저항을 하는 관습가격 상품들의 경우는 더욱 그렇다. 관습가격(Customary Price)이란 어떤 상품이 동일한 가격으로 장기간 판매되면서 소비자의 관념에 고정되어 있는 가격을 말한다. 대체로 스낵이나 라면과 같은 상품들이 여기에 해당된다.

가격이 올라가면 소비자의 가격 저항으로 인해 매출이 감소되기 때문에 기업들이 가격 인상보다는 용량을 줄이는 슈링크플레이션을 선택하기도 한다.

사진 출처: 동아일보(2022.11.08).

1971년 국내 최초 스낵과자로 출시되었던 새우깡은 관습가격이 적용되는 대표적인 상품이라고 할 수 있다. 국민스낵으로 소비층이 두터워서 가격 저항이 심한 편인 새우깡은 출시가격 50원에서 300원까지 올라가는데 20년이나 걸렸다. 국민간식이었던 100원짜리 초코파이 역시 동양제과가 1996년 150원으로 가격을 인상할 때까지 20년 동안 100원 가격을 유지했었다. 200원이던 새우깡 가격이 1990년 300원으로 인상될 때, 원가 상승으로 가슴앓이를 하고 있던 양파링이나 감자깡도 함께 가격을 올렸다.

그만큼 가격 인상이 어렵다는 의미다.

이처럼 관습가격보다 상품의 가격이 높아지게 되면 소비자의 가격 저항으로 인해 매출이 감소되기 때문에 기업들이 가격 인상보다는 용량을 줄이는 슈링크플레이션(Shrinkflation)을 선택하기도 한다. 2022년 원자재 가격 급등으로 많은 품목들의 가격 인상이 추진되는 가운데, 가격 저항을 피하기 위해 오리온은 핫브레이크 가격을 1,000원으로 유지하는 대신 용량을 50g에서 45g으로 줄였다. 농심도 오징어칩 가격 1,700원을 유지하는 대신 용량을 5g 줄이는 슈링크플레이션을 선택했다. 물론 이러 전략은 코카-콜라도 예외가 아니다. 전통적으로 355ml 캔을 판매해 왔던 코카-콜라도 250ml를 함께 판매하는 가격 차등으로 소비자의 가격 저항을 줄이고자 하였다.

최종 가격 결정

전통적인 가격 전략에도 불구하고, 기업이 최종 가격을 결정할 때는 고객이 체감하는 가격 수준을 가능한 낮춰서 수요를 유도할 수 있도록 다양한 방식을 활용한다. 대표적으로 이부제 가격, 부가 제품 가격, 종속 제품 가격, 번들 제품 가격, 분할 판매 가격, 가격 계열화 등을 들 수 있다.

이부제 가격(Two-Part Price)은 상품의 가격을 기본 가격과 사용 가격으로 구분해 책정한 가격을 의미한다. 놀이공원의 경우 입장료 부담을 줄여 고객의 방문을 유인한 후 고가의 상품은 이용료를 별도로 지급하도록 하는 곳이 많다. 월트 디스니의 전 CEO 마이클 아이스너(Michael Eisner)는 디즈니월드 방문객들의 휴가비 사용을 늘리기 위해 입장료는 서서히 단계적으로 인상하되, 별도로 비용을 지급해야 하는 호텔과 레스토랑 등의 부대시설을 확장하고 휴가 관련 상품이나 서비스를 확충하였다. 그 결과, 디즈니월드는 테마파크 방문객들로부터 입장료 수입과 함께 부대시설 이용에 따른 부가적 매출을 창출하는 데 성공하였다. 유니버살 스튜디오도 입장료만으로 다양한 공원을 체험할 수 있지만, 새로운 체험관이나 부대시설은 별도 비용을 지급해야 한다.

이부제 가격과 유사한 부가 제품 가격(Optional-Product Pricing)이 있다. 이것은 주력 제품과 함께 판매되는 각종 부가사양에 부과하는 가격을 의미하기 때문에 사양 제품 가격이라고도 불린다. 대표적인 예로 자동차의 액세서리나 옵션을 들 수 있다. 국내에서는 자동차의 기본 가격만 제시하고 옵션이나 액세서리를 추가적으로 구매하는 경우가 많다. 하지만 미국이나 일본에서는 노옵션보다 풀옵션으로 자동차를 판매하는 딜러들이 많다. 풀옵션은 소비자들의 손실 회피성(Loss Aversion)이라는 심리적 특성을 이용해 부가 또는 사양 제품에 대한 매출을 올리는 가격 전략이다.

소비자의 심리를 이용한 가격 전략에는 프레이밍 효과(Framing Effect)나 앵커링 효과(Anchoring Effect) 등 행동경제학 기법을 활용해 수요를 유인하는 경우가 많다. 앞에서 설명한 자동차도 같은 가격일지라도 풀옵션에서 할인을 받는 것이 노옵션에서 비용을 추가해 옵션을 구매하는 것보다 상대적으로 싸게 느껴진다. 이러한 프레이밍 효과로 인해 풀옵션 자동차가 더 많이 판매되면서 결국 옵션 판매도 증가하게 된다.

앵커링 효과는 준거 의존성(Reference Dependency)과 관련 있다. 이것은 고객이 새로운 상품의 가치를 평가하기 어려울 때 업체가 제시한 가격 정보에 의존하게 되는 것을 의미한다. 기업은 준거가격을 대부분 높게 책정한다. 그러면 할인가격이 큰 효과를 보게 될 뿐만 아니라 상대적으로 저렴한 다른 상품이나 서비스의 판매도 늘게 된다. 소비자들은 대체로 가격에 민감하기 때문에 준거가격보다 저렴한 부가 제품은 크게 고민하지 않고 구매한다. 가령 수백만 원짜리 컴퓨터를 구매할 때 마우스나 키보드를 가격 신경 쓰지 않고 구매하는 것과 같다.

배우 김영철이 모델로 등장한 버거킹의 '4딸라' 가격은 고객 심리를 가장 잘 활용한 성공작으로 꼽힌다. 지금은 프랜차이즈 햄버거의 단품 가격이 1만원을 넘어섰지만, 한 때 햄버거는 3,900원으로 여겨지던 시절이 있었다. 버거킹의 4딸라는 4,900원을 의미하며, 기존 가격에 1,000만 더 부담하면 패티 두 장에 세트로 구입할 수 있으니 고객 입장에서는 큰 부담이 없다. 4,900원은 5,000원보다 100원 차이밖에 나지 않지만 단위가 낮아지는 단수가격 효과가 있고, 이마저도 부담을 낮추기 위해 고객에게 4라는 숫자만 강조함으로써 나머지 900원을 흐리게 하는 효과까지 얻었다. 이외에도 4,900원이 준거가격 역할을 하면서 상대적으로 저렴하게 느껴지는 1~2,000원대의 사이드 메뉴까지 추가 매출을 올리는 효과를 볼 수 있었다.

버거킹의 4딸라 가격은 고객 심리를 가장 잘 활용한 성공작으로 꼽힌다.
사진 출처: 버거킹 홈페이지.

한편, 부가 제품 가격과 유사한 종속 제품 가격(Captive-Product Pricing)도 있다. 종속 제품이란 면도기 날이나 프린터 토너처럼 부속품이 결합되어야만 본체가 제 기능을 할 수 있는 제품을 말한다. 기업은 본체 가격을 낮게 책정해 소비자의 구매를 유도한 후, 상대적으로 저렴한 부속품의 가격을 높게 책정해서 이윤을 창출할 수 있다. 폴라로이드 카메라는 본체 가격이 크게 비싸지 않기 때문에 소비자들이 카메라를 비교적 쉽게 구입할 수 있다. 하지만 이 카메라에 사용되는 필름은 종속적이기 때문에 기업이 필름 가격을 높여서 이윤을 남길 수 있다. 종속 제품 가격이 가진 장점 때문에 의외로 많은 제품들이 이 가격전략을 취한다. 대표적으로 캡슐커피머신과 진공청소기 등을 들 수 있다.

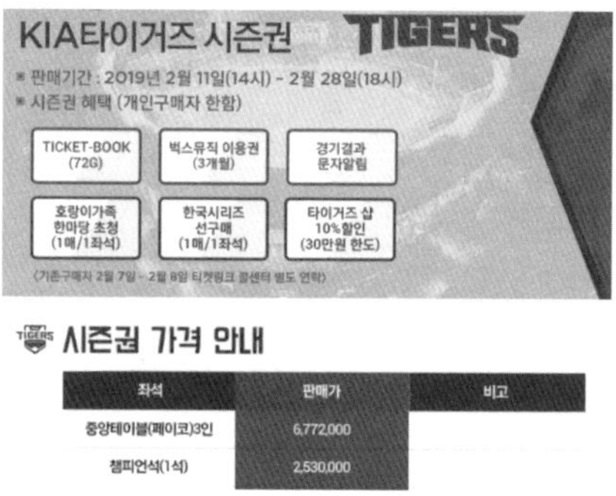

기아타이거즈의 번들 제품 가격과 롯데렌터카의 분할 판매 가격 사례.
사진 출처: 기아타이거즈, 롯데렌터카 홈페이지.

번들 제품 가격은 기본 제품, 선택사양, 서비스 등을 묶어서 하나의 가격을 제시하는 일시불 가격을 말한다. 번들 제품 가격은 구매 고객 입장에서 할인 혜택 외에 구매의 번거로움을 피할 수 있다는 장점이 있다. 판매업체 입장에서는 일정액의 판매 보장과 함께 고객 충성도를 높일 수 있다는 장점이 있기 때문에 의외로 많은 업체들이 활용하고 있다. 예를 들면, 잡지나 신문은 정기구독을 하게 되면 자전거 등의 사은품 제공과 함께 가격 할인을 해준다. 영화관의 콤보도 티켓·팝콘·음료수를 묶어 할인 가격으로 판매한다. 프로야구의 1년 시즌권이나 게임권도 티켓 할인과 함께 이벤트 참여 등 다양한 혜택을 제공한다.

분할 판매 가격은 기업이 소비자의 가격 부담을 줄이기 위해 대여 후 구매(Rent and Buy) 방식으로 판매하는 제품에 적용하는 가격이다. 롯데렌터카는 자동차에, 웅진은 정수기와 비데 등에 이 방식을 적용하였다. 소비자는 가격 부담 없이 매월 일정액의 렌트비를 지급하고 약정 기간이 지나면 소유권을 가지게 된다. 업체는 상품 판매뿐만 아니라 방문 정비나 필터 교체 등의 유지관리를 통해 부가적인 매출을 올릴 수도 있다.

기업이 상품을 차별화해서 가격을 계열화하는 전략도 있다. 가격 계열화란 기업이 하나의 상품에 단일 가격을 설정하는 것이 아니라 품질이나 디자인 등의 차이에 따라 상이한 가격대를 설정한 후, 그 가격대 내에서 개별 상품에 대한 구체적 가격을 결정하는 방식이다. 대표적인 예로, 조르지오 아르마니는 수요를 확장하기 위해 고가 브랜드 외에도 중가인 엠포리오 아르마니와 저가의 아르마니 익스체인지를 함께 취급하는 전략으로 고객의 폭을 넓히고 있다.

일곱 번째 이야기

유통

"광고는 멀고 유통은 가깝다."라는 문장 하나로 마케팅에서 차지하는 유통의 중요성을 표현할 수 있다. 기업들은 광고에 많은 비용을 투자한다. 만약 소비자가 확고한 구매의사 없이 쇼핑을 하다가 특정 브랜드를 구입했다면 광고의 영향력 때문일까, 아니면 충동적 구매일까. 둘 다 답이 될 수 있다. 하지만 광고는 고객이 그 내용을 기억 속에서 끄집어내는 회상 과정이 필요하기 때문에 시간이 걸린다. 그만큼 소비자로부터 멀리 있다는 의미다.

루이비통 등 명품 매장들은 고객을 유혹할 수 있는 고급스럽고 세련된 매장 꾸미기와 상품 진열에 공을 들인다. 사진 출처: 구글 이미지.

그러나 매장 내에 잘 진열된 상품은 한 눈에 들어오기 때문에 고객이 상품을 인지하는 데에 시간이 걸리지 않는다. 최근 상품의 품질이 평준화되면서 브랜드에 대한 고객 충성도가 점점 약해지는 양상을 보이고 있다. 브랜드에 대한 충성도 대신 매장에서 상품에 대한 유혹을 이기지 못하고 충동 구매하는 고객들이 많아지고 있는 이유이기도 하다. 이러한 패스트 소비 트렌드는 특히 고가의 명품 매장에서 자주 나타난다. 그래서 명품 매장들은 고객을 유혹할 수 있는 고급스럽고 세련된 매장 꾸미기와 상품 진열에 공을 들인다.

사실 유명 연예인을 모델로 등장시킨 광고 등의 촉진 활동은 눈에 바로 보이는 효과 없이 많은 비용이 소요된다. 하지만 매장은 큰 비용 들이지 않고 눈에 보이는 성과를 바로 낼 수 있다. 여기에서 성과란 유통경로를 통해 소비자가 상품을 구매하기 위해 부담하는 비용을 줄이고 고객 가치를 높여 판매로 이어지게 하는 것을 의미한다. 앞에서도 설명했지만, 가치는 혜택을 높이는 것보다 비용을 줄였을 때 효과가 더 크다. 기능적 측면에서 기술과 품질의 평준화로 고객이 상품으로부터 받는 혜택이 동일하다면, 고객의 경제적 비용뿐만 아니라 시간적 비용과 신체적 비용을 줄여 고객 가치를 높일 수 있는 효율적인 유통전략을 추진하는 것이 바로 기업의 경쟁력이 된다.

유통과 물류

마케팅에서 유통(Distribution)이란, 말 그대로 상적 유통(Marketing Distribution)을 말한다. 상적 유통은 상품의 소유권을 생산자로부터 소비자에게 이전하는 마케팅 활동을 의미한다. 그래서 유통은 상품의 물리적 이동을 의미하는 물류와 다르다. 예를 들면, 월마트는 상품을 판매하는 유통업체고 페덱스는 상품을 배송하는 물류업체다. 두 업체가 하는 일이 서로 다르다. 마케팅에서는 월마트가 하는 유통이 주 관심사다.

그러나 유통업체가 좋은 상품을 소비자에게 저렴하게 이전하기 위해서는 물류가 도와주지 않으면 안 된다. 그 이유는 유통 과정에서 완제품의 물리적 이동과 관련된 다양한 활동, 예를 들면 수송이나 재고 등이 재화의 가치를 높이고 비용을 절감시키는 데에 중요한 역할을 담당하기 때문이다. 또 유통업체는 수집·저장·분배와 같은 물류 기능을 기본적으로 수행한다. 그래서 넓은 의미의 유통에는 물적 유통(Physical Distribution)이 포함된다. 물류의 개념도 완제품의 이동에서 원자재 공급까지 범위가 확대되면서 로지스틱스의 개념과 같은 의미로 사용된다. 지금은 이 개념도 제조업체·공급업체·유통업체·최종고객으로 연결되는 공급체인으로 확대되었다. 따라서 마케터는 유통경로 관리자 이상의 공급체인 관리자가 될 필요가 있다. 여기에서 잠깐 공급체인에 대해서 살펴보기로 한다.

공급체인(Supply Chain)

공급체인은 공급사슬 또는 공급망과 같은 용어로, 제품이 생산자로부터 최종 사용자에게 전달되는 일련의 과정을 의미한다. 공급체인 관리는 기본적으로 공급망 계획, 물류 관리, 제조, 제품수명주기 관리, 기업자산 관리 등으로 구성되어 있다. 공급망 계획에는 수요 예측, 공급 계획, 자재소요량 계획, 생산 및 판매 계획 등이 포함된다. 물류 관리에는 인바운드와 아웃바운드 운송 관리, 차량군 관리, 창고와 재고 관리, 고객 서비스 등이 포함된다. 제조 기술은 품질과 지속 가능성, 생산 프로세스의 합리화에 중점을 둔다. 제품수명주기 관리는 상품의 아이디어로부터 폐기까지의 전 과정에서 제품을 관리하는 프로세스를 말한다. 기업자산 관리는 공장

로봇에서 배송 차량까지 공급망 전반의 실물 자산을 유지·보수하는 프로세스를 의미한다.

기업은 비용 절감을 위해 공급체인을 전 세계적으로 구축하기도 한다. 상품이나 서비스의 가격은 가능한 저렴하게 책정하는 것이 기업에게 유리하다. 같은 상품이라면 더 싼 것이 경쟁우위를 가지기 때문이다. 가격을 인하시킬 수 있는 방법은 비용을 낮추는 방법 외에는 없다. 운송과 통신 기술의 발달로 글로벌화가 용이해지면서 기업들은 조금이라도 비용을 줄이기 위한 방법으로 글로벌 공급체인을 구축한다. 대표적인 예로 애플의 아이폰을 들 수 있다. 애플은 아이폰의 디자인과 애플리케이션 프로세서 개발을 미국에서 진행한다. 카메라 모듈과 같은 부품은 한국에서 조달받고, 이미지 센서는 일본산을 사용한다. 조립은 중국에서 이루어진다.

글로벌 공급체인은 금융·R&D·지적재산권 등 서비스 분야로도 이미 확산되었다. 구글은 안드로이드 운영 체제를 전 세계 스마트폰과 사물인터넷에 제공하고, 네이버와 현대자동차는 연구개발 활동을 유럽에서 수행한다. 코카-콜라는 전 세계 보틀러에게 프랜차이징 계약을 맺고 생산을 맡기지만, 그들의 마케팅은 미국에서 기획한다. 결국 업종이나 분야를 가리지 않고 많은 기업들이 비용우위를 확보하기 위해 비효율적 활동을 국가 간의 입지적 우위를 감안해 국제적으로 분산 배치하고 있는 것이다.

글로벌 공급체인은 생산 과정과 부가가치 등이 여러 국가에 걸쳐 사슬처럼 얽혀 있기 때문에 국제 정세의 영향을 크게 받는다. 과거 미국 트럼프 행정부는 중국과의 무역 갈등으로 인해 화웨이의 통신장비를 비롯한 중국산 전자기기 수입을 금지하였다. 또 거기에 들어가는 미국산 부품 수출을 차단하고 미국 기업들의 공장을 북미권으로 불러들였다. 중국에 거점을 뒀던 아마존과 마이크로소프트 등 미국 기업들은 일부 공장을 태국·인도네시아·대만 등으로 이전하기도 했다. 정치나 경제적 상황이 어려울 때는 자의든 타의든 해외에서 활동하는 기업들이 다시 자국으로 돌아오는 현상인 리쇼어링(Reshoring)이 빈번하게 발생한다.

정치적 문제는 기업이 통제하기 어렵지만, 공급체인에 대한 정의와 관리는 기업이 통제할 필요가 있다. 글로벌 공급체인은 글로벌 분업 구조를 구축하는 것과 같다. 따라서 '만든 후 판매한다(Make and Sell)'는 제조 중심의 관점에서 벗어나 '가치 전달 네트워크(Value Delivery Network)'의 관점에서 공급체인을 관리해야 한다. 제조 관점의 공급체인은 원료나 공장의 생산용량이 마케팅 계획 수립의 출발점이 되어 진정한 고객 가치 제공이 어렵기 때문이다. 반면, 가치 전달 네트워크는 출발점이 고객이다. 제조업체·공급업체·유통업체·최종고객으로 구성된 파트너들이 최고의 고객 가치 제공이라는 하나의 목표 하에 효율적으로 움직인다.

가치 전달 네트워크 관점의 공급체인 관리 모범사례로 코카-콜라를 꼽을 수 있다. 1891년 코카-콜라를 1,750달러에 인수한 아서 캔들러(Asa Candler)는 루트세일(Route Sale)이란 직매 방식으로 사업을 확장하였다. 루트세일이란 보틀러에게 생산과 판매 면허를 주고 원액을 공급하는 방식이다. 지금도 코카-콜라는 전 세계에서 선택된 보틀러에게만 원액을 제공해서 그들이 콜라를 생산하고 유통하게 하는 과거 방식을 그대로 고수하고 있다. 따라서 코카-콜라 본사는 현지 제조업체와 프랜차이즈 계약을 먼저 추진한다. 그리고 제조업체가 도매상이 되어 백화점부터 자판기까지 거의 모든 소매상을 이용해 소비자에게 상품을 전달한다. 다시 말해, 코카-콜라의 유통 과정에는 인바운드 로지스틱스·아웃바운드 로지스틱스·물류·유통이 모두 글로벌 공급체인 내에서 관리되고 있다.

긴밀한 파트너 관계였던 나이키와 풋락커 간의 유통 분쟁은 결국 양사의 매출 부진으로 이어졌다. 사진 출처: 풋락커 홈페이지.

공급체인이 제조업체 입장에서 생산과 물류의 비중이 크다면, 채널 가치 사슬(CVC: Channel Value Chain)은 고객 가치를 전달하는 유통채널 관리에 중점을 두고 있다. CVC는 공급업자로부터 고객으로 연결되는 상품의 흐름을 말한다. 하버드 비즈니스 스쿨 교수인 V.카스투리 란간(V.Kasturi Rangan)은 고객 가치 최대화를 위해 CVC를 조정하는 채널 스튜어드십(Channel Stewardship)이라는 개념을 제안했다. 이것은 채널 내 모든 구성원들이 고객에게 최선이 무엇인가를 함께 생각하자는 것이다.[25] 오랫동안 긴밀한 파트너 관계였던 나이키와 신발 소매점 풋락커(Foot Locker) 간의 분쟁은 유명한 일화다. 갈등은 풋락커가 할인 캠페인을 시작하면서 일어났다. 나이키는 할인 중단을 요청했고, 이를 부당한 요구로 받아들인 풋락커는 대규모 주문을 취소했다. 나이키도 인기 모델의 공급을 중단했다. 결국 두 기업 모두 매출 부진의 늪에 빠지게 되었다. 고객을 배제한 두 기업 간의 힘겨루기가 가져온 결과다.

25 V.Kasturi Rangan & Marie Bell (2006), *Transforming Your Go-to-Market Strategy : The Three Disciplines of Channel Management*, Harvard Business School Press.

유통경로 구조와 조직

유통경로란 제품이나 서비스를 구매자가 구입하여 소비하고 이용하도록 이전하는 과정에 참여하는 개인이나 기업을 의미한다. 유통경로의 형태는 매우 다양하다. 소비재와 산업재별로 다르고, 그 안에서도 다양한 형태가 존재한다. 소비재의 경우는 대체로 생산자와 소비자 사이에 도매상과 소매상이 개입된다. 반면 산업재 유통은 직거래하거나 중간상을 하나 정도 이용하는 경우가 많다. 예를 들면, IBM은 대용량 컴퓨터를 산업재 사용자에게 직접 판매하고, 중장비 제조업체인 캐터필러(Caterpillar)는 디스트리뷰터(Distributor)를 이용해 제품 판매와 함께 애프터서비스를 제공한다.

최근에는 금융이나 보험과 같이 고객과의 물리적 접촉이 불필요한 서비스 영역에서 인터넷이나 모바일을 이용한 온라인 유통경로가 부상하고 있다. 또 온라인 유통경로와 오프라인 유통경로를 통합한 멀티채널 마케팅도 인기가 있다. 예를 들어, 소비자가 온라인으로 주문한 상품을 가까운 소매점에서 찾거나 교환할 수 있게 허용하는 '클릭 앤 콜렉트(Click and Collect)' 서비스를 이용하거나, 점포에 비치된 카탈로그를 이용해 온라인 구매를 할 수도 있다. 롯데마트를 비롯한 대형 소매상들은 소매점·카탈로그·웹사이트·모바일앱을 동시에 활용한 멀티채널 마케팅으로 소비자들의 편의성을 극대화하고 있다.

전통적 유통경로는 구성원들이 각각 독자적으로 이익 극대화를 추구하는 독립적 유통경로로 가장 흔한 형태라고 할 수 있다. 이 경로는 제조업체 입장에서 구축비용이 적게 들지만, 통제력은 약해진다. 제조업체의 통제력 강화를 위해 등장한 경로 조직이 수직적 마케팅 시스템(Vertical Marketing System)이다.

수직적 마케팅 시스템

수직적 마케팅 시스템이란 용어 자체가 어렵게 느껴지지만, 우리에게 익숙한 프랜차이징(Franchising)이 바로 수직적 마케팅 시스템의 대표적인 형태 중 하나다. 수직적 마케팅 시스템은 한 구성원이 다른 구성원들의 활동을 관리하고 의사결정을 주도함으로써 전반적인 경로의 효율성과 마케팅 성과를 극대화하는 데 목적이 있다. 수직적 마케팅 시스템은 소유권 또는 통제의 정도에 따라 기업형·계약형·관리형 등 3가지 시스템으로 구분할 수 있다.

기업형 시스템

통제력이 가장 강한 기업형 수직적 마케팅 시스템은 한 기업이 생산과 유통의 연속적 단계를 결합해서 소유하고 통제하는 형태이다. 이 시스템은 제조업자가 중간상을 소유하는 전방통합(Forward Integration)과 반대로 소매상이 제조업체를 직접 운영하는 후방통합(Backward Integration)으로 구분된다. 전방통합의 사례로 CJ 엔터테이먼트가 CGV 영화관을 인수해 운영하는 경우나 의류 제조업체인 랄프로렌(Ralph Lauren)이 의류 소매점을 직접 운영하는 경우를 들 수 있다. 후방통합 사례로는 현대자동차가 인천제철을 인수해서 강판을 수급 받는 경우나 보석상 티파니(Tiffany & Co))가 전 세계 매장에서 판매하는 귀금속의 절반을 직접 제조하는 경우를 들 수 있다. 기업형 시스템은 상품의 판매나 공급에 대한 통제력이 높지만, 자본 투자와 고정비가 커지는 단점을 가지고 있다.

계약형 시스템

계약형 수직적 마케팅 시스템은 독립적인 제조업체와 유통업체가 법적인 계약에 의해 서로 통제하고 조정하는 조직 형태로 가장 널리 사용되는 수직적 마케팅 시스템이다. 계약형 시스템은 3가지 형태로 나눌 수 있다. 첫 번째 형태는 소매상 협동조합(Retailer Cooperatives)으로, 소규모 독립적 소매상들이 공동 소유의 조합을 구성한 후, 도매 기능을 공동으로 수행하는 조직이다. 구매와 촉진 활동을 공동 수행함으로써 규모의 경제 효과를 얻을 수 있는 장점이 있다. 대표적으로 전국 중소상인 연쇄점협회와 한국 슈퍼마켓 협동조합을 들 수 있다.

계약형 시스템의 두 번째 형태는 도매상이 후원하는 자발적 체인점(Wholesaler-Sponsored Voluntary Chain)이다. 이 체인은 대형 도매상이 영세한 소매상들과 계약을 맺고 구매·머천다이징·재고관리 등의 업무를 표준화하고 효율화할 수 있게 후원해주는 형태를 말한다. 다수의 독립된 소매상들을 조직화해서 규모의 경제와 수량할인 등의 혜택을 받을 수 있다는 장점이 있다. 대표적인 사례로 도매상인 선경유통과 슈퍼마켓 체인인 에스마트(S-Mart) 간의 자발적 체인점을 들 수 있다. 선경유통은 대량구매, 공동 머천다이징, 점포 관리지도, 물류 기능 등을 수행해준다.

계약형 시스템 중 가장 보편적 형태는 프랜차이징이다. 이 형태는 프랜차이즈 본부가 가맹점에 일정 기간 동안 상표·상호·운영노하우 등을 사용할 수 있도록 제품이나 서비스 판매권을 허가해주는 방식이다. 프랜차이징은 다양한 형태를 가지고 있다. 가장 흔한 형태로 서비스업체가 주도하는 소매 프랜차이즈를 들 수 있다. 대부분의 패스트푸드·렌터카·호텔 등의 업종이 여기에 해당된다. 또 의류나 가전 대리점처럼 제조업체가 주도하는 소매 프랜차이즈도 있고, 코카-콜라나 펩시콜라처럼 제조업체가 주도하는 도매 프랜차이즈도 있다. 코카-콜라와 펩시콜라는 보틀러에게 원액을 공급한 후, 완제품을 소매점에 유통할 수 있는 도매상 권한을 부여한다.

관리형 시스템

관리형 수직적 마케팅 시스템은 소유나 계약보다는 특정 구성원의 규모나 영향력에 의해 경로 구성원의 활동이 조정되는 구조를 말한다. 이 시스템은 경쟁 관계에 있지 않은 기업들이 자본·생산·마케팅 기능 등을 결합하여 각 기업의 경쟁우위를 공유할 수 있다는 장점을 가지고 있다. 예를 들면, 유통업체인 월마트는 자신의 우월적 지위를 이용해 구매 가격이나 판촉 행사 등 여러 부문에서 제조업체의 협조를 이끌어 낼 수 있다. 역으로, 제조업체인 유니레버는 다양한 종류의 제품군을 중간상에게 공급함으로써 중간상의 의존도를 높이고, 이를 통해 제품 진열이나 가격 결정에 대한 협조를 구할 수 있다.

전략적 경로 제휴

기업들은 전통적 경로, 온라인 경로, 수직적 마케팅 시스템 외에도 혁신적인 유통경로로 전략적 경로 제휴를 활용하기도 한다. 이는 한 기업의 유통경로에서 다른 기업의 제품을 판매하는 것을 말한다. 대표적인 예로 스타벅스와 크래프트 간의 경로 제휴를 들 수 있다. 식품회사인 크래프트는 미국을 비롯한 해외시장에서 스타벅스 커피를 유통한다. 더나가 두 기업이 서로의 강점을 살리기 위해 합작법인을 설립하는 경우도 있다. 코카-콜라와 네슬레는 캔커피 시장 진입을 위해 합작법인, 'Coca-Cola and Nestle Refreshment'을 설립하고 네스카페를 출시하기도 했다. 이는 동일한 유통경로 단계에 있는 기업들끼리 마케팅 기회를 이용하기 위해 협력하는 형태로, 수평적 마케팅 시스템(Horizontal Marketing System)이라고 한다.

코카-콜라는 네슬레와의 합작투자, 더페이스샵과의 공생적 마케팅 등 전략적 경로 제휴를 활용하고 있다. 사진 출처: https://www.haberturk.com, 코카-콜라 코리아.

이와 동일한 의미로 사용되는 공생적 마케팅(Symbiotic Marketing)이라는 기법도 있다. 이는 독립된 기업들끼리 마케팅 경로나 프로그램을 결합해 제품을 유통시킨다는 점에서 수평적 마케팅 시스템과 동일하지만, 한시적 이벤트 성격이 강하다. 예를 들어, 더페이스샵과 한국코카-콜라 간의 녹차음료 증정 프로모션을 들 수 있다. 2006년 한국코카-콜라는 새로운 녹차음료 브랜드 '산뜻한 하루 녹차' 출시를 기념하기 위해 화장품업체인 더페이스샵과 공동 샘플링을 진행하는 전략적 제휴를 체결하였다. 코카-콜라는 건강음료의 효과적인 마케팅을 위해 자연주의 브랜드 이미지를 강조하는 더페이스샵을 파트너로 선정하였다.

유통경로 개발

앞에서 살펴본 것처럼, 유통경로의 구조나 조직의 형태가 다양하기 때문에 제조업체가 적합한 유통경로를 개발한다는 것은 어려운 일이다. 여기에서는 유통경로 개발을 경로에 참여하는 중간상을 선택하는 것으로 단순하게 정의한다. 제조업체와 소비자 간 직거래보다 중간상이 개입되는 적절한 유통경로를 구축하게 되면, 생산자와 소비자 간의 거래 횟수가 줄어드는 경제적 효과뿐만 아니라 시간·장소·형태·정보의 효용성을 얻을 수 있다는 장점이 있다.

일반적으로 제조업체와 최종 구매자 간에 제품 생산과 구매의 시기나 장소의 불일치, 제품의 종류와 수량 등 제품 구색의 불일치, 그리고 상품 정보에 대한 구매자의 불확실성 등으로 인해 고객이 부담해야 할 비용이 발생하게 된다. 중간상은 이러한 불일치와 불확실성을 유통의 전문화, 제조업체와의 거래 정례화, 생산자와 소비자 간 거래 횟수 축소 등의 역할을 통해 해소한다. 따라서 최선의 중간상을 선택하기 위한 유통경로의 개발과 관리는 유통 전략에서 중요한 의사결정 분야에 속한다.

소비자들이 쉽게 이용할 수 있는 최선의 유통경로를 구축하는 일은 상당한 노력이 필요할 뿐만 아니라, 일단 구축되고 나면 이를 변경하기가 어렵다. 따라서 유통경로를 개발할 때 시장 규모, 제품 가격, 관련 법률, 경쟁업체의 유통 전략 등 다양한 측면을 고려해야 한다. 유통경로의 개발은 단계적으로 설계할 필요가 있다.

유통경로 개발을 위한 설계 과정

유통경로의 설계는 먼저 고객의 욕구 분석을 통해 그들이 바라는 서비스가 무엇인지 분석하는 것으로부터 출발한다. 유통경로가 제공할 수 있는 서비스는 신속한 배달, 제품 정보 제공, 제품 구색이나 구매량의 다양성, 구매 편의성, 편리한 접근성, 부가 서비스 등 다양하다. 이 때 유통경로는 서비스를 제공하는 데 있어서 효과성과 효율성을 고려해야 한다. 고객이 원하는 서비스가 파악되면, 이를 충족시켜 줄 수 있는 최적의 유통경로 대안을 파악하는 단계로 넘어간다. 경로 대안은 주로 유통경로 길이와 시장 커버리지를 고려해 개발된다.

유통경로 길이

유통경로 길이는 가장 짧은 직접 경로부터 다양한 유형의 중간상들이 참여하는 간접 경로에 이르기까지 다양한 대안들이 존재한다. 만약 간접 경로를 이용할 경우에는 중간상의 유형도 고려해야 한다. 중간상은 크게 대리상(Agent)과 중간상(Middle Merchant)으로 구분할 수 있다. 대리상은 생산업체나 수입업체의 위탁을 받아 그들 명의로 제품을 거래하고, 거래 대금의 일정 비율을 수수료로 받는다. 따라서 대리상은 거래제품에 대한 소유권을 갖지 않기 때문에 위험 부담도 없다. 대리상의 형태로 중개업자(Broker)나 현지 대리점 등을 들 수 있다. 반면, 중간상은 자신의 비용으로 독자적인 유통 활동을 한다는 점에서 대리상과 차이가 있다. 따라서 구입 가격과 판매 가격의 차이가 곧 중간상의 영업이익이 된다. 중간상에는 대표적으로 유통업체·도매상·소매상 등이 있다.

유통경로 길이 결정에는 기업·제품·시장·경쟁업체의 특성들을 고려해야 한다. 만약 기업이 자금력이 풍부하다면 통제가 가능한 직접 경로를 선택하게 될 것이다. 또 제품이 부패하기 쉽거나 복잡하다면 직접 경로가 유리할 수 있다. 그래서 한국야쿠르트나 델컴퓨터와 같은 기업들은 직접 판매를 선호한다. 시장 규모가 크거나 지역적으로 광범위하게 분산되어 있다면 경로 길이가 길어지게 된다. 경쟁업체가 선택한 유통경로를 같이 선택할 수도 있지만, 피하는 방법도 있다. 화장품 업체들은 대부분 소매상을 통한 간접 경로를 선택하지만, 미국 화장품회사 에이본(Avon)은 '에이본 레이디'를 내세운 직접 판매로 가정주부들에게 화장품을 팔아 큰 성공을 거두기도 했다. 아모레퍼시픽은 중간상뿐만 아니라 방문판매의 비중도 높은 편이다.

화장품회사, 에이본과 아모레퍼시픽은 소비자와의 거리를 더욱 가깝게 하는 직접 경로를 선호한다.
사진 출처: 한국일보(2017,09,01), 아모레 카운셀러 홈페이지.

시장 커버리지

유통경로 대안 개발에서 고려되어야 할 또 다른 요인은 시장 커버리지, 즉 상품의 시장 노출을 달성하는 데 필요한 중간상의 수에 대한 결정이다. 시장 커버리지는 크게 전속적 유통, 선택적 유통, 집중적 유통으로 구분할 수 있다. 전속적 유통은 판매 지역별로 하나의 중간상에게만 유통 독점권을 부여하는 방식으로, 주로 자동차나 고급 패션 등 전문품을 취급하는 기업들이 선호한다. 선택적 유통은 한 지역에 제한된 소수의 중간상들에게 판매를 허용하는 전략으로, 가구나 전자제품 등 선매품에 적합한 방식이다. 집중적 유통은 가능한 많은 소매상들로 하여금 상품을 취급하게 함으로써 시장범위를 최대화하는 전략이다. 대체로 편의품 제조업체들이 집중적 유통 전략을 선택하는데, 상품 인지도나 구입 편의성 측면에서 장점이 있지만, 마진이 낮고 통제력이 떨어진다는 단점도 있다.

유통경로 길이와 시장 커버리지 등을 고려해 주요 경로 대안들을 파악하고 나면, 각 대안별 평가와 함께 선택 단계로 들어간다. 평가에 사용되는 기준에는 경제성·통제력·적응성 등이 있다. 경제성은 대안별로 예상 판매 수준을 산정한 후, 비용을 추정해서 평가가 이루어진다. 통제력은 경로 구성원의 운영과 활동에 대한 통제의 필요성이나 정도를 평가한다. 일반적으로 간접 유통경로는 직접 경로보다 통제가 어려워진다. 적응성은 유통 환경 변화에 따른 구성원들의 탄력적 대처 정도를 평가하는 것이다. 소비자의 선호도 변화에 따른 유통경로의 변화와 혁신은 오늘날 유통에서 매우 중요한 과제 중 하나다.

마지막 단계는 평가에 따라 구체적인 중간상을 선정하는 단계다. 만약 가장 바람직한 경로 대안으로 대형마트가 결정되었다면, 이마트·홈플러스·롯데마트 등의 개별 중간상들을 선택해야 한다. 중간상을 선정하는 기준에는 신용상태·명성·영업규모·입지 등 다양한 요인들이 있다. 특히 최종 구매자와 접점에 있는 소매상은 제조업체의 수익 향상에 중요한 역할을 한다. 소매상에 대한 내용은 뒤에서 좀 더 구체적으로 설명하고자 한다.

유통경로 관리

제조업체는 선정된 중간상들이 자사 제품의 판매에 최선을 다하도록 유통경로에 대한 관리를 지속적으로 해야 한다. 일반적으로 제조업체는 유통업체의 동기부여를 위해 판매 장려금과 같은 경제적 보상을 통해 판촉 활동을 지원한다. 판매 장려금이란 직매입 거래에서 상품의 판매 촉진을 위하여 연간 거래 기본 계약에 명시된 조건에 따라 대형 유통업체에게 지급하는 경제적 지원을 말한다. 합법적으로 인정되는 판매 장려금에는 성과 장려금, 매대(진열) 장려금, 신제품 입점 장려금이 있다. 성과 장려금은 전년 동기 대비 납품액 신장 목표에 도달했을 때 지급하고, 매대 장려금은 소비자가 구매하기 좋은 매대에 상품을 진열해 주는 대가로 지급한다. 신제품 입점 장려금은 6개월 이내의 신상품을 매장에 진열해 주는 대가로 지급한다. 한 때 관례적으로 지급했던 무반품 장려금·재고 소진 장려금·폐점 장려금 등은 모두 불법에 해당한다.

유통경로 관리에서 지원보다 더 중요한 것은 구성원 간의 갈등이 생겼을 때 이를 잘 해결하는 것이다. 흔하게 나타나는 갈등은 경로 상 동일 단계에 있는 소매상 간 또는 도매상들 간의 치열한 판매 경쟁으로 인한 수평적 갈등이다. 대표적인 사례로 2008년에 발생했던 롯데백화점과 샤넬 간의 갈등을 들 수 있다. 제조업체와 유통업체 간의 갈등이지만, 결국은 유통업체 간의 과열 경쟁이 근본적인 원인이다. 샤넬이 롯데백화점 부산 센텀시티점에 오픈하기로 했던 매장을 경쟁업체인 신세계백화점 부산점으로 옮기면서 갈등이 시작되었다. 롯데백화점은 기존 샤넬 매장의 축소와 위치 조정을 통보했고, 두 기업 간의 자존심으로 인한 갈등은 한 달 넘게 이어졌다.

경로 상 상이한 단계에 있는 구성원들 간의 수직적 갈등도 많다. 수직적 갈등의 대부분은 목표 불일치나 불충분한 소통 등이 주요 원인이다. 예를 들면, 2021년 8월에 발생했던 치킨 프랜차이저, 맘스터치와 가맹점주 간의 갈등도 수익성 등 목표 불일치와 소통 부재에서 비롯되었다. 본사가 가맹점주협의회 결성을 주도한 일부 가맹점과의 계약을 해지하면서 갈등은 법적인 문제로까지 확대되었다. 그 전에도 미스터피자·bhc·bbq 등 수직적 갈등 사례는 많다.

직접 유통경로

간접 유통경로는 많은 장점을 가지고 있음에도 불구하고, 구성원 간의 파트너십이 충분하게 구축되어 있지 않으면 갈등이 발생할 가능성이 크다. 그래서 직접 경로를 구축하는 기업들도 점점 늘어나고 있다. 특히 디지털 기술의 발전이 직접 판매를 가속화시키고 있다.

요즘 온라인을 통한 소비자 직접 판매(D2C: Direct to Consumer)의 인기가 심상치 않다. 나이키는 D2C를 통해 브랜드 스토리텔링을 고객에게 직접 전달하고, 최종 고객으로부터 고객 경험 등의 데이터를 수집 및 활용해서 고객별 맞춤 제품을 개발하고 있다. 나이키는 D2C를 통한 상품 판매를 늘리기 위해 운동 관련 커뮤니티를 구축하고 디지털 스포츠 사업부까지 설립했다. 나이키는 이제 단순한 스포츠웨어 기업이 아니라 디지털 기업으로 변신하였다.

직영점으로 운영되는 블루보틀은 커피에 대한 품질 외에 매장 인테리어에도 신경을 쓰고 있다.
사진 출처: 블루보틀커피 홈페이지.

서비스업에서도 직접 경로가 늘고 있다. 스타벅스코리아의 미국 본사 지분 인수 후 새로운 법인으로 출발한 SCK컴퍼니는 전국 매장을 직접 운영하고 있다. 블루보틀 커피도 품질 관리를 명목으로 모든 매장을 직영으로 운영하는 유통 전략을 취하고 있다. 블루보틀은 커피에 대한 품질 외에도 매장 인테리어에도 신경을 쓰고 있다. 특히 매장 내 목재가구의 선정과 밝은 색 계열의 색상 선택 등 인테리어에 대한 고심이 엿보인다. 서비스업에서는 상품 못지않게 장소나 매장 분위기가 매출에 큰 영향을 미치기 때문이다. 매장 인테리어를 위해 창업자인 제임스 프리먼이 애플을 벤치마킹했다는 이야기는 널리 알려져 있다.

소매상

보통 사람들은 마케팅을 판매와 같은 개념으로 생각한다. 그래서 많은 마케팅 교과서들이 그 부분을 지적한다. 하지만 뒤집어 생각해보면, 판매가 마케팅에서 차지하는 비중이 얼마나 큰가를 실감할 수 있게 해주는 말이다. 판매와 구매, 즉 교환의 창출은 마케팅의 근본적 목적이다. 마케팅의 핵심적 부문인 교환이 이루어지는 곳이 바로 소매상이다.

유통경로에서 소매상은 최종 소비자들이 제품과 서비스를 접하는 곳이다. 소매상은 제조업체와 소비자 사이에서 다양한 효용을 창출함으로써 제품이나 서비스의 가치를 높이는 중요한 역할을 수행한다. 소매상이 창출하는 효용에는 장소효용·시간효용·형태효용·소유효용 등이 있다. 예를 들면, 편의점 CU나 세븐일레븐(7-eleven)은 전국 어느 점포에서든 택배를 보내고 받을 수 있는 서비스를 제공함으로써 장소효용을 창출하고, 24시간 영업을 통해 시간효용을 창출한다. 또 다양한 즉석 음식 판매를 통해 형태효용을 창출하고, 할부 결제나 신용 구매 등을 제공함으로써 소유효용을 창출한다.

소매상은 국가 경제에서 차지하는 비중이 크다. 국내 주요 소매상의 2020년 매출액을 보면, 백화점 27조 3,000억 원, 슈퍼마켓 46조 4,000억 원, 편의점 26조 5,000억 원 수준이다.[26] 또 소매상은 글로벌 경제에서도 중요한 역할을 담당하고 있다. 포춘의 500대 글로벌 기업 랭킹에서 줄곧 1위를 지키고 있는 월마트의 2022년 매출액은 5,727억 5,400만 달러나 된다. 전 세계 상품이 판매되고 있으니 국제무역 확대에도 크게 기여하고 있는 셈이다. 월마트의 직원 수는 230만 명으로 고용 창출에도 크게 기여하고 있다. 2위인 아마존의 매출액도 4,698억 2,200만 달러로 엄청난 규모다. 아마존은 전자상거래를 통해 혁신적 유통기업으로 성장하였고, 그 과정에서 소비자들의 구매 편의성과 경제성을 높이는 데 중대한 역할을 하고 있다.

소매상은 최종 소비자들의 다양한 니즈를 충족시키기 위해 다양한 모습으로 존재하고 있다. 국내에서는 연간 매출액이 몇 천 만원인 구멍가게에서 수 조원에 이르는 백화점까지 규모도 다양하다. 소매상은 일반적으로 점포에서 교환 활동이 이루어지는 것으로 생각하지만, 홈쇼핑이나 방문판매, 온라인 마케팅 등과 같은 무점포 소매상에 의한 판매도 갈수록 증가하고 있다. 여기에서는 대표적인 점포 소매상인 백화점부터 무점포 소매상인 자동판매기까지 그 내용을 살펴보고자 한다.

---

26 대한상공회의소 (2021), 유통물류통계집, pp.164-242.

백화점(Department Store)

백화점은 편의품부터 전문품까지 다양한 상품을 취급하고, 무엇보다도 럭셔리와 트렌드에 중점을 둔다. 백화점은 마케팅의 기능과 소비자 행동 과학을 제대로 체험할 수 있는 마케팅 과학관이나 다름없다. 백화점에는 열손실 방지를 위해 창문을 두지 않는다. 하지만 시계까지 없는 것을 보면 고객의 쇼핑 시간을 늘리기 위한 목적이 더 강하다고 할 수 있다. 백화점 명품 매장이 1층에 있는 것도 고객의 가격 심리를 이용한 배치다. 대부분의 에스컬레이터가 매장 중앙에 양방향으로 배치되고, 1층에 화장실이 없는 것도 고객에게 상품을 하나라도 더 보여주기 위한 마케팅 차원의 설계다.

프랑스 최초 백화점인 르봉마르셰(Le Bon Marché) 내부 중앙에 양방향으로 배치된 에스컬레이터와 백화점 입구 전경. 사진 출처: 르봉마르셰 인스타그램.

매장에 흐르는 배경음악 하나에도 마케팅과 과학이 작동한다. 배경음악은 고객과 직원의 심리적 요인뿐만 아니라 층고·바닥재·벽재까지도 고려해 결정한다. 롯데백화점은 개폐점 음악을 제외하고 전국 모든 지점·공간·시간·상품군별로 음악을 다르게 선곡한다. 백화점 측은 수십 년

간 사용했던 개점 음악, 개선행진곡을 최근 트렌드를 반영해 '오버 더 레인보우(Over the rainbow)'로 변경했고 폐점 음악도 바꾸었다. 배경음악 변경에 설문조사와 컨설팅 등을 위해 2년의 시간이 걸렸다는 사실은 마케팅이 얼마나 과학적으로 진행되는가를 보여주는 좋은 사례라고 할 수 있다.

한편, 2023년 2월 1일 일본에서 날아온 두 백화점의 폐점 소식은 우리에게 많은 것을 시사한다. 한 곳은 55년 역사를 가진 도쿄 시부야의 상징 도큐백화점이고, 다른 한 곳은 122년의 역사를 가진 홋카이도 오비히로시 후지마루백화점이다. 1990년대부터 시작된 경기 침체와 함께 온라인 쇼핑몰의 등장과 코로나19 팬데믹이 폐점의 결정적 원인이었다. 이미 일본의 백화점은 가장 점포수가 많았을 때보다 절반가량 줄어들었고, 그 자리에 복합쇼핑몰이나 호텔 등이 들어서고 있다.

편의점(Convenience Store)

편의점은 상품회전율이 높은 편의품이나 충동구매 상품을 주로 취급하는 셀프서비스 방식의 소규모 점포를 말한다. 대부분 24시간 연중무휴 영업을 하고 있다. 불황으로 인해 유통업체의 매출이 부진해도 편의점만은 예외라는 말이 있다. 편의점 수는 항상 포화상태라고 하지만, 매년 증가하는 점포 수가 이를 입증한다. 일본으로 여행을 떠나는 젊은이들에게 필수 코스 중 하나가 편의점 쇼핑이다. 편의점 왕국, 일본보다 인구 대비 편의점 수가 더 많은 곳이 한국이다. 국내 편의점의 성공요인으로 종종 언급되는 ATM을 통한 금융서비스나 택배서비스는 옛말이다. 지금은 젊은 고객들의 소비 트렌드를 마케팅에 바로 반영하는 순발력이 큰 강점이다. 요즘 유행처럼 번지고 있는 모디슈머(Modisumer) 마케팅이나 푸드 페어링 마케팅이 대표적이다.

세븐일레븐은 롯데칠성음료와 콜라보를 통해 맥주와 어울리는 클라우드 안주시리즈를 선보이는 푸드 페어링 마케팅을 진행하였다. 사진 출처: 세븐일레븐 페이스북.

모디슈머란 변경하다(Modify)와 소비자(Consumer)를 합성한 신조어로, 기성품을 조합해 새로운 상품을 만들어내는 소비자를 의미한다. 직접 음식을 요리해 먹지 않고 편의점의 즉석식품만 사먹는 소비자들을 '편의점족'이라고 한다. 이들은 대부분 2,30대 젊은 세대이며, 편의점 음식으로 간단하게 요리를 해먹기도 한다. 편의점은 이들의 레시피에 착안해 모디슈머 마케팅과 푸드 페어링 마케팅을 한다. 예를 들어, 세븐일레븐은 롯데칠성음료와 콜라보를 통해 맥주와 어울리는 클라우드 안주시리즈를 선보이는 푸드 페어링 마케팅을 진행하였다. GS25는 자사 앱 '나만의 냉장고'에서 다양한 주류 상품과 안주를 함께 구매할 수 있는 페어링몰을 런칭하기도 했다. 또 젊은 세대들이 막걸리와 사이다를 섞어 마시는 것에 착안해, 장수막걸리와 함께 '막사'라는 제품을 출시하는 모디슈머 마케팅을 추진하였다.

세계적으로는 1946년 오픈했던 세븐일레븐을 편의점의 효시로 소개한다. 세븐일레븐은 국내에서도 1989년 올림픽 선수촌에 첫 편의점을 오픈했다. 국내 최초 편의점은 1982년 롯데쇼핑이 서울특별시 신당동에 오픈했던 롯데세븐 1호점이라고 할 수 있다. 현재는 CU·세븐일레븐·GS 25·미니스톱이 편의점 4강 체제를 유지하고 있다.

슈퍼마켓(Supermarket)

슈퍼마켓은 다양한 식료품과 비식품류를 판매하는 단층 구조의 소매점으로, 저마진의 염가 판매와 셀프서비스가 특징이다. 최초 슈퍼마켓은 1930년 마이클 커렌(Michael Kullen)이 뉴욕에 오픈했던 킹 커렌(King Kullen)이다. 국내에서는 1964년 '한국 슈퍼마켓'이 처음 오픈했고, 본격적인 슈퍼마켓의 등장은 1971년 기업형 슈퍼마켓 체인인 '새마을 슈퍼체인본부' 설립되면서부터라고 할 수 있다. 슈퍼마켓의 등장은 우리에게 익숙한 동네 구멍가게들을 사라지게 만든 혁신적인 유통의 변화였다. 자동차와 냉장고의 확산으로 대량구매가 가능해지고 대도시 거주자들이 신도시 아파트로 거주지를 옮기기 시작하면서, 슈퍼마켓들도 주변의 저렴한 입지를 선택해 매장을 확대하기 시작했다.

시장 규모가 커지면서 대형마트(Discount Store)들이 등장하기 시작했다. 국내에서는 1993년 서울특별시 창동에 오픈한 신세계이마트가 대형마트의 효시다. 대형할인점이라는 용어도 함께 사용하는데, 그 이유는 월마트처럼 브랜드 제품을 상시 낮은 가격으로 대량 판매하는 특징을 가지고 있기 때문이다. 국내 대표적인 대형마트로는 이마트·롯데마트·홈플러스 등이 있다. 대형마트의 규모와 영향력이 커지면서 중간상 상표, 즉 PB와 같은 유통업체 자체 브랜드 상품도 늘고 있다.

2000년대 중반 들어 대형마트들이 대규모 부지 확보에 어려움을 겪자 대형마트와 슈퍼마켓의 중간 형태인 SSM(Super Supermarket)을 도입하기 시작하였다. 일반적으로 대형마트의 절반 정도 공간에서 저가의 다양한 식료품과 일용품 등을 판매한다. 월마트가 슈퍼센터라는 명칭을 사용하면서 슈퍼센터(Supercenter) 또는 하이퍼마켓(Hypermarket)이라는 명칭도 같이 사용된다. 국내 대표적인 SSM으로 롯데슈퍼·이마트 에브리데이·홈플러스 익스프레스 등을 들 수 있다.

유사한 명칭의 슈퍼스토어(Superstore)는 미국의 주택 건축자재 소매업 체인 홈디포(Home depot)와 로우스(Lowe's), 그리고 가구점 이케아(IKEA)처럼 특정 상품군을 대량으로 저가에 판매하는 카테고리 킬러(Category Killer)를 의미한다.

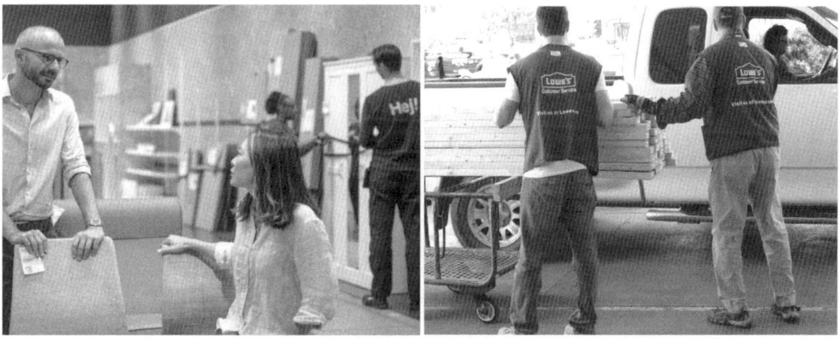

이케아나 로우스와 같은 슈퍼스토어는 특정 상품군을 대량으로 저가에 판매하는 카테고리 킬러(Category Killer)라고도 한다. 사진 출처: 이케아 홈페이지, 로우스 홈페이지.

전문점(Specialty Retailer)

슈퍼스토어와 같은 의미로 사용되는 전문점은 다양한 제품을 취급하는 백화점이나 슈퍼마켓과 달리, 특정 목표시장을 상대로 전문화된 소수의 상품군만 판매한다. 제품 특성에 따라 전문지식을 가진 직원들이 고품질의 서비스를 제공한다. 그래서 오디오 구매자들 가운데는 백화점보다 전문적인 상품 구색과 서비스 때문에 오디오 전문점을 찾는 이들도 많다. 전문점의 사례로 란제리 전문 체인점, 빅토리아 시크릿(Victoria's Secret)과 보석 전문점, 티파니 그리고 스타벅스 등을 들 수 있다. 이들은 모두 제품

계열이 한정되어 있지만, 그 안에 깊이 있는 제품 구색을 갖추고 있다는 공통점을 가지고 있다.

전문점에는 고급 제품을 고가로 판매하는 기업들도 있지만, 슈퍼스토어처럼 전문성과 할인점의 특성을 동시에 보유한 기업들도 많기 때문에 전문할인점(Special Discount Store)이라는 명칭도 함께 사용한다. 대표적인 전문할인점으로 대규모 점포를 운영하면서 상품을 저가에 판매하는 장남감 전문점 토이저러스, 사무용품 전문점 베스트오피스, 가전 전문점 하이마트 등을 들 수 있다.

할인점

전문할인점처럼 저가 판매를 주목적으로 하는 할인점도 다양한 형태가 있다. 먼저 회원제 창고형 할인점(Membership Warehouse Club)은 인테리어를 꾸미지 않은 대규모 창고형 매장에서 회원들에게 고품질의 제품을 30%~50% 정도 저렴하게 판매하는 대형 도소매 업태를 말한다. 대표적으로 월마트가 설립한 샘스 클럽(Sam's Club)을 들 수 있다. 창고형 할인점은 전자제품·가공식품·가정용품·가구·스포츠용품 등을 카테고리별로 한두 개씩 고품질 제품만 선별해 판매하고, 피자나 핫도그 등 간단한 패스트푸드를 구입해서 먹을 수 있는 푸드 코트도 제공한다. 온라인 쇼핑과 달리 창고형 할인점은 소비자가 원하는 상품을 찾아서 발견하는 체험을 할 수 있다는 점에서 인기가 높다.

1976년 캘리포니아 샌디에고에서 오픈한 프라이스 클럽(Price Club)이 창고형 할인점의 효시다. 프라이스 클럽은 1993년 코스트코와 합병하였다. 국내에서는 1994년 신세계백화점이 프라이스 코스트코(Price Costco)와 제휴를 통해 서울 양평동에 출점한 프라이스 클럽이 창고형 할인점의 시초다. 프라이스 코스트코는 1998년 신세계 지분 인수와 함께 한국법인을 설립하였다. 코스트코는 한국에 진출한 외국계 유통업체 가운데 유일하게 성장을 거듭하면서, 2020년 현재 16개의 매장을 운영하고 있다. 코스트코 양재점이 하루 매출 13억 원을 올리면서 전 세계 매출 1위라는 신기록을 세웠는데, 2018년 세종점이 개장 당일 이 기록을 갈아치울 정도로 국내에서 높은 인기를 차지하고 있다.

온라인 쇼핑과 달리 창고형 할인점은 소비자가 원하는 상품을 찾아서 발견하는 체험을 할 수 있다는 점에서 인기가 높다. 사진 출처: 코스트코 인스타그램.

2010년대 들어 주 5일제 근무가 정착되면서 나들이 겸 쇼핑하는 사람들이 크게 늘고 소비자들의 구매 패턴이 변화하면서 창고형 할인점이 다시 주목받기 시작했다. 이러한 추세에 맞춰 신세계가 2010년 말 이마트 트레이더스를 개장하였다. 이마트 트레이더스는 총 4,000여 개 제품을 코스트코보다 약간 더 저렴하게 판매하면서, 비회원도 이용할 수 있도록 차별화하였다. 롯데마트도 빅마켓을 오픈하면서 창고형 할인점에 뛰어들었다.

매장 크기로 창고형 할인점이 대형이라면 중소 규모의 할인점도 있다. 대표적인 사례로 다이소를 들 수 있다. 일본 다이소산업이 운영하는 100

엔 숍과 동일한 형태로 운영되며, 상품은 전자제품부터 화장품까지 총 3만 2,000여 종이나 된다. 국내 매장수가 1,500개나 되고, 하루 방문 고객수가 100만 명에 달할 정도로 인기가 많다. 다이소의 주력 상품은 대부분 1,000원 짜리고, 가장 비싼 것이 5,000원을 넘지 않는다.

다이소와 달러 트리 등 중소 규모의 할인점들은 선택된 종류의 제품들을 단일 최저 가격으로 판매하며 셀프서비스 방식으로 운영된다. 사진 출처: 달러 트리 홈페이지, 다이소 홈페이지.

미국에는 이와 유사한 할인점 유형으로 달러스토어(Dollar Store)가 있다. 이곳에서는 선택된 종류의 제품들을 단일 최저 가격으로 판매하며 셀프서비스가 기본이다. 대표적으로 미국의 달러트리(Dollar Tree)와 패밀리 달러스토어(Family Dollar Stores)를 들 수 있다.

한편 하드 디스카운터(Hard Discounter)와 같이 1,000개 정도의 품목을 초저가에 판매하는 할인점 형태도 있다. 유럽에서는 식료품 판매의 약 10%를 차지할 정도 인기가 있으며, 자체 브랜드 상품들을 주로 취급한다. 대표적인 하드 디스카운터 업체로 독일의 알디(Aldi)나 프랑스의 리더 프라이스(Leader Price) 등이 있다. 약 20개 국가에 진출한 글로벌 기업 알디는 미국에서만 2,200개 정도의 점포를 운영하고 있으며, 유기농 신선식품이 주요 품목이다.

대표적인 하드 디스카운터 업체인 독일의 알디(Aldi)는 미국에서만 2,200개 정도의 점포를 운영하고 있다. 사진 출처: 알디 홈페이지.

주요 할인점으로 아울렛(Outlets Store)을 빼놓을 수 없다. 아울렛은 유명 브랜드의 공장 재고나 이월상품 등을 저가에 판매하는 소매점 형태를 말한다. 이들은 많은 소비자들을 유인하기 위해 다른 브랜드들과 함께 아울렛몰(Outlets mall)에 모여 있는 경우가 많다. 아울렛몰은 대부분 임대료가 저렴한 교외 지역에 위치하고 있으며, 초대형 주차장을 보유하고 있다. 대표적인 아울렛몰로 한국에도 진입한 미국의 프리미엄 아울렛(Premium Outlets)을 들 수 있다.

아울렛은 유명 브랜드를 저가에 판매하는 소매점 형태로, 많은 소비자들을 유인하기 위해 다른 브랜드들과 함께 아울렛몰에 모여 있는 경우가 많다. 사진 출처: 신세계사이먼.

쇼핑몰

아울렛몰과 유사한 형태의 소매상으로 쇼핑몰(Shopping Mall)이 있다. 쇼핑몰은 한 장소에 여러 종류의 상점·식당가·영화관 등이 집단으로 모여 있는 대형 쇼핑센터를 의미한다. 미국의 경우, 사람들이 도심에서 교외로 많이 이주하면서 2000년대 들어 부동산업자들에 의해 대형 쇼핑몰의 개발이 급속하게 이루어졌다. 쇼핑몰의 주요 특징은 사람들이 쇼핑과 레저로 하루를 보내기에 충분할 정도로 시설이 다양하고 규모가 크다는 점이다.

국내에서는 1989년에 오픈했던 롯데월드가 대형 쇼핑몰의 효시라고 할 수 있다. 국내 쇼핑몰은 발전을 거듭하면서, 최근 엔터테인먼트몰(Entertainment Mall)까지 진화했다. 대표적인 엔터테인먼트몰로 2016년 오픈한 '스타필드 하남'을 들 수 있다. 스타필드는 체험형 복합쇼핑몰, 카테고리 킬러 복합체, 교외형 엔터테인먼트 시설 등의 특징을 가지고 있다.

2022년 신세계프라퍼티가 광주광역시에 제안한 '그랜드 스타필드 광주' 제안서에 의하면 미래형 소매상은 쇼핑과 엔터테인먼트에 문화·레저·휴양까지 즐길 수 있는 체류형 복합쇼핑몰의 모습을 갖추고 있다. 사진 출처: 경향신문(2022.12.29).

최근 소비자들의 트렌드가 바뀌면서 유통경로의 혁신이 주요 이슈로 떠오르고 있다. 2022년 신세계프라퍼티가 광주광역시에 제안한 '그랜드 스타필드 광주' 제안서를 보면, 미래 소매상의 모습을 상상해볼 수 있다. 기존 스타필드가 쇼핑과 엔터테인먼트에 집중한 1일 체험형 복합쇼핑몰이라면, 그랜드 스타필드 광주는 2박 3일 이상 체류할 수 있는 '스테이케이션(Staycation)'을 지향하고 있다. 다시 말해, 미래형 소매상은 쇼핑과 엔터테인먼트에 문화·레저·휴양까지 즐길 수 있는 체류형 복합쇼핑몰의 역할을 하게 될 것이다.

무점포 소매상

엄청난 면적의 대형 복합쇼핑몰과 달리, 단 한 평의 면적도 차지하지 않는 자판기도 여전히 중요한 소매상의 역할을 담당하고 있다. 요즘 많은 소비자들이 홈쇼핑이나 인터넷쇼핑과 같은 무점포 소매상을 통해 제품과 서비스를 구매한다. 무점포 소매상의 경우, 업체는 경제적 비용을 크게 절감할 수 있고 소비자는 시간을 절약할 수 있는 등 여러 가지 장점이 있다. 무점포 소매상은 크게 텔레마케팅·통신판매·TV홈쇼핑·온라인소매·자동판매기·방문판매 등으로 분류된다.

텔레마케팅

텔레마케팅은 판매업체나 콜센터와 같은 대행업체가 잠재 구매자에게 전화를 걸거나 소비자가 전화를 걸어오도록 촉구하여 상품 정보 제공, 신상품 소개, 소비자 고충 처리, 시장조사 등을 통해 거래 계약을 체결하는 영업 방식을 말한다. 텔레마케팅은 체계적으로 정비된 데이터베이스를 이용하기 때문에 단순한 전화 판매와는 차이가 있다. 주로 여행이나 금융 등 서비스업체가 많이 이용한다.

텔레마케팅은 전화를 거는 주도자에 따라 아웃바운드 텔레마케팅과 인바운드 텔레마케팅으로 구분할 수 있다. 아웃바운드 텔레마케팅은 기업이 고객들에게 정보 제공, 구매 권유, 지속적인 고객관리 등을 통해 세일을 창출하는 방식이다. 인바운드 텔레마케팅은 광고 등에 반응한 고객이 기업에게 전화하는 경우로, 기본적인 고객 서비스 채널로 활용된다. 텔레마케팅은 제품 판매나 접수 외에도 고객 서비스, 고객 관리, 정보 제공, 예약, 고객 정보 수집, 상담, 마케팅 조사 등 다양한 분야에 활용 가능하다.

통신판매

통신판매(Direct Mail)는 상품이나 서비스에 대한 광고 카탈로그를 우편으로 보낸 후, 전화 등을 통해 주문을 받고 택배 등으로 배송하는 판매방식으로 이루어진다. 최근에는 종이 카탈로그 대신 앱이나 모바일 카탈로그와 같은 스마트 카탈로그로 많이 대체되고 있다. 통신판매에서 중요한 성공요인은 명확한 목표 고객의 선정과 적절한 상품의 선정이라고 할 수 있다.

통신판매에서 사용되는 종이 카탈로그는 최근 앱이나 모바일 카탈로그와 같은 스마트 카탈로그로 많이 대체되고 있다. 사진 출처: 서울시 지역상생교류사업단 페이스북.

미국에서는 19세기 후반부터 통신판매가 시작되었고, 지금은 중요한 판매 수단으로 자리를 잡았다. 국내에서는 1976년 신세계백화점이 카드 고객을 대상으로 실시했던 통신판매가 효시라고 할 수 있다. 지금도 백화점 등 많은 유통업체들이 고객을 유인하는 주요 수단으로서 통신판매를 활용하고 있다.

TV홈쇼핑

TV홈쇼핑은 국내에서 중요한 유통경로 중 하나다. 홈쇼핑 채널에는 CJ·GS·농수산·롯데·현대 홈쇼핑 등이 있다. TV홈쇼핑은 홈쇼핑 전문 CATV 방송국에서 쇼 호스트가 제품을 소개하고 전화로 주문을 받아서 상품을 판매하는 방식으로 진행된다. TV홈쇼핑은 직접반응광고와 인포머셜로 구분된다. 직접반응광고는 30초~1분 사이의 짧은 TV광고 방식인 반면, 인포머셜은 30분~1시간 정도 상대적으로 긴 시간에 제품을 소개하는 방식이다.

TV홈쇼핑은 국내 주요 유통경로 중 하나이며, 홈쇼핑 채널에는 CJ·GS·농수산·롯데·현대 홈쇼핑 등이 있다.
사진 출처: 현대홈쇼핑.

온라인소매

인터넷 쇼핑몰은 인터넷상의 가상공간에 제품을 진열하고 판매하는 e-마켓플레이스를 의미하며, 시간과 공간 제약이 없이 주문 받고 정보를 제공하며 쌍방향 커뮤니케이션이 가능하다는 장점 때문에 소비자들의 선호도가 높다. B2C e-마켓플레이스는 온라인 쇼핑몰과 오픈마켓으로 구분된다. 온라인 쇼핑몰은 운영자가 상품을 직접 구매해서 판매하는 형태를 의미하고, 오픈마켓은 G마켓·옥션·11번가와 같이 중개 역할만 한다. 모바일 기기의 보급이 확대되면서 모바일 커머스도 최근 급성장하고 있다.

자동판매기

자동판매기는 기계에 저장된 제품이나 서비스를 고객이 현금이나 신용카드로 편리하게 구매할 수 있어 많은 사람들이 애용하는 소매업태 중 하나다. 자동판매기도 소비 트렌드의 변화에 따라 진화를 거듭하면서 취급하는 상품도 청량음료에서 전자제품까지 다양하다. 자동판매기는 특히 시간과 장소에 구애받지 않고 무인 운영이 가능하다는 장점 때문에 그 수가 꾸준히 증가하고 있다.

여덟 번째 이야기

촉진

2022년 10월 26일 봉화 광산 붕괴 사고로 매몰된 2명의 광부들이 9일 만에 극적으로 구조되는 기적이 발생했다. 이들이 '커피믹스'로 버텼다는 인터뷰 내용이 뉴스를 타고 전해지면서, 동서식품의 관련 제품 매출이 급증하였고 기업 주가도 함께 뛰기 시작했다.

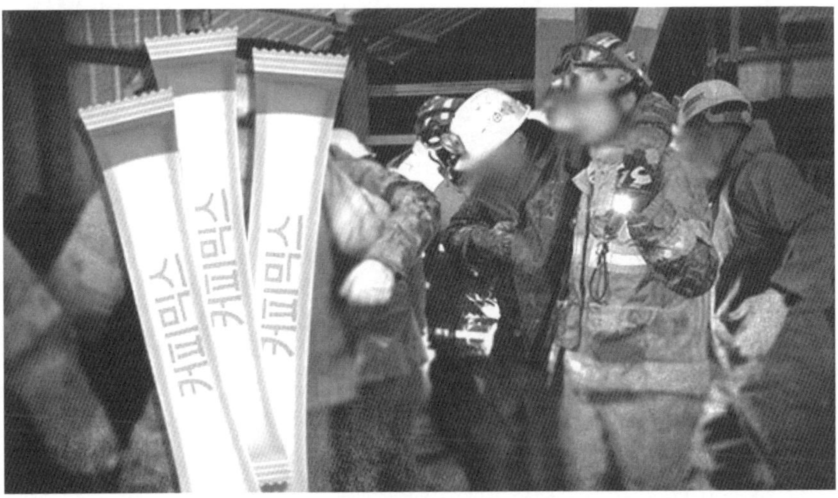

봉화 광산 붕괴 사고로 매몰된 2명의 광부들이 커피믹스로 버텼다는 인터뷰 내용이 뉴스를 타고 전해지면서, 동서식품의 관련 제품 매출이 급증하기 시작하였다.

사진 출처: KBS NEWS(2022.11.08).

일본에서도 유사한 사례가 있었다. 1995년 1월 고베 대지진 때의 일이다. 10살 소년이 붕괴된 건물더미 속에 매몰되었다가 57시간 만에 구조되면서, 세상에 던진 첫마디가 '패미컴'을 하고 싶다는 것이었다. 구조 현장을 취재하던 언론을 통해 이 한마디는 곧 바로 세상에 알려졌다. 패미컴 생산업체인 닌텐도는 환호했고, 패미컴 5,000대를 구호품으로 제공했다. 패미컴과 함께 닌텐도가 날개를 다는 순간이었다. 바로 홍보 효과다.

제품이 홍보될 수 있는 우연한 사건의 발생 확률은 매우 낮다. 기업이 마냥 기다린다고 홍보 기회를 잡을 수 있는 것도 아니다. 그래서 마케터들은 전략적으로 홍보 효과를 높일 수 있는 이야기꺼리들을 만들기 위해 고심한다.

맥스웰하우스 커피는 홍보를 통해 유명 브랜드로 성장할 수 있었다.
사진 출처: Maxwell House 홈페이지.

대표적인 사례로 맥스웰하우스 커피를 들 수 있다. 맥스웰하우스 커피 생산자로 알려진 조엘 치크(Joel Cheek)는 자신이 만든 커피를 미국 테네시주 내슈빌에 있는 맥스웰하우스 호텔에 납품했다. 루스벨트 시어도어(Theodore Roosevelt) 전 미국 대통령이 그 호텔에서 식사 후 조엘 치크의 커피를 마시게 되었다. 종업원이 추가로 커피를 권하자 루스벨트 대통령이 "Good to the last drop.(한 방울도 남기지 않겠다)"라는 말을 남겼다. 이 한마디가 수행 기자들을 통해 보도되면서, 맥스웰하우스 커피가 전 세계인의 러브마크가 되었다고 한다. 하지만 그날의 신문 기사가 세상에 남아 있지 않으니, 이 일화는 기업이 가상의 스토리텔링을 활용한 의도적 홍보 전략이었던 것으로 추정된다.

촉진 또는 프로모션(Promotion)이란 소비자가 자사 제품 또는 서비스를 기꺼이 구매할 수 있도록, 기업이 관련 정보를 소비자에게 제공하고 설득하는 커뮤니케이션 활동을 의미한다. 촉진 믹스란 기업이 마케팅 목표를 달성하기 위해 광고·인적판매·판촉·PR 등을 적절하게 조합하는 것이다. 그래서 촉진 믹스는 기업의 총체적 마케팅 커뮤니케이션 전략이라고 할 수 있다.

광고(Advertising)

광고란 광고주가 자사의 제품·서비스·아이디어를 촉진하기 위해 비용을 지급하고 원하는 메시지를 전달하는 비개인적 형태의 커뮤니케이션을 의미한다. 기업이 비용을 지불하지 않고 뉴스 등의 매체를 통해 자사 제품의 촉진이 이루어지는 홍보와는 다르다. 광고는 사회적으로 적지 않은 영향을 미치기도 한다. 예를 들면, 기업이 만든 캐릭터나 메시지가 대중에게 일반화되는 경우를 들 수 있다. 코카-콜라는 광고 모델인 산타클로스의 이미지를 사사를 상징하는 빨간색 외투를 입은 뚱보 할아버지로 그렸고, 그 모습은 모든 이의 사랑을 받는 지금의 산타클로스 캐릭터가 되었다. 이처럼 광고는 제품이 표준적이고 합법적이라는 인식을 하게 만드는 공공적 특성을 가지고 있다. 또 동일한 메시지의 반복 사용으로 소비자가 메시지를 깊이 이해하고, 경쟁 기업 메시지와 비교하도록 만든다.

그러나 광고는 단점도 가지고 있다. 다수에게 메시지를 빨리 전달할 수 있지만, 비용이 많이 들고 설득력이 약하다. 또 일방적인 의사전달로, 소비자의 흥미를 끄는 콘텐츠가 아니면 소비자의 주의를 끌기 어렵다. 마케팅 컨설턴트인 알 리스(Al Ries)와 로라 리스(Laura Ries)는 그들의 공저에서 광고는 엄청난 돈이 소요되지만, 소비자들은 광고를 신뢰하지 않는다고 언급했다.[27] 이 말을 증명이라도 하듯, 마케팅으로 유명한 코카-콜라도 광고에 실패한 사례가 있다. 대표적인 사례로 에너지 드링크 KMX를 들 수 있다. 코카-콜라는 레드볼로부터 에너지 드링크의 왕좌를 탈환하기 위해 KMX 출시하였다. 이와 함께 공격적인 광고도 추진했지만, 결국 성과 없이 시장에서 사라지는 아픔을 겪어야 했다.

네이티브 광고(Native Advertising)

기존 광고 플랫폼들의 신뢰도와 효과가 떨어지면서, 최근 이를 대체할 광고들이 각광받고 있다. 그 가운데 하나가 네이티브 광고다. 네이티브 광고는 온라인이나 모바일 등 특정 서비스 플랫폼에 일반 기사나 정보와 같은 형태로 노출되면서, 은근히 상품을 소개하는 콘텐츠 스타일의 유료 광고를 의미한다. 네이티브 광고는 콘텐츠가 광고임을 명확히 표시하고 있지만, 소비자들에게 단순 광고가 아닌 정보성 콘텐츠 또는 관심을 유도하

---

27 Al Ries & Laura Ries (2002), *The Fall of Advertising & The Rise of PR*, Harper Business.

는 형식으로 노출되기 때문에 거부감이 덜하다는 장점이 있다. 네이티브 광고처럼 비용은 줄이면서 고객 신뢰도를 조금이라도 높일 목적으로 행해지는 간접광고가 있다.

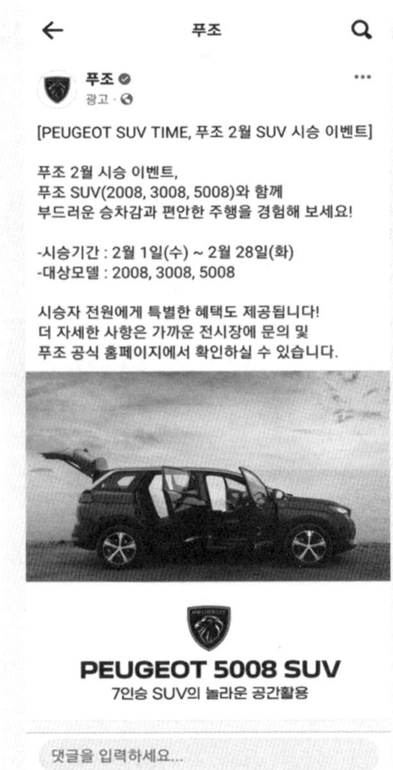

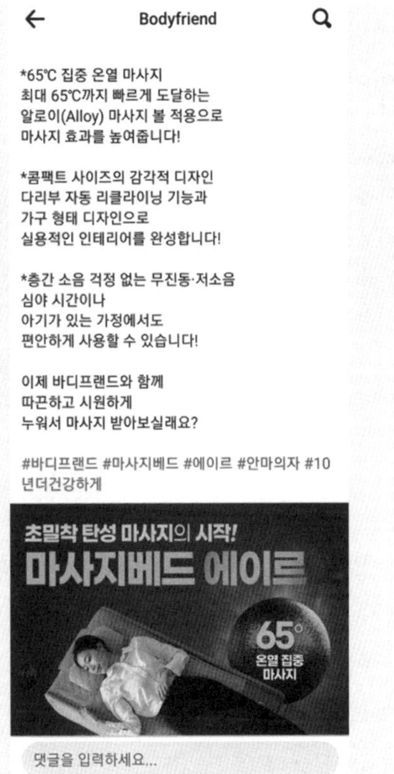

네이티브 광고는 콘텐츠가 광고임을 명확히 표시하고 있지만 소비자들에게 정보성 콘텐츠나 관심을 유도하는 형식으로 노출되기 때문에 거부감이 덜하다. 사진 출처: 페이스북.

간접광고(PPL: Product Placement)

간접광고란 기업이 인기 TV 프로그램이나 영화 등에 자사 제품과 브랜드를 노출시킴으로써 촉진 효과를 얻는 것을 말한다. 일반적인 미디어 광고보다 상품의 자연스러운 노출로 브랜드 신뢰도를 높일 수 있는 효과 때문에 의외로 많은 기업들이 간접광고를 선호한다. 광고에 많은 투자를 하고 있는 코카-콜라도 일찌감치 '혹성탈출'이나 '부시맨' 등에 브랜드를 노출시키면서 광고 효과를 크게 높일 수 있었다. 또 영화뿐만 아니라 온라인 게임, '카트라이더'에도 코카-콜라의 로고 등이 들어간 간접광고를 선보이기도 했다.

코카-콜라와 스타벅스는 간접광고를 통해 브랜드 홍보 등의 마케팅 성과를 올릴 수 있었다.
사진 출처: 중앙일보(2005.05.30), 쿨투라(http://www.cultura.co.kr).

미디어 광고 대신 간접광고만으로 성공한 대표적 기업으로 스타벅스를 꼽는다. 사실 스타벅스가 창업 초기에 광고를 하지 않았던 이유는 그만한 돈이 없었기 때문이었다. 스타벅스는 대중 광고 대신 자사 제품을 다수의 영화에 등장시키는 간접광고를 활용했다. 대표적인 영화로 악마는 '프라다를 입는다'와 'You've got mail' 등이 있다. 영화 속에서 스타벅스를 즐기는 패션잡지 편집장 역을 맡은 메릴 스트립이나 다른 영화 속 톰 행크스와 맥 라이언 모두 사람들의 사랑을 받는 유명 배우들이다. 소비자가 닮고자 하는 이상형이나 유명인의 행동을 모방하는 효과로 많은 사람들이 스타벅스를 이용하면서 매출이 크게 늘고 브랜드의 광고 효과도 얻을 수 있었다. 결국 간접광고를 통해 스타벅스는 스페셜커피 브랜드의 명성을 구축할 수 있었고, 입소문이 최고의 광고임을 터득하게 되었다. 얼마 전 미국 인기 드라마 '왕좌의 게임'에 실수로 추정되는 스타벅스 커피 컵의 등장으로, 스타벅스가 23억 달러(약 2조 6,900억 원)의 광고 효과를 보았다고 CNBC가 보도하기도 했다. 아무튼 스타벅스는 광고를 하지 않아서, 오히려 고객들에게 신뢰도가 높아졌다는 평을 받고 있다.

TV나 영화 외에도 유명 인사들이 대중 앞에서 자사 제품을 사용하는 장면을 연출함으로써 제품의 홍보 효과를 극대화하는 것도 일종의 간접광고라고 할 수 있다. 라도(Rado)는 협찬을 통해 2012년 US오픈 테니스대회 남자 단식에서 우승한 앤디 머레이(Andy Murray)가 '라도 D-스타 200 크로노그래프'라는 시계를 차고 우승컵을 들어 올리도록 연출함으로써 제품과 브랜드를 자연스럽게 전 세계에 홍보하기도 하였다. 1999년 7월 미국 여자 월드컵 미국과 중국과의 결승전 승부차기에서 마지막 골을 성공시킨 브랜디 채스테인(Brandi Chastain)은 상의탈의 세레머니를 통해 나이키 신상품 '액티브 스포츠 브래지어'를 세상에 알렸다. 채스테인은 나이키가 이 제품을 개발할 당시 고문위원으로 활동했었다.

라도와 나이키는 유명 스포츠 스타가 자사 제품을 사용하는 장면을 연출함으로써 제품의 홍보 효과를 극대화할 수 있었다. 사진 출처: 타임포럼, 연합뉴스.

PR(Public Relation)

PR, 즉 공적관계는 기업이 자사 이미지의 개선, 호의적 평판 획득, 비호의적 평판 제거 또는 완화 등의 목적으로 다양한 커뮤니케이션 활동을 통해 기업과 관련된 다양한 집단들과 좋은 관계를 유지해 나가는 것을 말한다. PR은 앞에서 설명했던 홍보와 연계되어 있다. 사실 기업이 우연한 사건을 통해 홍보의 성과를 얻기란 어려운 일이다. 그래서 기업은 홍보 효과를 높이기 위해 PR을 활용한다.

PR 방식은 기부 활동, 예술과 문화 활동을 지원하는 메세나, 회사 견학, 사보 발간 등 다양하다. KT가 러시아 시장에 처음 진출할 때 발레 학교를 지원하는 메세나 활동과 현지 직원들에 대한 다양한 복지 혜택 제공 등 대내외적인 PR 활동을 전략적으로 추진했다. 이를 통해 KT는 현지 고객들과 좋은 관계를 유지할 수 있었고, 마케팅 성과도 크게 올릴 수 있었다. 메세나는 문화·예술·스포츠 등에 대한 사회적·인도적 차원의 기부와 같은 지원 성격이 강하다.

아모레퍼시픽은 메세나 활동의 일환으로 단편영화의 활성화와 재능 있는 신인 감독 발굴을 위해 2002년부터 미쟝센 단편영화제를 후원하고 있다. 사진 출처: 아모레퍼시픽 홈페이지.

PR도 다른 프로모션처럼 상황 분석부터 프로그램 실행까지 계획적으로 추진될 필요가 있다. PR의 실행은 보통 언론 보도, 기자 회견, 특정 매체의 독점 보도, 인터뷰 등의 방법을 통해 이루어진다. 기업은 특히 언론 보도의 확산을 위해 신제품 개발, CEO의 인터뷰나 강연, 사내 임직원의 사회봉사 활동, 마케팅 공모전 등 차별적인 홍보꺼리에 대한 기획과 실행을 계획적으로 추진한다.

그러나 기업의 부정적 이미지 확산과 같이 촉각을 다투는 위급 상황이 발생했을 때는 PR을 즉흥적으로 진행할 수도 있다. 2010년 7월 가짜 한우 파동으로 인해 신세계 이마트가 소비자들로부터 거센 비난을 받는 사건이 발생했었다. 이 때 신세계 이마트는 공영방송을 통한 사과 대신, 정용진 당시 부회장이 자신의 트위터를 통해 진심으로 용서를 구한다는 내용을 올렸다. SNS를 활용한 즉흥적 PR이었지만 그 효과는 컸다.

스폰서십(Sponsorship)

메세나와 유사한 홍보 활동으로 스폰서십이 있다. 스폰서십은 비대중매체로, 기업이 스포츠나 문화행사 등에 재정적·인적·물질적 지원을 하고 그 대가로 이들을 자신의 마케팅이나 매체의 목적으로 사용하는 것을 뜻한다. 스폰서십은 주로 공동 협찬, 물품 기증, 행사장 내 광고물 설치 협찬 등으로 이루어진다. 스폰서십은 브랜드의 인지도 제고, 기업 이미지 개선, 사회적 책임성 표현 등의 목적을 위해 이용된다. 따라서 순수한 의도의 기부(Donation)와는 성격이 다르다.

스폰서십의 대표적인 사례로 코카-콜라의 월드컵과 올림픽 후원을 꼽을 수 있다. 코카-콜라는 1928년 암스테르담 올림픽 대회 후원을 시작으로, 스폰서십을 통해 브랜드의 홍보 효과 극대화뿐만 아니라, 스포츠 마케팅의 활성화에도 크게 기여하였다.

스폰서십을 통한 브랜드 홍보 효과는 경기장이나 행사장 자체가 가진 매체와 메시지 기능을 통해 효과적으로 달성된다. 이벤트의 매체 기능이란 행사 또는 공간 자체가 기업의 메시지를 전달할 수 있는 매체 수단으로서의 역할이 가능하다는 것을 의미한다. 관중이 이미 단일 표적으로 차별화 되어 있기 때문에 기업 입장에서 이벤트는 메시지를 효과적으로 전달할 수 있는 우수한 매체라고 할 수 있다.

메시지 기능이란 이벤트가 가진 차별적 이미지나 특성을 기업이 활용할 수 있다는 의미다. 메시지는 이벤트 유형에 따라 다양하다. 예를 들어 월드컵은 열정과 파워, 엑스포는 지식과 정보, 재즈페스티벌은 자유와 젊음 등으로 생각해볼 수 있다. 기업은 자사 제품의 특성과 어울리는 이벤트를 후원함으로써 그들이 원하는 브랜드 이미지의 구축과 함께 차별적 메시지를 고객에게 효과적으로 전달할 수 있다.

버드와이저는 아이스하키와 비치발리볼 대회 등을 후원하는 스폰서십을 통해 스포츠와 브랜드 이미지를 연계시키는 프로모션 효과를 얻는다. 사진 출처: OMAHA MAVERICKS 홈페이지.

스폰서십을 통해 경기장의 매체와 메시지 기능을 최대한 활용하고 있는 기업으로 버드와이저를 들 수 있다. 버드와이저는 스포츠와 브랜드 이미지를 연계시키는 프로모션 효과를 얻기 위해 버드아이스(Bud ICE)와 버드라이트(Bud light) 브랜드를 노출시키면서, 아이스하키 대회나 비치발리볼 대회 등을 후원한다. 다시 말해, 버드와이저는 스폰서십을 통해 경기나 대회 자체가 가진 매체와 메시지의 기능을 브랜드 홍보에 효과적으로 활용하고 있는 것이다.

판매촉진

판매촉진, 즉 판촉이란 구매를 촉진하기 위해 기업이 고객을 대상으로 단기적으로 강한 구매 동기를 부여하는 수단을 의미한다. 예를 들면 가격할인, 쿠폰 제공, 콘테스트, 구매시점 진열(POP displays) 등이 대표적인 판촉 수단들이다. 코카-콜라는 월드컵 등 특정 이벤트에 스폰서십을 하면서, 제품 포장을 이벤트에 맞게 차별화해서 소비자들의 구매 동기를 불러일으키기도 한다.

소비자의 구매를 촉진시키기 위해 기업들은 단기적으로 강한 구매 동기를 부여하는 수단인 판매촉진을 진행한다. 사진 출처: 한국코카-콜라 홈페이지, 도미노피자 홈페이지.

판매촉진은 기업이 설정하는 특정 목표에 따라 다양하게 사용할 수도 있다. 예를 들면 신제품의 시험 구매 유도, 자사 제품이나 서비스에 대한 사용 경험이 없거나 타사 상표에 대한 충성도가 높은 소비자 유인, 상표를 빈번히 바꾸어 구매하는 소비자를 대상으로 자사 제품 구매 유도 등의 목표를 가지고 활용된다. 판매촉진은 자사 브랜드에 대한 소비자의 선호와 충성도 제고와 같은 장기적 효과보다 단기적 판매 증가 효과가 더 크다. 따라서 판매촉진 활동을 너무 오래 지속시키거나 자주 진행하는 것은 오히려 역효과가 발생할 수 있다.

소비자 대상의 판촉 활동을 통해 소비자가 제품을 선택하도록 만드는 풀 마케팅의 사례로 대형마트의 무료 시식코너 등을 들 수 있다. 사진 출처: 이마트.

판매촉진은 고객뿐만 아니라 유통업체를 대상으로 추진되기도 한다. 그래서 마케팅을 푸시(Push) 마케팅과 풀(Pull) 마케팅으로 구분하기도 한다. 푸시 마케팅은 상품의 선택권을 생산자가 제시하는 방식으로, 물량 공세를 통해 소비자들에게 브랜드를 각인시키는 효과가 있다. 이 과정에서 중간상에 대한 인센티브 제공 등 다양한 판촉 활동이 진행되지만, 수요를 반영하지 않은 채 물량만 일방적으로 공급하는 경우 문제가 발생할 수 있다. 대표적인 예로 제조업체 본사의 '물량 밀어내기'를 들 수 있다. 최근 국내 유명 유가공업체의 영업사원이 대리점주에게 강제로 물량을 떠넘기는 과정에서 드러났던 횡포는 사회적으로 큰 문제가 되었다. 이를 막기 위해 만들어진 법이 '대리점거래의 공정화에 관한 법률'이다.

풀 마케팅은 생산자가 소비자들을 대상으로 진행하는 판촉 활동을 통해 소비자가 제품을 선택하도록 만드는 방식이다. 이때는 대중 광고와 최종소비자를 대상으로 하는 판매촉진의 비중이 커진다. 대형마트의 무료 시식코너나 할인 판매 등을 예로 들 수 있다. 최근에는 소비 트렌드의 변화를 반영하여 두 가지 마케팅 요소를 합친 하이브리드 전략을 선택하는 기업들의 비중이 커지고 있다.

인적판매

2011년까지만 해도 현대·기아차의 고급 세단이 벤츠 등 수입차보다 더 많이 판매되고 있었다. 2012년 판매량이 역전되자, 현대자동차는 내수 시장 방어를 위한 마케팅 프로젝트를 추진하였다. 그 가운데 눈에 띄는 것이 고급차 고객집단 전담 스페셜리스트 육성 프로젝트다. 당시 1만 2,000여 명의 전국 영업사원 중 상위 2.5%에 해당하는 300여 명을 스페셜리스트로 선발하였다. 이들은 주요 수입 차종의 장단점을 완벽하게 숙지하는 등 철저한 준비와 함께 주요 고객을 대상으로 영업을 수행하였다. 현재 국내 고급 자동차 시장에서 제네시스는 수입차에 밀리지 않는 인기

차종이다.

인적판매란 영업 또는 판매사원이 기존 또는 잠재 고객에게 대면 접촉하여 판매 활동을 하는 마케팅 커뮤니케이션 수단으로, 외부판매와 내부판매로 구분된다. 외부든 내부든 인적판매는 제품 판매 목적으로 고객을 위한 프레젠테이션이나 대화 등 고객과의 개인적인 소통이 중요하다. 외부판매의 경우에는 판매 효과를 높이기 위해 박람회나 전시회 등 이벤트를 활용하기도 하지만, 직접 고객을 찾아가는 방문판매 형태를 취하는 경우가 대부분이다.

온라인 판매가 급증하고 있는 디지털 시대에 방문판매와 같은 인적판매의 유효성에 대해 의문을 제기할 수 있다. 하지만 한국야쿠르트(현 hy)와 아모레퍼시픽의 사례를 보면 생각이 달라진다. 한국야쿠르트는 2019년 창립 50주년을 맞아 '야쿠르트 아줌마' 호칭을 '프레시 매니저'로 변경했다. 명칭 변경에는 방문판매 채널의 핵심역량 강화와 함께 콜드브루와 치즈 등 신선식품 서비스 기업으로의 이미지 구축이라는 목적이 담겨 있다. 프레시 매니저를 통해 발생하는 매출은 한국야쿠르트 전체 매출의 약 90%나 된다. 1971년 47명으로 활동을 시작했던 방문판매 인력은 1983년 5,000명을 넘어 현재 1만 3,000명 정도로 규모가 커졌다. 매니저 1명이 관리하는 고정 고객은 평균 160명이나 된다. 매니저들은 200개가 넘는 품목을 가지고 새벽부터 오후 늦게까지 시장 최전선에서 고객들을 만나 직접 소통한다.

프레시 매니저는 이와 같이 차별화된 서비스 외에도 사회적 책임 활동까지 수행하면서 사회적 가치 향상에 기여하고 있다. 프레시 매니저들은 1994년부터 독거노인의 건강과 안전을 확인하는 '홀몸노인 돌봄 활동'에 참여하고 있다. 또 공기질 측정 센서가 설치된 전동 카트, '코코'를 몰고 전국 방방곡곡의 공기질을 측정하는 환경지킴이 활동도 담당하고 있다. 이처럼 프레시 매니저는 신뢰성 있는 촉진 수단으로서 뿐만 아니라, 전문성 있는 유통채널로서의 가치를 높이고 있다.

hy 프레시 매니저와 아모레 카운셀러는 촉진 수단으로서 뿐만 아니라, 전문성 있는 유통채널로서의 가치를 높이고 있다. 사진 출처: hy 홈페이지, 아모레 카운슬러 홈페이지.

아모레퍼시픽도 과거 '아모레 아줌마'로 부르던 방문판매 사원의 호칭을 오래 전에 '아모레 카운슬러'로 변경했다. 1964년부터 활동을 시작했던 카운슬러는 현재 약 3만 5,000명 정도이며, 이들이 관리하는 고객 수는 약 240만 명이나 된다. 그들은 고객 개인별 맞춤 서비스를 통해 고객 만족도를 높이고 스마트폰 앱, '뷰티큐'를 활용해 업무의 효율성을 높인다. 또 이들은 '메이크업 유어 라이프'라는 사회적 책임 프로그램에도 참여하고 있다. 이 프로그램은 카운슬러들이 재능 기부를 통해 여성 암 환자들에게 외모 관리 노하우를 전수하는 캠페인이다.

사례에서 보듯, 인적판매는 촉진에서 매우 강력한 수단이다. 그 이유는 인적판매가 다른 촉진 수단보다 브랜드에 대한 소비자의 선호를 높이고 확신을 갖게 하는 설득력이 높기 때문이다. 그래서 인적판매는 구매 단계에서 매우 중요한 역할을 한다. 또 고객의 욕구를 바로 알아서 즉각 대응할 수 있다는 점도 큰 장점이다. 무엇보다도 인적판매의 가장 큰 경쟁력은 소비자와 판매원을 이어주는 '정'에 있다고 할 수 있다. 정으로 연결된 사람과 사람 간의 관계는 장기적이고 긴밀하기 때문에 마케팅 측면에서 매우 중요하다.

그러나 인적판매는 사원을 선발하고 양성하는 과정에서 비용 발생이 크고, 영업 및 판매 조직 규모를 쉽게 변경할 수 없기 때문에 상당한 비용이 고정비로 묶일 수 있다는 단점을 가지고 있다. 그래서 인적판매에서는 영업 관리가 중요하다. 영업 관리에서 주요 의사결정은 영업 구조와 규모 설계, 영업사원의 선발·훈련·보상·감독·평가에 관한 것들이다. 영업 구조는 보통 지역·제품·시장·고객별로 조직되고, 규모는 업종에 따른 작업량을 고려해 결정된다.

영업사원에 대한 의사결정도 대부분 유사하지만, 업체별로 특별한 프로그램이 이용되기도 한다. 예를 들면, 영국의 해로즈(Harrods) 백화점은 앵글리아러스킨(Anglia Ruskin)대학과 백화점 영업 관련 학위과정을 운영하거나 신입사원에게 자긍심을 심어주기 위한 해로즈 웰컴(Harrods Welcome) 프로그램을 운영하는 등 60가지가 넘는 자기 계발 훈련 프로그램을 통해 사원들의 이직률을 절반으로 낮추는 데 성공하였다.

기업들이 인적판매로 인한 비용 부담을 줄이기 위해 이와 유사한 효과를 낼 수 있는 비인적 경로를 활용하는 경우도 있다. 예를 들면, 제품이나 서비스에 대한 고객의 경험이나 체험담을 광고를 통해 설득하는 방식을 들 수 있다. 기아자동차는 K7 모델을 출시하면서 시승기 광고를 통해 인적판매의 효과를 얻기도 했다.

인적판매로 인한 비용 부담을 줄이기 위해 고객체험담과 같은 비인적 경로를 활용하는 경우도 있다. 사진 출처: 기아자동차 홈페이지, LG유플러스 홈페이지.

한편, 인적판매에서 영업 관리 못지않게 중요한 것이 판매 과정이다. 판매 과정은 일반적으로 잠재 고객 발견, 사전 준비, 접촉, 판매 제안과 설득, 반대 의견 처리, 계약, 사후관리 순으로 구성된다. 모든 단계가 중요하지만, 특히 만남의 시작과 마지막 단계는 업종과 관계없이 고객과의 관계 구축을 위해 매우 중요한 단계다.

2년 연속 적자를 기록했던 스칸디나비아항공(SAS)을 흑자 기업으로 돌려놓았던 얀 칼슨(Jan Carlzon) 전 사장은 그의 저서, ‘Moment of Truth’를 통해 고객과 접촉하는 15초의 중요성을 강조하였다. SAS에서는 1년 동안 5명의 직원이 1,000만 명의 승객과 1인당 평균 15초 동안 접촉한다. 칼슨은 이 15초 동안의 커뮤니케이션이 고객 만족을 결정하는 진실의 순간이 될 수 있다고 주장하였다. 진실의 순간이란 스페인 투우에서 투우사가 소의 급소를 향해 검을 꽂는 마지막 순간을 의미한다. 인적판매에서는 고객과의 첫 만남이 이루어지는 순간이 바로 영업사원의 첫 인상뿐만 아니라 기업의 이미지도 결정짓는 진실의 순간이 된다.

고객이 계약서에 서명을 했다고 해서 거래가 종결된 것이 아니다. 실제로 영업사원이 더 많은 신경을 써야 하는 부문이 계약 이후 사후관리 단계다. 사후관리는 계약 후 제품의 배달과 설치, 품질 보증 등을 포함해서 고객과의 지속적인 관계를 유지하기 위한 과정이다. 기업이나 영업사원 입장에서 기존 고객을 유지하는 것이 신규 고객을 창출하는 것보다 비용을 포함한 모든 측면에서 더 유리하다. 따라서 영업사원은 고객과의 관계 유지를 위한 사후관리에 더 많은 노력을 기울일 필요가 있다.

직접(다이렉트) 마케팅(Direct Marketing)

텔레비전이나 라디오 광고와 같은 대중 마케팅과 비교되는 프로모션 기법으로 직접 마케팅이 있다. 대중 마케팅이 표준화된 메시지를 고객에게 전달한다면, 직접 마케팅은 표적 고객에게 일대일로 접근하여 차별화된 메시지를 전달하는 촉진 방식이다. 직접 마케팅은 마케터가 고객 파일이나 목록을 이용해 마케팅 대상을 선정한 후, 직접 우편(DM: Direct Mail)이나 방문 등 다양한 종류의 촉진 매체를 통해 개인별 메시지를 전달한다. 고객으로부터 구매나 문의 등의 응답을 통해 촉진 활동의 결과를 측정할 수 있다는 점에서 일반적인 마케팅과 다르다.

직접 마케팅은 전통적인 방식과 디지털 방식으로 구분할 수 있다. 전통적인 방식에는 직접 우편, 카탈로그 발송, 텔레마케팅 등이 있다. 디지털 방식에는 인터랙티브 TV 홈쇼핑, 웹사이트 등을 활용한 인터넷 쇼핑몰,

모바일 마케팅 등이 있다. 이러한 방식은 메시지의 개인화와 적절한 접촉 타이밍, 정확한 효과 측정 등에서 다른 방식보다 유리하다. 디지털 방식의 직접 마케팅은 마케팅 환경의 변화에 따라 인터랙티브 마케팅, 인플루언서 마케팅, 해시태그 마케팅 등 다양한 방식으로 변형 및 확산되고 있다.

인터랙티브 마케팅

인터랙티브 마케팅이란 기업과 고객, 소비자와 소비자 간에 양방향적이고 연쇄 반응적인 메시지를 통해 제품과 서비스를 판매하는 활동을 말한다. 인터랙티브 마케팅의 특징은 개인화·공유화·상호작용화의 3가지로 요약된다. 개인화는 인터넷 정보가 개인적 욕구에 부합해야 한다는 것을 말한다. 공유화는 인터넷 사용자들 사이에 정보와 개념이 공유되는 것이고, 상호작용화는 서로의 의견과 행동에 상호 반응한다는 것이다.[28]

인터랙티브 마케팅은 사용자의 선택에 따라 스토리의 과정과 결말이 달라지기 때문에 고객이 쉽게 흥미를 느끼고 적극 참여하게 되는 장점이 있다. 모바일 기기를 활용한 인터랙티브 광고 사례로 코카-콜라의 'The Drinkable Poster'를 들 수 있다. 2015년 코카-콜라는 코크 제로 광고에 인터랙티브 마케팅을 이용하였다. 소비자가 큰 콜라병이 띄워진 디지털 빌보드 앞에서 음악검색 앱, 'Shazam'을 실행시키면 모바일 기기 화면에 빨대가 등장한다. 그 빨대로 콜라를 마시는 동작을 취하는 순간, 빌보드 속의 콜라병이 점점 비워지기 시작한다. 콜라병이 비워지면 모바일 기기 상에 쿠폰이 뜨고, 이 쿠폰으로 빌보드와 함께 설치된 자판기에서 코크 제로 한 병을 무료로 받을 수 있다.

28 신병철 (2008), 인터랙티브 마케팅, 살림Biz.

모바일 기기를 활용한 인터랙티브 광고 사례로 코카-콜라의 'The Drinkable Poster'를 들 수 있다.
사진 출처: 코카-콜라 광고.

인플루언서 마케팅

인플루언서란 SNS에서 특정 주제에 대한 전문성이 있는 콘텐츠를 생산하여 대중에게 영향력을 행사하는 사람을 의미한다. 모바일 기기를 이용한 온라인 쇼핑의 지속적인 확대와 라이브 스트리밍(Live Streaming) 등 유통 기술의 발전으로 인플루언서의 영향력이 커지면서, 이들을 활용한 인플루언서 마케팅이 주목받고 있다. 라이브 스트리밍이란 인플루언서가 모바일 플랫폼에서 라이브 방송을 통해 팬들과 소통하면서 제품을 판매하는 기술로, 라이브 커머스가 성장하는 데 결정적 기여를 하였다.

인플루언서가 시장에 미치는 영향력은 특히 중국에서 크게 나타나고 있다. 중국의 주요 인플루언서이자 인터넷 스타를 의미하는 왕홍(网红)은 2010년 대 초반 웨이보(微博)와 웨이신(微信)의 등장과 함께 중국 인터넷 시장에서 마케팅 활동을 본격화하기 시작했다. 웨이보에서는 독특한 개성으로 수백만 명 이상 팬을 확보한 일반인 왕홍들이 등장했다. 이후 왕페이(王菲)와 같은 유명 연예인이 웨이보 페이지를 만들면서 웨이보가 급성장하였다.

뤄전위가 만든 뤄지쓰웨이 계정은 웨이신 팔로워가 1,000만 명이 넘을 정도로 많은 인기를 차지하고 있다. 사진 출처: 요우쿠.

웨이신의 등장은 1인 미디어가 활동할 수 있는 기반을 더욱 확대시켰다. 개인이 웨이신에 계정을 만들고 글을 올리면 이 글을 읽는 독자들이 생겨나면서 1인 미디어가 대중의 인기를 끌었다. 대표적인 성공사례로 뤄전위(罗振宇)를 들 수 있다. 그가 만든 뤄지쓰웨이(罗辑思维)라는 계정은 웨이신 팔로워가 1,000만 명이 넘는 것으로 알려져 있다.

2014년 중국에 4G가 보급되면서 텐센트나 요우쿠투또우(優酷土豆) 같은 동영상 사이트와 또우위(斗鱼)·잉커(映客)·메이파이(美拍)와 같은 생방송 사이트들이 등장하면서 왕홍들이 크게 증가했다. 이때부터 왕홍은 KOL(Key Opinion Leader)·1인 미디어(自媒体)·생방송 왕홍(主播网红)·이커머스 왕홍(电商网红) 등 다양한 형태로 활동하면서 14억 인구를 가진 중국 경제의 큰 손으로 부상하였다.

왕홍의 마케팅 효과는 국내에서도 이미 입증되었다. 2010년 롯데백화점이 브랜드 홍보를 위해 중국의 뷰티 왕홍들을 초청해 이벤트를 진행했고, 신세계백화점과 현대백화점도 2015년부터 왕홍을 활용한 마케팅을 추진하면서 높은 홍보 효과를 달성하였다.

해시태그 마케팅

해시태그는 SNS에서 검색을 통해 게시물을 쉽게 찾을 수 있도록 도입된 기능이다. '해시(#)'가 처음에는 관련 정보를 묶는 정도의 기능이었지만, 지금은 검색에서 노출되기 위한 용도로 더 많이 사용되고 있다. 해시태그는 트위터에서 처음 사용되었지만, 인스타그램을 통해 대중화되었다. 인스타그램은 해시태그 덕분에 검색이 어려웠던 사진 공유 서비스의 한계를 극복할 수 있게 되었다. 또 관심사가 같은 사용자들끼리 소통할 수 있는 길이 열리면서 폭발적으로 성장하였다.

홍보나 광고는 고객의 관심과 참여도가 높을수록 효과가 커진다. 해시태그가 달린 글이나 그림은 그렇지 않은 경우보다 더 많은 반응을 이끌어냈다. 이런 점에서 마케팅 홍보업체들이 훌륭한 촉진 수단으로서 해시태그의 가능성을 주목했다. 또 해시태그는 잠재고객을 발견하기 위한 훌륭한 단서가 되었다. 그 이유는 마케터가 해시태그를 통해 SNS 유저들의 관심사를 예측할 수 있고, 동일한 주제에 관심 있는 유저들만 따로 모아 타깃으로 분류할 수 있기 때문이다. 이후 해시태그는 마케팅의 주요 수단으로 활용되기 시작했다.

브랜드와 고객을 연결하는 해시태그의 도달 범위를 늘릴 수 있는 가장 좋은 방법 중 하나는 콘테스트나 경품 이벤트를 시행하는 것이다. 이때 기업은 콘테스트의 유형을 효과적으로 결정할 수 있도록 콘테스트 목표를 확실하게 결정하는 것이 좋다. 콘테스트의 목표는 새로운 제품이나 서비스 발표, 팔로워 증가, 이메일 주소 수집, 사용자 생성 콘텐츠(UGC: User-Generated Contents) 증가, 웹사이트 트래픽 증대 등 다양하다. 기업은 해시태그 콘테스트를 통해 고객이 생성한 콘텐츠를 향후 기업 홍보에 활용하는 등 마케팅 기회를 확보할 수 있다.

현대자동차와 아이스티 제조업체 BOS는 해시태그 마케팅을 통해 상당한 홍보 효과를 달성했다.
사진 출처: 벨로스터 공식 동호회 카페,BIZCOMMUNITY(https://www.bizcommunity.com).

현대자동차는 인스타그램과 트위터에서 '#myhyundaiveloster'라는 해시태그를 사용하여 브랜드 팔로워들에게 새로운 벨로스터 모델의 시승 기회를 제공하는 이벤트를 개최했다. 벨로스터 시승자들은 인스타그램과 트위터에서 '#velosternation'라는 해시태그를 걸어 자신의 시승기를 게시물로 올렸고, 현대자동차는 적지 않은 홍보 효과를 얻을 수 있었다.

남아프리카공화국의 아이스티 제조업체인 BOS는 2012년 펩시의 립톤 아이스티에 대항하는 신제품을 출시했을 때, 젊은이들을 타깃으로 특이한 자판기를 활용한 경품 이벤트를 시행하였다. 누구든 자판기 앞에 서서 '#BOSTWEET4T'라는 해시태그를 단 트위터 메시지를 보내면 5초 뒤에 아이스티를 경품으로 받을 수 있는 이벤트였다. 이벤트 기간 동안 1,000개가 넘는 음료수가 배포됐다. BOS는 경품 이벤트를 통해 트위터 팔로워의 증가세를 65%나 늘릴 수 있었다. 유튜브 동영상 조회 수도 5만 6,000회를 기록했다. 더나가 BBC나 AFP 통신 등 유명 언론들까지 이 이벤트를 보도하면서 홍보 효과를 극대화할 수 있었다.

마케팅 커뮤니케이션 프로세스

광고를 포함한 촉진 활동에서는 기업과 고객 간의 원활한 커뮤니케이션이 가장 중요하다. 이를 위해 기업은 메시지를 전달하고자 하는 표적 청중을 먼저 명확히 파악한 후, 그들로부터 원하는 반응이 무엇인가를 결정해야 한다. 마케터는 커뮤니케이션 목표를 달성하기 위해 적절한 메시지를 개발하고, 이를 효과적으로 전달할 수 있는 미디어와 메시지 원천을 선정한다. 이 모든 것들은 광고·PR·판매촉진 등 모든 촉진 활동에서 계획적이고 단계적으로 진행되어야 한다. 여기에서는 광고 사례를 더 많이 소개하고자 한다.

표적 청중 결정

기네스 맥주는 국내 시장에서 효과적인 촉진 활동을 위해 맥주의 다량 음용자인 25세부터 34세까지 남자들을 표적 청중으로 결정하였다. 그리고 고급스럽고 차별화된 이미지로 표적 청중들에게 인지도가 높은 배우를 메시지 원천으로 선정하였다. 기네스 맥주는 표적 청중의 범위를 비교적 구체적으로 결정한 후, 이들에게 차별화된 광고를 통해 촉진 효과를 극대화할 수 있었다. 하지만 요즘 광고에서는 타깃 고객의 페르소나를 보다 더 디테일하게 그린다. 예를 들면 사용자의 나이는 30세, 연봉은 5,000만 원 식으로 명확히 구분한다.

표적 청중 또는 타깃 고객이 누구냐에 따라 메시지의 형태(Format), 매체(Media), 메시지 원천(Source-Model) 등이 결정된다. 청중은 제품의 잠재적 구매자 또는 현재 사용자로서, 개인 소비자든 집단이든 직접 상품에 대한 구매 의사를 결정하거나 의사결정에 영향을 줄 수 있는 사람을 말한다. 일반적으로 표적 청중의 결정은 STP에서의 세분화와 표적 시장의 선택에 따른다.

기네스 맥주는 다량 음용자인 25~34세까지 남자들을 표적 청중으로 결정한 후, 인지도가 높은 배우를 메시지 원천으로 선정하였다. 사진 출처: 기네스 맥주, 디아지오 코리아.

청중의 반응 결정

브랜드에 대한 청중 또는 고객의 상태는 다양하다. 따라서 청중으로부터 얻고자 하는 반응을 명확하게 분석한 후, 여기에 적합한 메시지나 미디어가 결정되어야 한다. 일반적으로 기업이 얻고자 하는 촉진효과는 인지·지식·호감·선호·확신·구매까지 단계적으로 연결된다. 이것을 촉진효과의 하이어라키 모델(The Hierarchy-of-Effects Model)이라고 한다.

인지는 표적 청중이 브랜드나 회사명을 아는 것을 말하고, 지식은 회사명이나 브랜드 네임 이상의 내용을 아는 것을 의미한다. 호감은 제품에 대한 호의적 평가를 구축하거나 비호의적 평가를 개선하는 것이다. 선호는 타사 제품을 선호하는 소비자의 선호도를 바꾸어 자사 제품을 더 좋아하게 만든 것이다. 확신은 제품 구매가 구매자에게 좋은 결과를 가져다 줄 수 있다는 믿음을 가지도록 하는 것이다. 마지막 단계인 구매는 마케팅 커뮤니케이션의 최종 목표인 구매라는 행동이 이루어지는 것을 의미한다. 이 가운데 소비자가 어떤 단계에 있는 지에 따라 마케팅 커뮤니케이션의 목표나 방법이 달라진다. 광고나 PR은 주로 인지나 선호 등 앞 단계에서 활용되고 판촉은 확신이나 구매 단계에서 활용되는 경우가 많다.

한편 인지와 지식은 학습 단계, 호감·선호·확신은 감성(느낌) 단계, 그리고 구매는 행동 단계로 구분할 수 있다. 이 세 단계는 제품의 관여도나 브랜드 간 차이에 따라 순서가 다르게 나타나기도 한다. 예를 들면, 행동-느낌-학습과 같이 구매를 먼저 하고 마지막에 인지하는 반대의 과정을 거치는 경우도 있다. 이것을 인지부조화 하이어라키라고 부르는데, 주로 브랜드 간의 차이가 별로 없는 고관여 제품의 인적판매 과정에서 발견된다.

메시지의 선택

촉진 또는 광고 메시지는 청중의 주의를 집중시키고, 흥미를 유발하며, 욕구 자극과 함께 구매 행동을 유발할 수 있도록 적절한 내용·구조·형태를 갖추고 있어야 한다. 메시지의 내용이란 의사 전달자가 원하는 반응을 얻어낼 수 있는 메시지의 소구(Appeal) 방향이나 주제를 말한다. 소구 방법은 크게 이성적 소구, 감성적 소구, 도덕적 소구로 구분할 수 있다.

이성적 소구(Rational Appeals)란 제품의 구매가 청중이 원하는 편익을 제공한다는 내용으로, 예를 들면 제품의 품질·경제성·가치·성능 등을 알리는 것이다. 제품에 대한 성능 등을 자세히 설명하기도 하고, 비교 광고를 통해 자사 브랜드의 우수함을 강조하는 경우도 있다. 참고로, 비교 광고는 소비자 설득을 목적으로 하는 경우에 활용된다. 광고의 목표는 크게 정보전달·설득·상기로 구분할 수 있다.

금강기획이 제작한 타이레놀 인쇄광고와 페덱스의 비교광고는 짧은 글과 그림만으로도 이성적 소구가 가능함을 보여주었다. 사진 출처: 조선일보(1998.11.23), 동아일보(2001.12.11).

자사 브랜드의 우수함을 알리기 위해 긴 설명이 필요할 것 같지만, 짧은 메시지나 그림만으로도 얼마든지 이성적 소구가 가능하다. 한국 금강

기획이 제작한 타이레놀 인쇄광고는 짧은 글과 그림만으로도 제품의 우수성을 잘 표현하고 있다. 메시지로 사용한 글은 성서 마태오 복음의 한 구절인 "Come to me, all you who are weary and burdened, and I will give you rest."였고, 일러스트레이션은 예수님의 가시관 그림이었다. 이 글과 그림만으로도 소비자가 제품 구매를 통해 얻게 될 편익이 무엇인지를 잘 알려준다. 이 광고는 98런던국제광고제에서 의약품 부문 최우수상을 수상했다.

감성적 소구(Emotional Appeals)란 메시지를 통해 소비자의 부정적 또는 긍정적 감성을 유발하는 방식의 소구를 의미한다. 광고의 경우에는 감성적 소구로 유머나 공포 등을 소재로 자주 활용한다. 예를 들어, 화재로 인한 막대한 피해를 소재로 한 공포 소구 화재에 대한 소비자의 부정적 감성 유발과 함께 소방 관련 제품 구입이나 화재 보험 가입의 유인이 된다.

현대자동차 등 많은 자동차 업체들이 고객 감성을 자극하는 광고를 선호한다.
사진 출처: 현대자동차 광고.

감성적 소구는 오늘 날 현대인들에게 더 큰 위력을 발휘한다. 코카-콜라는 제품을 설명하는 이성적 소구보다 '행복을 열어라'와 '리얼 매직'과 같은 메시지로 제품이 행복이나 마법과 연계되어 있다는 내용의 감성적 소구를 자주 사용한다. 어떤 제품보다도 상세한 설명이 요구되는 자동차의 경우에도 감성적 소구가 효과적이다. 그래서 현대자동차나 기아자동차 등 많은 자동차 업체들이 고객 감성을 자극하는 광고를 선호한다.

평범한 제품이 감성적 메시지를 이용해서 최고의 상품으로 신분 상승한 사례도 적지 않다. 전 세계 다이아몬드 시장을 독점하고 있는 드비어스(De Beers)는 다이아몬드의 변치 않는 특성을 살려 '다이아몬드는 영원히'라는 메시지와 함께 마릴린 먼로(Marilyn Monroe)를 모델로 하는 캠페인을 진행했다. 이 캠페인으로 결혼반지는 곧 다이아몬드라는 공식이 만들어졌다. 메시지의 주요 타깃이 되었던 미국과 유럽의 중산층 여성들은 다이아몬드의 영원성이 남편의 사랑도 변치 않게 만들어 줄 것이라는 믿음을 갖게 되었다. 흔한 광물이었던 다이아몬드는 순식간에 부부의 사랑을 변치 않게 만들어 주는 결혼반지로 가공되어 전 세계로 팔려나가기 시작했다.

펩시와 유한킴벌리는 도덕적 소구를 이용해 홍보 효과를 높이고 있다.
사진 출처: 펩시 리프레시 프로젝트 홈페이지, 유한킴벌리 홈페이지.

도덕적 소구(Moral Appeals)는 소비자들이 어떤 것이 옳은지 생각할 수 있도록 불우이웃 돕기나 자연 환경 보호 등의 메시지를 프로모션에 활용하는 방식이다. 2010년 펩시는 매년 해오던 슈퍼볼 광고를 포기하는 대신 펩시 리프레시 프로젝트(Pepsi Refresh Project)를 진행했다. 이 프로젝트는 공식 웹사이트에 소비자들이 건강이나 환경 등에 관한 주제로 아이디어를 등록하면, 투표 후 채택되는 아이디어에 상금을 지급하는 사회공헌 성격의 이벤트였다. 펩시는 이 프로젝트에 2,000만 달러의 예산을 투입하였다. 미국 전역에서 매달 1,200건 이상의 아이디어가 등록되었고, 소비자들은 이를 페이스북이나 트위터를 통해 홍보하였다. 웹사이트 트래픽이 급격히 증가하면서, 펩시는 슈퍼볼 광고를 했던 때보다 더 큰 홍보 효과를 달성할 수 있었다. 유한킴벌리도 '우리 강산 푸르게 푸르게'를 캠페인에 사용하면서, 기업이 숲과 사람의 공존을 위해 노력한다는 메시지를 전하고 있다.

미디어 선택

미디어는 메시지를 전달하는 매체로, 크게 인적 경로와 비인적 경로로 구분할 수 있다. 인적 경로란 영업 또는 판매사원이 직접 고객과 의사소통을 하는 방법이다. 인적 경로는 직접 메시지를 전달하기 때문에 설득력이 있고, 청중의 반응을 바로 확인할 수 있다는 장점이 있다. 메시지 전달자가 영업사원인 경우 경로의 직접 통제가 가능하지만, 전문기관의 정보 제공이나 개인적 구전은 통제가 곤란하다는 단점이 있다. 따라서 인적 경로는 고가이면서 위험이 많이 지각되는 고관여 제품의 경우에 효과적이다.

비인적 경로는 대중매체를 이용하기 때문에 개인적 접촉이나 피드백 없이 메시지가 전달된다. 소비자의 태도와 행동에 직접 영향을 주거나, 아니면 의견 선도자의 구전을 야기함으로써 간접 영향을 주기도 한다. 미디어에는 인쇄매체·방송매체·온라인매체·전시매체 등이 있다. 기술의 발전과 함께 주요 매체도 방송과 인쇄에서 전시(Display)와 온라인 쪽으로 바뀌었다.

전시매체

전시매체란 포스터·옥외간판·벽보 등을 말한다. 오늘날 전시매체는 과거와 달리 LED 기술 등의 발전으로 진화를 거듭하고 있다. 뉴욕 맨해튼의 LED 옥외광고는 엄청난 광고비용에도 불구하고 자리 차지가 쉽지 않다. 국내에서도 현대자동차나 LG전자 등 일부 대기업들만 겨우 이용할 정도다.

뉴욕 타임스 스퀘어의 옥외광고는 엄청난 광고비용에도 불구하고 일부 대기업들만 겨우 이용할 정도로 인기가 많다. 사진 출처: LG디스플레이 대학생 인플루언서-디플.

옥외광고 전문가들은 사람들의 주의를 끌고 관심을 사기 위해 이색적인 옥외광고를 선보이기도 한다. 존슨앤드존슨은 타이레놀의 약효를 강조하기 위해 모델들이 러닝머신 위를 직접 달리는 옥외광고를 선보이기도 했다. 맥도날드 시카고 매장은 2013년 2월 새로운 모닝메뉴를 홍보하기 위해 지붕에 해시계 메뉴를 설치한 옥외광고를 설치했다. 광고업체 레오버넷(Leo Burnett)의 작품인 맥도날드 해시계는 사람들의 이목을 집중시키면서 극적인 홍보 효과를 달성할 수 있었다.

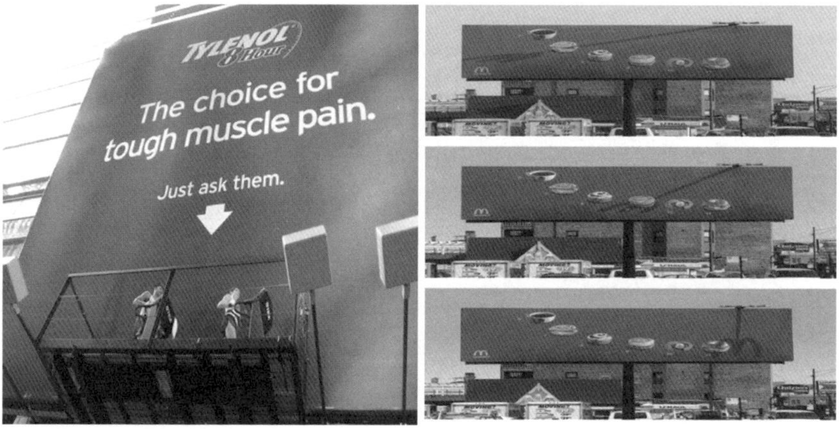

타이레놀이나 맥도날드 사례처럼 기업은 사람들의 주의를 끌고 관심을 사기 위해 이색적인 옥외광고를 선보인다. 사진 출처: 존슨앤드존슨 광고, 파이낸셜뉴스(2013.02,24).

이색적인 옥외광고는 인공위성이나 드론과 같은 첨단기술의 발전을 통해 과거에는 상상할 수 없었던 수준까지 진화하고 있다. 드론을 이용한 디스플레이 광고는 이미 밤하늘을 수놓는 수준까지 도달했다. 한 발 더나가 러시아 벤처기업인 '스타트 로켓'은 전 세계인을 대상으로 우주에 뜬 광고판, 스페이스 빌보드 프로젝트를 추진하고 있다. 윤리적인 문제만 해결된다면 스페이스 빌보드를 보게 될 날도 멀지 않았다.

러시아 기업인 스타트 로켓은 전 세계인을 대상으로 우주에 뜬 광고판, 스페이스 빌보드 프로젝트를 추진하고 있다. 그림 스페이스 빌보드. 사진 출처: Start Rocket.

온라인매체

주요 온라인매체로는 이메일·홈페이지·SNS 등이 있다. 특히 SNS는 최근 가장 인기 있는 매체로 부상하였다. 스타벅스나 블루보틀 커피와 같은 유명 브랜드들도 프로모션 매체로 방송보다는 SNS를 선호한다. 블루보틀 커피의 경우, 한국 매장을 오픈하기 전부터 SNS를 통한 티저 마케팅으로 커피 애호가들의 기대감을 높였다. 국내 시장에 진입한 이후에도 TV 광고 대신 인스타그램이나 페이스북 등 SNS와 블로그를 활용한 촉진 활동을 활발하게 진행하고 있다. SNS의 기능과 효과를 활용하기 위한 마케팅 기법에는 소셜타이징·웜 마케팅·밈 마케팅 등이 있다.

소셜타이징

코카-콜라는 소셜미디어를 활용한 광고에 아낌없는 투자를 하고 있다. 특히 소셜타이징 방식을 광고에 도입하면서 광고를 한 단계 진화시키는 데 기여하였다. 소셜타이징이란 소셜네트워크(Social Network)와 광고(Advertising)의 합성어로, 소비자가 특정 상품에 대한 광고를 자발적으로 제작하고 유통시키는 새로운 형태의 광고를 의미한다. 코카-콜라는 싱가포르의 한 대학 캠퍼스에 'Hug Me'라고 적힌 자판기를 설치하였다. 자판기를 안으면 무료 콜라가 나오는 이벤트인데, 콜라가 나올 때마다 학생들이 즐거워하는 모습을 일반인들이 동영상으로 촬영해 SNS에 올렸다. 코카-콜라는 이 동영상을 광고에 활용했고, 이 광고는 2012년 칸국제광고제의 수상작이 되었다. 맥도날드도 '빅맥송'을 고객이 직접 부르고 영상을 공유하는 소셜타이징을 통해 큰 홍보 효과를 올릴 수 있었다.

코카-콜라와 맥도널드는 소비자가 광고를 자발적으로 제작하고 유통시키는 소셜타이징을 통해 브랜드 홍보 효과를 크게 올릴 수 있었다.

사진 출처: 동아일보(2012.11.20), 이뉴스투데이(2016.09.08).

앞에서도 언급했지만 코카-콜라의 페이스북은 팔로워 숫자가 많기로 유명하다. 이와 관련해 널리 알려진 일화가 하나 있다. 2008년 11월 페이스북으로부터 코카-콜라 홍보팀에 전화 한 통이 걸려왔다. 팔로워 숫자가 오바마 전 대통령 다음으로 많아서, 운영자가 누구인가를 묻는 전화였다.

당시 코카-콜라 측은 자사 페이스북이 고객에 의해 운영 중인 사실을 몰랐다. 코카-콜라가 소송 대신 페이스북의 운영을 그들에게 그대로 맡겼다는 일화는 유명하다.

페이스북은 코카-콜라가 고객들과 소통하는 소중한 홍보 채널 중 하나다. 이벤트를 비롯한 홍보꺼리는 페이스북을 통해 세상에 알려지고, 유튜브로 생중계된다. 대표적인 예로 코카-콜라의 행복 찾기 캠페인인 '희망원정대 206 프로그램'을 들 수 있다. 이 캠페인은 2010년 1월부터 1년 동안 3명의 젊은이가 스페인 마드리드를 출발해 206개국을 돌며 행복스토리를 찾는 프로젝트였다.

What makes people happy? We're finding out

In January 2010. a team of three travelers will begin an unprecedented journey. A mission. An expedition. A quest to visit in 365 days 206 countries where Coca-cola is sold. These three travelers are more than mere explorers-they are Happiness Ambassadors, and they will seek and share the optimism and happiness of Coca-Cola from Aruba to Zimbabwe and everywhere in between. They will participate in some amazing events including the Winter Olympics in Vancouver, the FIFA World Cup in South Africa and the World Expo in Shanghai.

Throughout the year-long journey, these Happiness Ambassadors will be sharing their blog posts, tweets, videos, interviews and pictures so you can follow adventures in every country along the way.
But first we need your help. We need you to help us select the lucky travelers who will undertake this exciting and record-breaking journey. Which Ambassador team will uncover happiness in every corner of the word? It's up to you. Check out the team profiles, vote for your favorite and let the journey begin.

코카-콜라는 소셜미디어를 통한 구전 효과를 높이기 위해 희망원정대 206 프로그램을 진행하였다.
사진 출처: 코카-콜라 페이스북.

코카-콜라는 사전에 소셜미디어가 추구하는 진정한 가치가 무엇인가를 분석했는데, 분석 결과 가족과 친구였다. 코카-콜라는 이러한 가치와 브랜드를 연결하고, 소셜미디어를 통해 구전 효과를 높이기 위해 이 행사를 추진했다.

웜 마케팅

영화 '인셉션'은 2010년 개봉 2주 만에 관객 300만 명을 넘기는 기록을 세웠다. 흥행 성공의 주요 이유는 관객들의 입소문이었고, 입소문은 트위터나 페이스북 등 SNS를 통해 더욱 강력한 효과를 발휘했다. 소셜미디어의 가장 큰 장점 중 하나는 강력한 구전 효과다. 그래서 많은 기업들이 소셜미디어를 구전 마케팅에 활용한다. 구전이란 소비자들이 말이나 글 등을 사용해 소비와 관련된 정보를 주고받는 행위로, 쉽게 말해 입소문을 의미한다. 이를 이용한 마케팅을 구전 마케팅 또는 웜(WOM: World of Mouth) 마케팅이라고 한다.

웜에서 수단을 의미하는 'Mouth'는 시대의 흐름과 기술의 발전에 따라 Mouth-Mouse-Mobile로 변화하고 있다. 이처럼 수단의 변화에 따라 구전 형태는 크게 온라인 구전과 오프라인 구전으로 분류된다. 구전 수단은 지역·연령·직업 등에 따라 차이가 있다. 한국처럼 인터넷과 스마트폰이 널리 보급된 지역에서는 카카오톡이나 페이스북과 같은 소셜미디어가 구전의 주요 수단이라고 할 수 있다. 요즘 인기가 많은 바이럴 마케팅(Viral Marketing)이나 버즈 마케팅(Buzz Marketing)도 SNS 등에서 네티즌 간 자율적 소통을 통해 이루어지는 온라인 구전에 해당된다.

구전의 형태는 기업의 개입 정도에 따라 경험적 구전, 결과적 구전, 의도적 구전 등으로 분류할 수 있다. 경험적 구전이란 소비자가 제품이나 서비스와 관련된 경험을 자발적으로 공유하는 것을 말한다. 결과적 구전은 기업의 전통적 마케팅 활동에 의해 발생하는 구전으로, 소비자가 기업 이벤트에 참여한 사실을 지인들에게 알리는 경우가 여기에 해당된다. 의도적 구전은 기업이 자원을 투입하여 구전을 발생시키는 경우를 말한다. 예를 들면, 드롭박스((Dropbox)처럼 지인을 추천하면 저장 공간을 추가적으로 부여하는 방식의 고객 추천 보상 프로그램 등을 들 수 있다.[29]

구전이 중요한 이유는 디지털 시대의 소비자들이 광고보다 구전의 영향을 많이 받고 그것을 신뢰하기 때문이다. 인터넷에서 에어비앤비(Airbnb)의 긍정적 사용후기가 구매 의도를 더욱 강하게 촉발하는 것을 보면 구전의 위력을 알 수 있다. 구전은 인터넷과 모바일 기술의 발전으로 양·속도·범위가 더욱 확대되면서 마케팅 생산성이 매우 높다는 특성을 가지고 있다. 따라서 구전을 소비자에게 맡기기보다 기업이 마케팅 차원에서 적극 개입하고 관리할 필요가 있다.

구전 관리의 목적은 호의적 구전의 발생과 확산 또는 악의적 구전의 제거에 있다. 구전 관리는 구전 발생자, 구전 소재, 구전 수단, 구전 대응에 대한 관리 외에 후속조치를 포함한다.[30] 구전 발생자 관리는 구전을 어떻게 발굴하고, 어떤 채널을 통해 소통하고, 내용을 어떻게 공급할 것인가에 대한 계획과 실행을 하는 것이다. 예를 들면, 팬클럽 활동 정도에 따라 등급을 부여하거나, MS의 'MVP 어워드'처럼 브랜드 대사(Brand Ambassador) 프로그램을 운영하는 사례를 들 수 있다.

구전 소재에 대한 관리도 중요하다. 고객 경험에 의해 발생한 구전의 확신에 대한 수동적 관리뿐만 기업이 제공할 수 있는 모든 소재에 대한

29 안광호·하영원·유시진·박흥수 (2014), 마케팅원론(제7판), 학현사, pp.357-359.
30 상게서, pp.364-370.

능동적 관리도 필요하다. 판매촉진, 고객 서비스, 사회적 책임, 한정 판매, 경품 이벤트, 티저 광고 등이 기업이 제공할 수 있는 구전 소재라고 할 수 있다.

이케아는 스웨덴의 말모(Malmo)에 오픈한 매장을 홍보하기 위해 페이스북에 쇼룸을 만들었다. 페이스북 쇼룸 방문자를 늘리기 위해 태깅(Tagging) 기능을 활용했고, 입소문을 내기 위해 쇼룸 사진 속 가구에 가장 먼저 태깅하는 사람에게 해당 가구를 경품으로 주는 이벤트를 실시했다. 입소문은 순식간에 퍼져나갔고, 방문객이 폭발적으로 증가하면서 이케아는 엄청난 구전 효과를 경험할 수 있었다.

경영철학이 유사한 기업이나 유명인과의 협업을 통한 블루보틀 커피의 촉진 활동들은 훌륭한 구전 소재가 된다. 사진 출처: 브런치(https://brunch.co.kr).

구전의 소재 관리에서 가장 기본적인 것은 우수한 제품과 차별적 서비스가 전제되어야 한다는 점이다. SNS와 블로그를 활용해 촉진 활동을 하는 블루보틀 커피와 같은 기업들에게 브랜드의 우수성을 알리기 위한 한 구전 소재의 개발은 매우 중요하다. 블루보틀 커피의 경우, 경영 철학이 유사한 기업이나 유명인과의 협업을 통한 촉진 활동들은 브랜드의 우수성을 전제로 한 훌륭한 구전 소재가 될 수 있다. 예를 들어, 블루보틀 커피는 일본의 도자기 장인 아이호시 유미코의 커피 컵 세트 제작, 사회적 기업으로 알려진 미르(Miir)와의 기부 제휴 등을 추진하고 있다.

구전 수단에 대한 관리는 블로그, 소비자 커뮤니티, SNS, 정보 플랫폼 서비스, 홈페이지, 이메일, 매장에서의 기념품 제공, 컨퍼런스와 박람회 등을 관리하는 것이다. 특히 인터넷이나 SNS와 같은 온라인 수단들은 모두 공유 기능을 가지고 있기 때문에, 운영자가 어떻게 관리하는가에 따라 구전의 확산 정도가 달라진다.

구전 대응에 대한 관리 역시 중요하다. 구전을 소비자에게만 맡기지 말고, 기업이 구전에 적극 대응함으로써 기업에게 유리한 방향으로 유도할 필요가 있다. 예를 들면, 소비자 질문에 대한 책임 있는 답변, 커뮤니티에서 고객 칭찬에 대한 감사 인사, 실수에 대한 사과 등을 통해 기업의 진정성을 보여야 한다. 마지막으로, 기업이 구전에 대한 관리를 일회성으로 마무리해서는 안 된다. 소비자 구전과 관련된 각종 정보나 분석 자료를 사내에서 공유하고 마케팅 믹스 의사 결정에 반영하는 등 구전에 대한 후속 조치도 매우 중요하다.

밈 마케팅

밈(Meme)은 진화생물학자 리처드 도킨스(Richard Dawkins)가 '이기적 유전자'라는 책에서 처음 제시한 용어로, 인터넷에서 유행하는 특정 문화 요소가 말과 문자를 매개로 모든 세대에게 보존 또는 전파되는 것을 의미한다. 인기가 많거나 재미있는 밈은 SNS 등 온라인 매체를 통해 모방되거나 재가공되어 많은 사람들에게 확산되는 특징을 가지고 있다.

밈은 기업의 입장에서 중요한 구전 소재가 된다. 그 이유는 모방과 재가공을 통해 밈 콘텐츠가 업그레이드되면서 파급력이 더욱 커지기 때문이다. 기업들은 재미있는 밈 콘텐츠가 구전을 통해 확산되면서 브랜드 선호도를 높일 수 있다는 가능성을 보고 밈을 마케팅에 활용하기 시작했다.

농심은 가수 '비'의 깡 신드롬을 활용해 새우깡 마케팅을 성공적으로 진행했다. 2017년 비가 발매한 앨범 타이틀곡 깡은 당시 인기를 얻지 못한 실패작이었다. 하지만 2019년 한 여고생이 깡을 모방한 밈 영상을 유튜브에 올리면서 깡 신드롬의 나비효과가 시작되었다. 깡 챌린지 등 깡 신드롬이 이어지자 많은 네티즌들이 농심에 비를 모델로 섭외해줄 것을 요청했다. 비가 모델로 등장한 새우깡 광고가 유튜브 등에서 폭발적인 인기를 얻으면서, 2020년 7월 새우깡·감자깡·양파깡·고구마깡 등 농심의 4개 깡 제품의 매출액이 역대 최초로 100억 원을 넘는 기록을 달성했다. 버거킹도 인기 드라마를 통해 유명해진 김영철의 '4딸라' 밈을 4,900원 짜리 새로운 메뉴의 마케팅에 활용하면서 많은 홍보 효과를 얻었다.

기타 매체

인쇄·방송·온라인·전시와 같은 매체 외에도, 메시지 전달이라는 기능 측면에서 매장 분위기나 이벤트 장소도 훌륭한 매체가 될 수 있다. 스타벅스나 루이뷔통은 고급스러운 매장 분위기를 통해 자사 브랜드의 고급 이미지를 전달한다. 또 기업들은 특정 이벤트 자체나 장소를 브랜드 홍보를 위한 매체로 이용하기도 한다. 앞에서 설명했던 스폰서십이 좋은 예다. 코카-콜라가 후원하는 월드컵은 경기장 자체가 축구에 열광하는 팬들을 타깃으로 관련 제품이나 브랜드를 홍보하기 위한 최적의 매체가 되기도 한다. 기업이 이벤트를 마케팅 목적으로 후원하는 것을 스폰서십이라고 한다. 버드와이저는 경기나 대회 자체가 가진 매체와 메시지의 기능을 활용해 자사 브랜드의 이미지를 강화시키는 광고 효과를 얻기 위해 각종 아이스하키 대회와 비치발리볼 대회를 후원한다.

월드컵은 경기장 자체가 축구에 열광하는 팬들을 타깃으로 관련 제품이나 브랜드를 홍보하기 위한 최적의 매체가 되기도 한다. 사진 출처: FIFA 홈페이지.

메시지 원천

메시지는 일반적으로 신뢰도가 높은 원천에 의해 전달될 때 설득력이 있다. 그래서 메시지 원천은 전문성·진실성·매력도를 갖추는 것이 좋다. 보통 기술적 요소가 강한 상품은 전문성이 있는 메시지 원천을 모델로 기용한다. 가끔 저관여 소비재를 대상으로 관여도를 높이기 위해 관련 전문가를 원천으로 활용하기도 한다. 예를 들면, 자일리톨껌은 치과의사를 모델로 기용하면서 전달자의 권위나 전문성을 강조하는 동시에 제품의 관여도를 높이는데 성공하였다. 메시지 원천의 친근감이나 호감도 중요한 요소다. 그래서 메시지 원천으로 유명 스타나 캐릭터를 활용하는 마케팅 기법들이 각광을 받는다.

캐릭터 마케팅

캐릭터 마케팅으로 유명해진 기업들은 디즈니월드를 비롯해 수없이 많다. 코카-콜라는 산타클로스라는 캐릭터를 광고에 활용하면서 마케팅 성과를 크게 올릴 수 있었다. 겨울철 매출이 저조한 콜라의 판매를 늘리기 위해 코카-콜라는 1931년 겨울 산타클로스가 콜라 마시는 장면이 담긴 광고를 시작하였다. 이 광고로 코카-콜라 매출은 크게 늘어났고, 전설 속의 산타클로스는 빨간 외투를 입은 뚱보 할아버지로 대중에게 알려지기 시작했다. 이러한 산타클로스의 이미지는 미국의 그래픽 디자이너, 해돈 선드블롬(Haddon Sundblom)이 그때 광고에서 그렸던 모습이다. 광고에 등장하는 산타클로스는 코카-콜라의 상징색인 빨간색 외투를 입고 등장했고, 그 모습은 가장 대중적인 산타클로스의 캐릭터가 되었다. 코카-콜라는 그 후 새로운 캐릭터로 북극곰을 활용했고, 펩시는 펩시맨 캐릭터를 광고에 활용하기 시작했다.

코카-콜라는 캐릭터로 산타클로스를 활용했고, 펩시는 펩시맨 캐릭터를 광고에 활용했다.
사진 출처: 코카-콜라 홈페이지, 펩시 홈페이지.

과거에는 메시지 전달 대상이 주로 아동인 상품에서 캐릭터 마케팅을 활용했지만, 현재는 전 세대를 대상으로 플랫폼·패션·식품 등 다양한 상품이나 서비스에서 활용되고 있다. 카카오는 국내 캐릭터 마케팅의 대표적인 성공 기업으로 손꼽힌다. 카카오는 카카오톡 이모티콘으로 만들어진 카카오 프렌즈를 캐릭터로 발전시킨 후, 상품화에 큰 성공을 거두었다. 카카오가 캐릭터 사업에서 올린 수익만 100억 원이 넘었다고 알려질 정도로, 국내 모든 세대들에게 카카오 프렌즈의 인기는 대단하다.

캐릭터 마케팅은 성인이 주 고객인 주류 상품에서도 인기가 높다. 하이트진로는 진로 출시 3년 만인 2021년에 누적 판매 10억 병을 돌파하는 실적을 올렸다. 진로의 판매 상승에는 두꺼비 캐릭터의 힘이 컸다. 두꺼비의 인기는 문구와 생활용품 등 다양한 캐릭터 상품의 확산으로 이어졌다. 국내에서 두꺼비 캐릭터는 모든 세대의 호감을 사고 있으며, 그 인기는 주류 캐릭터샵(Character Shop)인 '두껍상회'의 전국 순회를 통해 입증되었다.

스타 마케팅

스타 마케팅이란 기업이 브랜드 인지도와 이미지를 높이기 위해 영화나 스포츠 분야에서 대중적 지지도가 높은 스타를 광고 모델로 활용하는 마케팅을 의미한다. 유명인을 마케팅에 활용한다는 점에서 셀럽 마케팅(Celebrity Marketing)과 유사하지만, 스타 마케팅은 말 그대로 스타의 명성이나 이미지를 브랜드 이미지 구축에 그대로 활용할 수 있다는 특징을 가지고 있다.

스타 마케팅의 위력은 나이키를 통해 입증되었다. 나이키의 최초 스타 마케팅은 미국의 유명 육상 선수였던 스티브 프리폰테인(Steve Prefontaine)에서 시작한다. 그는 나이키 공동 창업자인 빌 바워만(Bill Bowerman)이 만든 육상화 '와플 트레이너'를 신고 육상 7개 종목에서 미국 신기록을 달성한 육상 스타였다. 1975년 핀란드 팀과의 친선 경기에서 승리하고 돌아가는 길에 교통사고를 당해 요절했지만, 그의 영혼은 여전히 나이키 마케팅에 소환되고 있다. 그가 신고 달렸던 와플 슈즈는 지금도 판매되고 있다. 와플 창을 달고 2020년 출시되자마자 품절되었던 '데이브레이크 타입 N354'는 프리폰테인이 1973년 1마일 경기에서 세웠던 최고 기록 3분 54초 6을 기념하는 뜻으로 만들어졌다.

나이키는 세계적인 스포츠 스타들을 마케팅에 활용하는 스타 마케팅을 통해 브랜드의 인지도를 크게 높일 수 있었다. 사진 출처: 나이키, 알라딘서재(https://blog.aladin.co.kr/).

1964년 '블루리본 스포츠'라는 이름으로 창업했던 나이키는 70년대 초반까지만 해도 날기 위해 안간힘을 쓰던 신생 기업이었다. 1974년 지금의 브랜드로 기업명을 바꾸면서 가장 먼저 했던 일 중 하나가 세계적인 테니스 스타 존 매켄로(John McEnroe)와 제품 사용 계약을 맺는 것이었다. 악동으로 소문난 매켄로의 공격적이고 생동감 넘치는 캐릭터는 나이키의 마케팅 전략과 잘 맞아 떨어졌고, 미국 내 스포츠화 시장에서 나이키 점유율은 급등하기 시작했다. 이후 나이키는 마이클 조던과 타이거 우즈와 같은 세계적인 스포츠 스타들을 마케팅에 계속해서 활용하고 있다. 오늘날 최고의 스포츠 메이커 브랜드로 성장한 나이키를 보면서 스타 마케팅의 위력을 새삼 실감하게 된다.

스타 마케팅은 스타의 이미지가 브랜드에 연결되면서 브랜드를 기억하는 단서로 사용할 수 있고, 모방심리를 자극해 구매를 유도하는 장점을 가지고 있다. 사진 출처: 에이스침대.

스타 마케팅은 스타의 명성과 이미지가 브랜드에 연결되면서 소비자가 브랜드를 기억하는 단서로 사용할 수 있고, 모방심리를 자극해서 스타가 광고에서 사용한 동일 브랜드의 구매를 유도할 수 있다는 장점을 가지고 있다. 매일유업은 김연아 선수를 광고 모델로 활용했는데, 초등학교 학생들이 광고에 등장한 우유를 급식으로 달라고 요구할 정도로 인기가 오르면서 매출이 크게 오르는 성과를 달성할 수 있었다. 에이스침대는 매트리스 광고에 블랙핑크의 '제니'를 모델로 선택했다. 제니의 일상을 통해 좋은 잠의 효과를 보여주는 광고 시리즈 '2022 좋은 잠, 좋은 나'의 영상 조회 수는 무려 8백만 회를 훨씬 넘겼다.

아홉 번째 이야기

ESG 마케팅

2022년 연말 맥도날드는 TV광고 한 편을 통해 ESG 마케팅을 추진했다. 광고 내용은 아픈 어린이와 가족들의 복지 증진을 위해 설립된 자선재단, '로날드맥도날드하우스(RMHC)'를 후원하는 내용이었다. 연말연시 가족의 소중함이 각별해지는 시점에 한 편의 ESG 광고는 사회적 기업으로서의 이미지 구축과 함께 마케팅 효과가 클 것으로 기대된다.

맥도날드는 사회적 기업으로서의 이미지를 강화하기 위해 2022년 연말 ESG 광고를 진행하였다.
사진 출처: 맥도날드 유튜브.

그동안 우리는 일부 유명 기업들의 비윤리적 행태에 실망감을 감추지 못했던 적이 많았다. 대표적으로, 2011년 국내에서 발생했던 가습기 살균제 사건은 우리 사회에 큰 충격을 안겨 주었다. 당시 원인 미상의 폐질환 증세를 보이던 임산부 환자들이 대거 서울아산병원 응급실에 입원하는 일이 벌어졌다. 조사 결과, 폐질환의 원인은 가습기 살균제에 포함된 화학물질, PHMG와 PGH로 규명되었다. 검찰은 5년이 지난 2016년에 이르러서야 전담 수사팀을 구성해 수사를 진행했다. 가해업체는 검찰 수사가 본격화되자 마지못해 공식 사과를 했다.

2017년 KBS의 시사기획 '창'에서 방영됐던 '글로벌 기업의 두 얼굴'은 러브마크에 대한 우리의 호감과 선망을 실망으로 바꾸기에 충분했다. 이 프로그램은 글로벌 기업의 과다한 상표 사용권, 인색한 기부 활동, 세금 회피 등에 대한 실상을 그대로 보여주었다. 특히 명품 브랜드들의 국내 기부금 현황을 보면 실망스럽기 그지없었다. 2016년 버버리는 2,472억 원 매출에 157만 원 기부, 크리스찬 디올은 577억 원에 1,290만원, 몽클레르는 682억 원에 0원, 페라가모는 1,499억 원에 300만 원, 까르띠에는 6,331억 원 매출에 기부금은 1억 5,000만 원에 불과하였다. 구찌·루이비통·프라다는 유한회사로 등록되어 있기 때문에 아예 기록조차 없었다.

가장 창의적인 글로벌 기업의 대명사인 구글도 국내에선 관련 세금을 내지 않는 것으로 보도되었다. 구글은 국내에서 유한회사로 등록되어 있어 매출 등 경영정보 공시 의무가 없었다. 기업의 매출을 정확하게 알 수 없기 때문에 과세 기준 수립이 어렵다는 것이다. 국내에서 상당한 수익을 창출하는 글로벌 기업들 가운데 일부는 법인세가 싼 싱가포르나 아일랜드 등의 조세피난처를 이용함으로써 국내에서 거의 세금을 내지 않는 것으로 알려져 있다.

일부 글로벌 기업들은 법인세가 싼 싱가포르나 네덜란드, 아일랜드 등으로 국내 수익을 보내기 때문에 국내에서는 거의 세금을 내지 않는다. 사진 출처: 세계일보 (2013.03.04).

한편, 대우조선해양의 분식회계로 인해 국내 회계제도에 대한 신뢰도가 크게 추락하면서 2017년 10월 '주식회사 등의 외부감사에 관한 법률'이 전면 개정되었고, 시행령이 2018년 10월에 발표되었다. 이로 인해 직전 사업연도 자산 또는 매출액이 500억 원 이상인 주식회사와 유한회사가 외부감사 대상에 포함되면서 공시 의무가 추가되었다. 구글코리아는 2021년 4월 한국 사업의 실적을 처음으로 공개했다. 이를 계기로 향후 구글의 세금 회피에 대한 논란은 종식될 것으로 기대된다.

최근 명품 브랜드들의 기부행위도 증가하고 있는 추세다. 롤렉스는 2021년 전년보다 268% 늘어난 12억 5,100만원을 기부했고, 국내 현대 미술계를 오랫동안 후원하고 있는 에르메스도 약 50% 증가한 기부금을 냈다. 디올은 2022년 이화여자대학교와 산학협력을 맺고 장학금과 인턴십 프로그램 등을 지원했다. 구찌는 동대문 디자인플라자에서 열렸던 전시를 앞두고 대학(원)생 공모전을 실시했다. 까르띠에는 전 세계 여성 창업가들을 대상으로 재정적·인적 자원을 지원해오고 있는데, 국내에서도 여러 명이 지원을 받았다. 프라다도 2021년 세계적인 디자이너와 국내 대학생과의 대담을 지원했다.

국내 시장 규모가 커지고 유명 기업의 사회적 책임에 대한 목소리가 높아지면서, 최근 몇 년 사이 ESG 경영을 도입하는 기업들이 늘어나기 시작했다. ESG란 Environment·Social·Governance의 머리글자를 딴 용어로, 기업이 지속 가능한 성장을 위해 친환경, 사회적 책임, 지배구조 개선 등 투명 경영을 실천하는 것을 의미한다. ESG라는 용어는 2004년 유엔 글로벌 콤팩트(UN Global Compact)의 보고서인 'Who Cares Wins – Connecting Financial Markets to a Changing World'에 처음 등장했다. 이 보고서는 투자자들이 투자 대상 기업의 지속가능성 수준을 체계적으로 판단할 수 있는 기준으로 ESG를 제시하고 있다.

과거에는 투자자들이 기업 투자를 결정할 때 대부분 재무적 요소만 고려했지만, 이제는 장기적인 수익 추구를 위해 ESG와 같은 비재무적 요소도 함께 평가한다. 따라서 몇몇 선도적 글로벌 기업들에 의해 형식적으로 도입되었던 ESG가 지금은 경영 활동의 주요 이슈로 부상하였다. 이와 함께 기업들이 자신의 ESG 경영을 세상에 널리 알리고 소통하기 위한 마케팅 활동도 중요해졌다.

이러한 배경에는 대형 자산운용사들이 있다. 세계적 자산운용사인 블랙록의 CEO인 래리 핑크(Larry Fink)는 몇 년 전부터 투자대상 기업들에게 사회적 목적을 수행하고 기후변화에 적극적으로 대응할 것을 강조해왔다. 이에 화답이라도 하듯, 미국 내 주요 기업 경영자들의 모임인 비즈니스 라운드 테이블(BRT)이 2019년 '회사의 목적에 관한 성명서'를 통해 고객·

근로자·공급업체·지역사회 등 이해관계자들에게 기여하겠다고 선언하였다. 자의든 타의든 많은 글로벌 기업들이 ESG 경영을 선포하고 ESG 위원회 등 관련 조직을 확충하기 시작했다. 연기금이나 기관투자자들이 기업 지분을 많이 보유하고 있는 미국에서는 자산운용사를 통해 기업 투자 시 ESG 요소를 고려하겠다는 압박이 효과가 있는 듯하다.

거버넌스 중심 ESG 마케팅

거버넌스 중심 ESG 마케팅이란 기업이 건전한 지배구조를 구축하고 이를 홍보와 브랜드 관리에 활용하는 것을 의미한다. 다시 말해, 기업이 고객들에게 이사회 등 자사의 기업지배구조가 얼마나 윤리적이고 의사결정 과정이 투명한지를 알리는 홍보 활동이 마케팅의 핵심이라고 할 수 있다. 예를 들면, 풀무원은 자체 운영 중인 뉴스룸에서 기업의 지배구조를 소비자들이 이해하기 쉽게 설명해주는 홍보 활동을 통해 브랜드 이미지를 강화하는 효과를 거두었다. 오뚜기도 홈페이지를 이용해 지배구조 등 ESG 경영에 관한 정보를 제공함으로써 소비자들의 신뢰도를 높이고 있다.

풀무원은 자체 운영 중인 뉴스룸을 통해, 오뚜기는 홈페이지를 이용해 지배구조 등 ESG 활동에 관한 정보를 제공함으로써 소비자들의 신뢰도를 높이고 있다.

사진 출처: 풀무원 홈페이지, 오뚜기 홈페이지.

그러나 미국과 달리, 국내 많은 기업들은 거버넌스 중심 ESG 마케팅에 상대적으로 소극적이다. 그 이유로 양국 간 기업지배구조 상의 차이를 들 수 있다. 국내 대부분의 회사에는 지배주주가 있다. 이러한 기업지배구조에서는 미국처럼 연기금과 기관투자자의 압박만으로 ESG를 정착시키기가 쉽지 않다. 당연히 기업지배구조의 윤리성과 투명성을 홍보하는 거버넌스 마케팅의 즉각적인 실행도 쉽지 않을 것이다.

이와 같은 예상은 2022년 국내 한 유명 식품전문그룹이 계열사 공장 직원의 사망 사고와 직원의 부상 사고를 처리하는 과정에서 나타났다. 국민들은 지배주주의 존재와 이들이 사고 책임을 회피하도록 만들어진 지배구조, 이로 인한 기업의 무책임한 행동을 목격하면서 크게 실망할 수밖에 없었다. 그 결과는 소비자 불매운동으로 이어졌다. 기업의 비윤리적인 지배구조와 의사결정이 공들여 가꾼 브랜드 가치를 한 순간에 무너뜨릴 수 있다는 것을 보여주는 사건이었다.

사회적 책임 중심 ESG 마케팅

거버넌스와 달리, 사회적 책임에 초점을 맞춘 ESG 마케팅은 그나마 상대적으로 활발한 편이다. 그 이유는 기업들이 오래 전부터 CSR을 통해 사회적 책임에 대한 기업의 역할을 인지하면서 나름대로 실천하고 있는 경우들이 있기 때문이다. CSR이란 기업의 사회적 책임(Corporate Social Responsibility)의 약어로, 1953년 미국의 경제학자 하워드 보웬(Howard Bowen)의 저서 'Social Responsibilities of the Businessman'를 통해 처음 소개되었다. 보웬은 CSR을 경영자가 사회 전체의 목적과 가치에 합당하게 의사결정을 하고 행동함으로써 기업이 사회 전반에 책임을 지도록 하는 것이라고 정의하였다. 이 정의에는 기업이 한정된 기회와 자원의 사용으로 인해 발생하게 되는 최소 수혜자에게 최대 혜택을 돌려준다는 의미가 들어있다.

현대자동차는 미국에서 소아암 연구와 치료를 후원하기 위해 자동차 한 대를 판매할 때마다 14달러씩 기부하는 프로젝트를 추진하고 있다.

사진 출처: 에드몬드 현대(https://www.edmondhyundai.com/blogs).

그러나 CSR의 개념이 구체적이지 않고 다분히 추상적이어서, 기업이 사회적 책임을 행동으로 실천하는 것이 쉽지 않았다. 그래서 많은 기업들이 이익의 사회적 환원이라는 방식을 통해 CSR을 실천했다. 대표적인 사례로 현대자동차의 'Hope On Wheels'라는 기부 프로젝트를 들 수 있다. 현대자동차는 1998년부터 미국에서 소아암 연구와 치료를 후원하기 위해 자동차 한 대를 판매할 때마다 14달러씩 기부하는 프로젝트를 추진하고 있으며, 이를 통해 소아암연구센터를 설립·운영하고 있다. 이러한 CSR은 미국 시장에서 현대자동차의 브랜드 이미지 강화에 큰 도움이 되었다.

사회적 책임에 초점을 맞춘 ESG는 CSR과 거의 동일하다. 두 개념의 차이를 굳이 언급하자면, ESG는 CSR보다 더 구체적이고 규범적이다. 또 투자자가 개입하기 때문에 기업이 실행할 수밖에 없는 강제성을 띠고 있다. 사회적 책임 중심의 ESG 마케팅 사례로 맥도날드의 '로날드 맥도날드 하우스 캠페인'이나 매일유업의 '안부 우유 캠페인'을 들 수 있다. 두 캠페인 모두 기업이 주체가 되어 나눔 기부를 진행하고, 소비자 구매가 곧 기부로 이어지며, 브랜드의 이미지 강화와 유지에 크게 기여하고 있다는 공통점을 가지고 있다.

공유 가치 창출(CSV)

CSR과 유사한 개념으로 CSV(Creating Shared Value)를 들 수 있다. 2011년 마이클 포터(Michael Porter) 교수에 의해 소개된 CSV는 기업의 경영 활동 자체가 사회적 가치를 창출하면서 동시에 기업의 경제적 수익을 추구할 수 있는 방향으로 이루어지는 것을 의미한다.[31] 기업이 수익을 창출한 이후에 사회공헌 활동을 하는 CSR의 한계점을 보완한 개념이라고 할 수 있다. 다시 말해, CSV는 기업이 비즈니스를 통해 사회 문제나 환경 문제 등과 관련된 사회적 문제에 집중함으로써 사회 가치와 기업 가치를 양립시키는 시도라고 할 수 있다. 대표적인 CSV로 다음 세 가지 사례들을 들 수 있다.

글로벌 기업 사례로 네슬레(Nestle)의 CSV를 들 수 있다. 네슬레는 코트디부아르에서 코코아를 생산하고 인도에서 우유를 제조하는 과정에서 자사가 보유한 신품종을 보급하고 농업과 가공 기술 등을 현지 농부들에게 전해 주었다. 이러한 CSV 활동을 통해 현지 농부들의 수입은 약 300% 증가하였고 네슬레도 양질의 원료를 확보할 수 있었다.

현지 기업 사례로 그라민폰(Grameenphone)의 CSV를 들 수 있다. 방

31 Porter, M. E. and Kramer, M. R. (2011), Creating Shared Value, *Harvard Business Review,* January, pp.62-77.

글라데시 기업인 그라민폰은 2007년에 의료 서비스 제공 NGO 단체인 CSRD(Caring Society for Rural Distressed)를 위해 인터넷 등 정보 서비스가 제공되는 커뮤니티 인포메이션 센터(CIC)를 설립하였다. 그라민폰은 센터의 보급을 통해 농촌과 도시 간 정보 격차를 해소시켰고, ICT를 이용한 교육과 고용 창출 등을 통해 지역 발전에 기여했으며, 기업 이익도 함께 올릴 수 있었다.

국내 기업 사례로 CJ대한통운의 CSV를 들 수 있다. CJ대한통운은 택배 차량이 아파트 단지에 도착하면 노인들이 전동 카트를 이용해 단지 내에서 배달하는 실버 택배 사업을 통해 CSV를 추진하였다. 실버 택배 사업은 노인 일자리 창출뿐만 아니라 배송비 절감을 통한 기업 이익 증가라는 성과도 가져다주었다.

유엔총회에서 채택된 SDGs(Sustainable Development Goals)는 2030년 달성을 목표로 17가지 목표를 설정했다. 사진 출처: 지속가능발전포럼.

CSV의 발상은 2015년 유엔총회에서 채택된 지속가능발전목표(SDGs: Sustainable Development Goals)로 이어졌다. 여기에서는 2030년 달성을 목표로, 빈곤종식(Goal 1. No Poverty)부터 목표를 위한 파트너십 활성화(Goal 17. Partnerships for the Goals)까지 17가지 목표를 설정했다. 17가지 목표는 ESG와 직접 연계가 된다. 예를 들면, 1번부터 11번까지는 사회적 책임에 해당하고, 12번부터 15번까지는 친환경에 해당되며, 나머지는 지배구조에 해당된다. 따라서 ESG를 제대로 이해하기 위해서는 SDGs도 함께 이해할 필요가 있다.

친환경 중심 ESG 마케팅

시간이 흐를수록 친환경 중심 ESG에 대한 관심이 높아지면서, 이를 실천하는 기업들이 지속적으로 증가하고 있다. 예를 들면, 월마트는 폐기물을 줄이기 위한 포장재 개발로 환경 보호뿐만 아니라 34억 달러의 비용을 절감할 수 있었다. 또 물류 효율화를 통해 화물 트럭의 주행 거리를 단축시킴으로써 연료비 절감 효과도 얻고, 10만 3,000톤의 이산화탄소 발생을 줄임으로써 환경 보호 효과도 함께 얻을 수 있었다. 이와 같은 사례는 사회 가치와 함께 기업 가치도 올리는 효과를 발생하기 때문에 CSV에도 해당된다.

리바이스는 제품 디자인과 생산 방법의 개선을 통해 환경오염과 파괴를 최소화 하고 있다. 마감 공정에서 사용되는 물의 양을 줄일 수 있는 신기술을 도입해 당시 3억 6,000만 리터 이상의 물을 절약하는 성과를 올렸다. 또 살충제를 사용하지 않고 재배한 유기농 면화와 목재 펄프에서 추출한 천연 섬유를 사용함으로써 섬유 생산 과정 중에 소모되는 에너지를 절약하고 있다. 이 외에도 리바이스는 2009년에 재활용 섬유로 만든 제품을 출시하였고, 2010년에는 지속 가능한 임산물 조달 정책(Sustainable

Forest Product Procurement Policy)에 참여해 지속 가능한 숲 가꾸기 활동을 펼쳐왔다. 특히 파괴 위험에 처한 숲이나 불법 벌목의 가능성이 높은 지역에서 생산된 목재와 종이 제품의 사용을 금지함으로써 친환경 활동을 적극 실천하고 있다.

친환경 중심 ESG에 대한 관심이 높아지면서, 이를 실천하는 기업들이 지속적으로 증가하고 있다.

사진 출처: SK 홈페이지, 쿠키뉴스(2022.01.17).

국내에서도 친환경 중심 ESG 마케팅에 대한 관심이 높아지면서, 이를 실천하는 기업들이 점점 증가하고 있다. 대표적인 사례로 '곰표 플로깅 하우스' 캠페인, SK의 지크 제로(ZIC ZERO) 광고, 스타벅스의 'Better Together'를 들 수 있다. 대한제분은 2021년 11월 인천 소래산에서 조깅하면서 쓰레기도 줍는 플로깅 하우스 캠페인을 전개하였다. 산 입구에서 나눠준 곰표 포대에 쓰레기를 담아가면 정상에 설치된 플로깅 하우스에서 곰표 상품과 교환할 수 있는 홍보 캠페인이었다. SK는 신제품 지크 제로를 출시하면서, 엔진 보호 성능의 향상과 함께 연료 소비와 배기가스 절감을 통한 친환경 제품임을 광고를 통해 적극 홍보하였다.

스타벅스 코리아도 친환경 중심 ESG 마케팅에 적극적이다. 스타벅스 코리아는 지역사회와의 상생과 친환경 패러다임을 제시하기 위해 'Better Together'라는 슬로건을 걸고 '플래닛(Planet)'과 '피플(People)'의 두 분야에 다섯 가지 과제를 발표했다. 여기에는 일회용 컵을 없애고 친환경 매장을 확대하며 일자리 확대와 사회적 가치를 높이겠다는 내용을 담고 있다.

스타벅스 코리아는 일회용 컵을 없애고 친환경 매장을 확대하는 등 친환경 중심 ESG 마케팅에 적극적인 모습을 보이고 있다. 사진 출처: 스타벅스 코리아 홈페이지.

그린 워싱(Green Washing)

최근 친환경에 대한 관심이 높아지면서, 이를 위장한 마케팅 수법, 그린 워싱이 극성을 부리고 있다. 그린 워싱은 자연 환경을 상징하는 그린(Green)과 불쾌한 사실을 숨기기 위한 눈속임이라는 뜻의 화이트 워싱(White Washing)이 합쳐진 단어다. 과장 광고나 근거 없는 주장을 통해 브랜드를 홍보하는 사례를 지적하기 위해 1991년 '마더 존스(Mother Jones)'라는 미국 잡지에서 처음 사용되었다. 그린 워싱은 기업이 처음부터 친환경인 것처럼 교묘하게 위장하고 속이는 경우가 대부분이다. 그래서 그린 워싱은 소비자의 구매 결정에 혼란을 초래하는 등 사회적으로 큰 문제가 된다.

이니스프리나 스타벅스와 같은 유명 브랜드도 그린 워싱의 구설수에 오르면 곤혹을 치를 수밖에 없기 때문에, 친환경 마케팅을 수행할 때는 신중하게 접근할 필요가 있다.

사진 출처: DIELINE(https://thedieline.com), 스타벅스 코리아.

기업이 그린 마케팅을 추진하면서, 의도치 않게 다른 환경을 파손시키는 경우도 있다. 그래서 기업이 친환경 마케팅을 수행할 때는 신중한 접근이 필요하다. 유명 브랜드라도 그린 워싱의 구설수에 오르면 곤욕을 당할 수밖에 없다. 대표적인 사례로 화장품 업체인 이니스프리와 스타벅스를 들 수 있다. 2021년 이니스프리는 무색 폴리에틸렌(PE) 재질로 된 용기의 겉면에 종이 라벨을 씌운 플라스틱 절감 제품을 출시하면서, 기존 제품보다 플라스틱을 절감하는 효과를 보았다. 하지만 용기에 "I'm Paper Bottle"이라고 표기하면서, 이를 그대로 믿었던 많은 소비자들의 분노를 사기에 충분했다. 스타벅스도 50주년 기념으로 리유저블 컵(Reuseable Cup) 증정 행사를 실시했다. 이 캠페인도 컵 소재가 플라스틱이라는 이유로 캠페인이 오히려 플라스틱 사용을 부추긴다는 그린 워싱의 구설수에 올랐다. 환경 보호를 위해 일회용 컵 사용을 줄인다는 취지에 집중한 나머지, 다른 환경 문제를 간과한 결과다.

ESG 마케팅 사례: 스타벅스

스타벅스는 한 때 커피 공정거래나 아동 노동 착취 문제로 인해 곤욕을 치렀던 적이 있었다. 1999년 미국의 NGO 단체, 글로벌 익스체인지(Global Exchange)는 커피 생산자들이 정당한 대가를 받을 수 있도록 스타벅스 측에 공정무역을 통한 커피 구입을 요구하는 시위를 벌였다. 2000년 2월에는 미국의 KGO 방송국이 스타벅스에 커피를 공급하는 과테말라한 농장에서의 아동 노동과 임금 착취를 고발하는 프로그램을 방영한 적도 있었다.

글로벌 익스체인지는 커피 생산자들이 정당한 대가를 받을 수 있도록 스타벅스 측에 공정무

역을 통한 커피 구입을 요구하는 시위를 벌였다. 사진 출처: Global Exchange 홈페이지.

이러한 일들은 결과적으로 스타벅스가 공정 무역을 추진하는 계기로 이어졌다. 스타벅스는 2005년 라틴 아메리카와 동아프리카 지역의 공정 무역 혼합 원두인 '카페 에스티마'와 2012년 라틴 아메리카 혼합 커피인 '이탈리안 로스트'를 자체 브랜드로 출시하였다. 스타벅스는 현재 세계 최대 공정무역 인증 구매업체다. 커피 농가가 공정무역 조합 소속이 아닌 경우, 스타벅스는 자체 친환경 윤리 구매 가이드라인, 'C.A.F.E(Coffee and Farmer Equity) Practice'를 통해 그들의 커피를 평균 단가보다 높은 가격으로 구매하고 있다. 여기에서 구매하는 원두는 스타벅스 전체 구매량의 상당 부분을 차지한다. 이외에도 스타벅스는 친환경 원두 재배 농가를 대상으로 신용 지원을 하고 있으며, 커피 원산지 내 사회시설 설립에도 투자를 하고 있다.

스타벅스 코리아도 윤리 구매, 환경 보호, 지역 사회 참여 활동 등 ESG 캠페인을 적극 수행하고 있다. 예를 들면, 2006년부터 공정무역 농가 지원을 위한 전국 동시 무료 커피 나눔 행사, 'Good Coffee Day'를 실시해 오고 있고, 2008년부터는 공정무역의 달 고객 행사를 진행해 왔다. 또 친환경 커피 퇴비를 국내 농가에 무상으로 지원하는 활동도 하고 있다. 지역 사회를 위한 사회적 책임 활동도 다양하게 진행하고 있다. 특히 국내 전통문화를 존중하는 PR 활동들을 눈여겨 볼 필요가 있다.

스타벅스 코리아는 현지 문화를 존중한다는 메시지를 고객들에게 전달하기 위해 문화재 보호와 관련된 후원을 지속적으로 실천하고 있다. 2009년에는 문화재청과 '문화재지킴이' 협약을 하였고, 그 일환으로 백범 김구 선생 친필 휘호 유물을 문화재청에 기부하였다. 이와 함께 주미 대한제국 공사관 복원 사업을 후원하기도 하였다. 또 2009년부터 '정관헌에서 명사와 함께'와 같은 문화 행사를 후원하고 있는데, 덕수궁 정관헌은 고종 황제가 커피를 마시면서 연회와 휴식을 즐겼던 역사적 장소다. 창경궁에서는 야간 개장 행사 시 커피 지원과 고궁 청소 등의 프로모션을 진행하기도 하였다.

스타벅스 코리아는 현지 문화를 존중한다는 메시지를 고객들에게 전달하기 위해 문화재 보호와 관련된 후원을 지속적으로 실천하고 있다. 사진 출처: 스타벅스 코리아 홈페이지.

스타벅스는 국내에서 브랜드 광고 한 번 하지 않고 ESG 활동을 통한 홍보만으로도 강력한 브랜드 이미지를 유지하고 있다. 광고보다 PR을 통한 홍보의 위력이 더 효과적이라는 것을 스타벅스가 증명하고 있는 셈이다.

ESG 마케팅 사례: 코카-콜라

스타벅스와 같이 ESG를 통한 홍보 활동이 광고보다 더 효과적임을 증명하는 사례를 코카-콜라에서도 발견할 수 있다. 코카-콜라는 과테말라와 콜롬비아 등에서 노동운동 탄압으로 인해 사회적 비난을 크게 받은 적이 있다. CSKC(Campaign To Stop Killer Coke)는 1989년 이후 15년 동안 파스토 등 4개 지역의 코카-콜라 공장에서 노조 간부 8명이 민병대원에 의해 살해당했다고 주장하였다. CSKC는 2003년 4월부터 미국 대학가를 중심으로 코카콜라 추방운동을 벌였다. 그 결과, 뉴욕대와 미시간주립대 등 10여 개 대학들이 코카콜라 반대운동에 참여했고, 반대운동은 캐나다와 영국, 이탈리아 등의 대학으로 점점 번져나갔다.[32]

글로벌 마케팅을 하는 기업들이 현지 시장에서 관행처럼 행해지는 정치와 경제적 활동을 방치했다가, 이것이 사회적 문제로 커지면서 수난을 겪는 경우가 많다. 코카-콜라도 마찬가지다. 뒤늦게 과테말라 등 현지 공장에 대한 감사와 인권위를 통한 홍보 캠페인을 통해 문제를 해결하고자 노력했지만, 제품 반대운동이 전 세계적으로 확산되면서 코카-콜라의 브랜드 가치가 한 단계씩 떨어지고 있는 것이 현실이다.

CSKC가 추진하는 코카콜라 추방운동이 미국의 일부 대학들뿐만 아니라 캐나다·영국·이탈리아 등의 대학으로도 확산되었다. 사진 출처: 한겨레21(2006.09.13).

첫 번째 이야기에서도 코카-콜라의 브랜드 가치를 언급했지만, 사실 지금의 가치도 놀라운 것이다. 코카-콜라는 여러 위기를 효과적인 마케팅 활

32 한겨레21, 반란으로 흔들리는 콜라제국, 2006.09.13.

동으로 극복하고 있다. 특히 ESG 마케팅 활동과 홍보는 전 세계적으로 코카-콜라의 브랜드 성가를 유지하는데 크게 기여하고 있는 것으로 판단된다.

대표적으로 일부 주요 시장에서 라벨 프리 선언과 같은 친환경 활동을 들 수 있다. 2021년 한국에서는 코카-콜라가 탄소 제로를 위한 친환경 마케팅의 일환으로 씨스램 탄산수에 라벨 프리를 선언하고 상표 띠 없는 투명 페트병을 도입하였다. 이어서 강원 평창수와 휘오 순수, 수분 보충 음료인 토레타까지 라벨 프리 제품을 선보였고, 2021년 7월에는 세계 최초로 라벨 프리 콜라인 '코카-콜라 컨투어 라벨프리'를 출시했다. 2022년 현재 코카-콜라는 국내에서 22개의 음료 브랜드를 소유하고 있다. 따라서 라벨 프리가 향후 다른 브랜드로 확산된다면, 친환경 마케팅의 성과가 클 것으로 기대된다.

코카-콜라는 국내에서 22개의 음료 브랜드를 소유하고 있기 때문에 라벨 프리를 통한 친환경 마케팅의 성과가 클 것으로 기대된다. 사진 출처: 코카-콜라 홈페이지, 페이스북.

또 영국에서는 페트병에 병뚜껑이 부착된 신제품이 출시된다. 따로 버려지는 병뚜껑으로 인해 100% 재활용이 어려웠다면, 새로운 병 디자인은 개봉 후에도 뚜껑이 병에 연결된 상태를 유지해주기 때문에 병 전체를 재활용할 수 있다는 장점을 가지고 있다. 이 디자인은 2024년 초까지 영국 내 코카-콜라, 코크 제로 슈가, 다이어트 콜라, 환타, 스프라이트, 닥터 페퍼 등 모든 제품에 적용될 예정이다.

영국에서는 페트병에 병뚜껑이 부착된 신제품이 출시되고, 2024년 초까지 영국 내 모든 제품에 적용될 예정이다.
출처: 코카-콜라 홈페이지.

한편 코카-콜라는 북극곰 살리기 캠페인을 통한 친환경 마케팅도 적극적으로 추진하고 있다. 2019년 2월 BBC 방송은 북극해에 위치한 러시아의 노바야 제믈랴(Novaya Zemlya)섬 중심지에 52마리의 북극곰이 출몰해 주민들을 공포에 휩싸이게 했던 사건을 방영했다. 전문가들은 북극곰의 인간 주거지 침입의 주된 원인으로 지구온난화를 제기했다. 세계자연기금(WWF: World Wide Fund For Nature)도 기후온난화로 빙하 면적이 감소하면서 북극곰들이 먹이를 쉽게 구할 수 없게 되자 먹이를 찾아 육지까지 내려온 것으로 판단했다. 이 사건을 계기로 코카-콜라는 WWF와 협업하여 자사 캐릭터인 북극곰 살리기 캠페인을 추진하고, 이를 마케팅에 활용하고 있다.

코카-콜라는 WWF와 협업하여 자사 캐릭터인 북극곰 살리기 캠페인을 추진하고 있다.
사진 출처: 코카-콜라 홈페이지.

또 코카-콜라는 병뚜껑에 새겨진 코드 번호를 입력한 후 문자 메시지를 보내면 일정액이 기부되는 사회적 책임 마케팅을 추진하기도 했다. 코카-콜라는 사회적 책임 목적의 병뚜껑 마케팅을 통해 약 180만 달러의 기부금을 모금했다. 코카-콜라가 실천하는 다양한 형태의 ESG 마케팅은 현지 시장에서 기존의 브랜드 가치를 유지하는 데 크게 기여하고 있는 것으로 판단된다.

맺음말

첫 번째 이야기를 시작하면서, 브랜드 가치는 마케팅이 만들어 간다고 결론을 미리 말했었다. 마지막 이야기로 ESG 마케팅을 선택한 이유는 마케팅의 중심에 기업의 사회적 책임이 자리 잡길 바라는 나의 소망을 담고 싶어서였다.

ESG의 핵심은 사회적 책임 투자(SRI: Socially Responsible Investments)라고 할 수 있다. 사회적 책임 투자란 투자자가 친환경 기업, 윤리적 기업, 투명한 기업만을 투자 대상으로 삼는 것을 의미한다. 사회적 책임 투자는 CSR·CSV와 관련되어 있다. 더 구체적으로 ESG와 이를 근간으로 한 마케팅 활동으로 나타나게 된다. 비록 ESG가 기업의 입장에서 투자 유치를 위한 강제성을 띨 수밖에 없다고 할지라도, 궁극적으로는 기업이 이윤 창출, 사회 전체의 이익, 소비자의 욕구 충족 간에 상호 조화를 이룸으로써 사회적 가치를 높이기 위한 마케팅 수단으로 ESG를 활용해야 한다.

ESG는 투자자뿐만 아니라 소비자의 입장에서도 중대한 구매 기준이 되고 있다. 시간이 흐를수록 기업이 제공하는 사회적 가치는 소비자의 브랜드 평가와 구매 결정에 중요한 기준이 될 것이다. 오늘날의 소비자들은 대부분 스마트폰 등의 디지털 기기를 사용한다. 그만큼 소비자들이 똑똑해지고 있다. 쇼핑을 할 때도 그 자리에서 상품에 대한 정보와 고객 리뷰를 검색해서 구매 여부를 판단한다. 필립 코틀러 교수가 말했던 것처럼 우리는 지금 누구나 정보를 가공하고 공유할 수 있는 연결성의 시대에 살고 있다. 만약 기업이 사회적 책임을 다하지 못한다면 소비자들의 질책은 더 강하게 또 빨리 확산될 것이다. 기업이 많은 돈을 들여서 첨단 기법의 마케팅을 실행해 브랜드 가치를 높인다고 해도, ESG가 뒷받침 되지 않는 브랜드는 소비자에게 외면당할 수밖에 없다.

비록 이 책의 첫 번째 이야기로 브랜드를 소개할 만큼 브랜드가 소중하지만, 소비자들이 브랜드로 상품의 품질을 평가하는 일이 점점 줄어들고 있다. 유명 브랜드를 구입하러 갔다가 매장에서 다른 브랜드로 구매를 바꾸는 경우도 많다. 브랜드 가치가 힘을 잃는 순간이다. ESG를 기업의 양심이라고 생각하는 사람들이 많아지면서, 사회적 책임을 구매의 기준으로 삼는 소비자들은 계속 늘어날 것이다.

국문 색인

ㄴ

ㄷ

ㄹ

ㅅ

ㅇ

ㅎ

영문 색인

R

S